视
Horizon
界

涉外法治文库　主编　黄进

反外国制裁法释用

霍政欣　主编

Interpretation and Application of the Anti-foreign Sanctions Law

法律出版社 LAW PRESS·CHINA
北京

图书在版编目（CIP）数据

反外国制裁法释用 / 霍政欣主编. -- 北京 : 法律出版社, 2025. -- (涉外法治文库 / 黄进主编).

ISBN 978 - 7 - 5244 - 0312 - 8

Ⅰ. D922.135

中国国家版本馆 CIP 数据核字第 2025C7N050 号

反外国制裁法释用

FAN WAIGUO ZHICAIFA SHIYONG

霍政欣　主编

策划编辑 沈小英

责任编辑 陈　妮

装帧设计 李　瞻

出版发行 法律出版社

编辑统筹 法治与经济出版分社

责任校对 张翼羽

责任印制 吕亚莉

经　　销 新华书店

开本 A5

印张 9.375　**字数** 268 千

版本 2025 年 6 月第 1 版

印次 2025 年 6 月第 1 次印刷

印刷 北京中科印刷有限公司

地址:北京市丰台区莲花池西里 7 号(100073)

网址:www.lawpress.com.cn

投稿邮箱:info@lawpress.com.cn

举报盗版邮箱:jbwq@lawpress.com.cn

销售电话:010 - 83938349

客服电话:010 - 83938350

咨询电话:010 - 63939796

书号:ISBN 978 - 7 - 5244 - 0312 - 8　**定价**:87.00 元

凡购买本社图书,如有印装错误,我社负责退换。电话:010 - 83938349

作者简介

霍政欣

中国政法大学钱端升讲座教授、博士生导师，中国国际私法学会副会长、国际比较法学会（IACL）联席会员。在国际法与涉外法治领域有深入研究，在中英文重要学术期刊发表论文百余篇，出版中英文专著和译著10余部；作为中国法律专家在美国、荷兰、加拿大等国法院参与多起涉外纠纷的解决；围绕国际法与涉外法治主题撰写多份智库报告，并获得中央领导肯定性批示；参加多项重大涉外立法工作；参与多项重要多边及双边条约谈判；主持国家社科基金重大和重点项目等国家级和省部级课题60余项；入选教育部“长江学者奖励计划特聘教授”等国家级重大人才计划；担任全国高校黄大年式教师团队“国际法与涉外法治”教师团队负责人；荣获2024年度中国法治人物称号。

撰写人　霍政欣　鄢雨虹　陈锐达　陈　静　郭融融

总　　序

中国的涉外法治建设与中国的改革开放相伴而生、相随而行、相得益彰。事实上,党的十一届三中全会决定改革开放,中国涉外法治建设的帷幕就开启了。1979 年制定的《中华人民共和国中外合资经营企业法》就是明证,它是中国实行改革开放后制定的第一部涉外法律。改革开放 40 多年来,中国涉外法治建设不断深化、不断发展、不断前行,取得了长足的进步,极大地促进了中国的改革开放和现代化强国建设。党的十八大以来,以习近平同志为核心的党中央对全面依法治国作出一系列重大决策,提出一系列全面依法治国新理念新思想新战略,尤其高度重视加强涉外法治建设。2014 年,《中共中央关于全面推进依法治国若干重大问题的决定》明确提出要“加强涉外法律工作”;2019 年,习近平总书记主持召开中央全面依法治国委员会第二次会议特别强调,“加快涉外法治工作战略布局”“加强涉外法治建设”;2020 年,习近平总书记在中央全面依法治国工作会议上的讲话中提出了习近平法治思想核心要义的“十一个坚持”,其中首次提出“坚持统筹推进国内法治和涉外法治”;党的二十大报告再次强调,“加强重点领域、新兴领域、涉外领域立法,统筹推进国内法治和涉外法治”;2023 年,习近平总书记在中共中央政治局第十次集体学习时强调,“加快推进我国涉外法治体系和能力建设”,并对加强涉外法治建设作了系统、深入、全面的阐述。改革开放以来,特别是党的十八大以来,中国涉外法治建设无疑是一场波澜壮阔、气势磅礴的伟大实践,也是一幅生动活泼、气象万千的时代画卷。

“涉外法治”(rule of law in foreign matters)这个概念是从中国自身的角度而言的,是站在中国自己的立场来讲的。它指的是中国立法、执法、司法机关和法律服务机构,相关自然人、法人和非法人组织,依我国法律法规,特别是涉外法律法规,以及我国缔结或者参加的国际条约,处理自身涉外事务的法治活动。严格讲,“涉外法治”对应的概念是“纯国内法治”,即中国立法、执法、司法机关和法律服务机构,相关自然人、法人和非法人组织,依我国法律法规,处理纯国内事务的法治活动。而“国内法治”(rule of law in domestic matters)是一个大概念,指的是一个国家基于主权依法治国,处理自己对内、对外事务的立法、执法、司法、守法和法律服务等法治活动,它包含纯国内法治和涉外法治两个方面;涉外法治是我国国内法治的一部分,是全面依法治国的一个重要方面的工作。所以,可以肯定地说,涉外法律法规是中国特色社会主义法律体系的重要组成部分,是涉外法治的基础;而涉外法治是中国特色社会主义法治体系的重要组成部分。

“国际法治”(international rule of law)是与“国内法治”相对应的一个概念,并与“国内法治”和“涉外法治”这两个概念密切相关。“国际法治”指的是国际社会基于国际法原则、规则、制度处理国际事务而开展的法治活动。显然,它不是一国的涉外法治,不同于“国内法治”和“涉外法治”这两个概念。全球治理所依赖的法治既包括世界各国开展国内治理所依托的国内法治,也包括国际社会治理跨国事务或者应对全球性问题的国际法治。“国内法治”“涉外法治”“国际法治”三者之间的辩证关系可以这样来分析,打个比方说,国内法治是个圆,国际法治是另一个圆,这两个圆有一小部分重叠在一起,这个重叠部分、交叉部分、结合部分、融通部分就是涉外法治。对中国而言,涉外法治是国内法治的对外延伸,是沟通国内法治和国际法治的桥梁,是联系国内法治和国际法治的纽带,是国内法治的一部分;对国际社会而言,跳出中国从第三者的视角来看,也可以把两个圆重叠、交叉、结合、融通的部分,即涉外法治部分,视为国际法治的特别部分。在某种意义上可以这样说,仅就一国而言的涉外法治,因其是国内法治和国际法治的重叠、交叉、结合、融通部分,兼具国内法治和国际法治性质。当然,国际法治涉及面更广大得多。要特别强调的是,尽管一国涉外法治与国际法治有密切的联系,但涉外法治毕竟是一国国内法治的对外延伸,不能等同于国际法治;我们既不能用一国涉外法律法规代替国际法,也不能以一国的涉外法治代替国际法治。

新时代提出坚持统筹推进国内法治和涉外法治、加快推进涉外法治体系和能力建设,有两大时代背景:一是中国特色社会主义进入了新时代。当下中国正在以中国式现代化全面建成社会主义现代化强国和全面推进中华民族伟大复兴。这就决定了践行法治既是全面推进强国建设、民族复兴伟业的手段、路径和方法,也是需要实现的重要目标;中国式现代化是在法治轨道上推进的现代化,法治现代化是中国式现代化的应有之义。而国内法治和涉外法治建设,正是全面依法治国、法治中国建设的两个方面、两个面向、两个维度。统筹推进国内法治和涉外法治,加强涉外法治体系和能力建设是以中国式现代化全面推进强国建设、民族复兴伟业的长远所需。二是世界正经历百年未有之大变局。这是一个世界经济、政治、社会、文化、生态格局深刻调整,国际形势错综复杂,经济全球化遭遇逆流,单边主义、保护主义重新抬头,世界经济复苏乏力,国际投资贸易萎缩,新冠疫情影响深远,中美两国战略博弈,局部武装冲突改变世界地缘政治格局,新一轮科技革命和产业变革深入发展,全球治理体系亟待改革和完善的历史变革期。这一时代背景决定了当下中国必须统筹国内国际两个大局,也就是统筹中华民族伟大复兴战略全局和世界百年未有之大变局,办好发展、安全两件大事。我们全面推进依法治国、建设法治中国不可能关起门来施行，也不可能只推进国内法治而不去推进涉外法治，必须不断强化涉外法治体系和能力建设，统筹推进国内法治和涉外法治，以坚定维护国家主权、安全和发展权益，维护人民利益，有效防范各种风险和应对严峻挑战，推进国际关系法治化，促进国际法治进步，推动构建人类命运共同体。统筹推进国内法治和涉外法治，加强涉外法治体系和能力建设是推进高水平对外开放、应对外部风险挑战的当务之急。

涉外法治体系和能力建设是一项涉及面广、联动性强的系统工程，必须统筹国内和国际，统筹发展和安全，深刻认识做好涉外法治工作的重要性和紧迫性，统筹推进国内法治和涉外法治，建设同高质量发展、高水平开放要求相适应的涉外法治体系和能力，为中国式现代化行稳致远营造有利法治条件和外部环境。

第一，要加快涉外法治工作战略布局。面对推进高水平对外开放，涉外法治工作必须加强战略布局，占领制高点，掌握主动权。坚持前瞻性思考、全局性谋划、战略性布局、整体性推进，加强顶层设计，一体推进涉外立法、执法、司法、守法和法律服务，形成涉外法治工作大协同格局。

第二，在涉外立法方面，要加快形成系统完备的涉外法律法规体系。坚持立法先行、科学立法，统筹立改废释纂，保持时、度、效相统一，增强立法系统性、整体性、协同性、时效性，发挥立法的引领和推动作用，抓住提高立法质量这个关键。进一步建立健全反制裁、反干涉、反制"长臂管辖"的法律法规，充实应对挑战、防范风险的法律"工具箱"。加快推进我国法域外适用的法律体系建设，为我国涉外执法、司法活动提供法律依据。

第三，在涉外执法方面，要加快建立健全涉外执法体系。构建协同高效的涉外法治实施体系，提升涉外执法水平和效能。尤其要不断加强对外经济贸易领域的执法能力，依法维护国家主权、安全和发展利益，依法保障中国公民、法人和非法人组织在海外的合法权益,依法保护外商来华投资贸易权益,反制非法单边制裁,营造市场化、法治化、国际化、便利化一流营商环境,推进高水平对外开放。

第四,在涉外司法方面,要加快提高涉外司法公信力。把涉外公正司法放到重中之重的位置,积极推进涉外司法审判体制机制进行符合审判规律的改革和创新,不断提高涉外司法审判能力和水平,强化涉外司法效能,努力让当事人在每一个涉外司法案件中感受到公平正义。

第五,在涉外守法方面,要加快提升涉外活动主体的法治素养。在涉外工作中强化法治意识和合规意识,加强企业合规管理,引导企业、公民在“走出去”过程中更加自觉地遵守当地法律法规和风俗习惯,运用法治和规则维护自身合法权益。

第六,在涉外法律服务方面,要加快强化涉外法律服务体系和能力。通过优质的法律服务切实维护中国公民、法人在海外及外国公民、法人在中国的正当合法权益,依法维护海外侨胞权益。要注重培育一批国际一流的仲裁机构、调解机构、律师事务所及其他法律服务机构,把涉外法治保障和服务工作做得更有成效。

第七,在国际交流合作方面,要加快深化法治领域国际合作。基于国际条约和平等互惠,深化执法司法国际合作。加强反腐败国际合作,积极参与执法安全国际合作。深化司法领域国际合作,完善我国司法协助体制,扩大国际司法协助覆盖面,积极开展域外送达、取证,域外法律查明,仲裁裁决和法院判决的相互承认与执行等司法协助。深化律师、仲裁、调解、公证、法律援助、司法救助等领域的法律服务协作。加强领事保护与协助,建强保护我国海外利益的法治安全链。加强中国法治的国际传播,讲好中国法治故事。

第八,在队伍建设方面,要加快高素质涉外法治人才培养。高素质涉外法治人才是具有坚定理想信念、强烈家国情怀、深邃世界眼光、宽广全球胸怀、扎实法学根底,熟悉中国国情,通晓国际规则,善于处理涉外法律事务的法治人才。鉴于涉外法治人才必须通晓国际法律规则、善于处理涉外法律事务,其核心专业知识、专业能力和专业素养是国际法专业,因此可以这样说,涉外法治人才就是国际法治人才。加强高素质涉外法治人才的培养,要从法学院校专业培养和在职继续教育培训两方面入手。在法学院校专业人才培养方面,要坚持立德树人、德法兼修,在夯实法学根底的基础上,依靠国际法专业师资队伍,基于国际法学科专业平台,完善以实践为导向的培养机制,着力培养出一批政治立场坚定、专业素质过硬、通晓国际规则、精通涉外法律实务的涉外法治人才。在继续教育培训方面,要面向涉外实务工作者开展涉外法治方面的继续教育培训,加强涉外干部队伍法治能力建设,打造高素质专业化涉外法治工作队伍。同时,各级领导干部要带头尊法、学法、守法、用法,切实提升涉外法治思维和依法办事能力。健全人才引进、选拔、使用、管理机制,做好高端涉外法治人才培养储备。

坚持统筹推进国内法治和涉外法治,加快推进涉外法治体系和能力建设,事关中国全面推进依法治国,事关中国推进高水平对外开放,事关中国外交工作大局,事关中国稳妥有效应对复杂多变的国际局势,事关中国参与全球治理体系改革和建设,事关推进国际关系法治化,促进国际法治进步,推动构建人类命运共同体。因此,习近平总书记在2023年中共中央政治局第十次集体学习时特别强调,加强涉外法治建设既是以中国式现代化全面推进强国建设、民族复兴伟业的长远所需,也是推进高水平对外开放、应对外部风险挑战的当务之急。要从更好统筹国内国际两个大局、更好统筹发展和安全的高度,深刻认识做好涉外法治工作的重要性和紧迫性,建设同高质量发展、高水平开放要求相适应的涉外法治体系和能力,为中国式现代化行稳致远营造有利法治条件和外部环境。

2023年是中国涉外法治建设和发展进程中非常重要的一年。这一年,《中华人民共和国对外关系法》和《中华人民共和国外国国家豁免法》相继制定出台,《中华人民共和国民事诉讼法》第四编“涉外民事诉讼程序的特别规定”进行了大幅度的修改,最高人民法院先后发布了《最高人民法院关于适用〈中华人民共和国涉外民事关系法律适用法〉若干问题的解释(二)》、《最高人民法院关于审理涉外民商事案件适用国际条约和国际惯例若干问题的解释》、《最高人民法院关于设立国际商事法庭若干问题的规定》(2023年修正)。与此同时,涉外执法、司法、守法和法律服务受到前所未有的重视,各项涉外法治工作蓬勃发展。正是在这样的时代背景下,我们,一群志同道合的国际法专业同仁希望在涉外法治研究方面有所开拓、有所创新、有所作为。2023年7月,法律出版社社务委员、法治与经济分社社长沈小英建议,出版一套“涉外法治文库”。现摆在读者面前的就是我们共同商定、合力编写出版的这套“涉外法治文库”。该文库将立足中国涉外立法、执法、司法、守法和法律服务实践,以全国人大及其常委会制定的专门的涉外法律为主线,兼顾国务院出台的重要涉外行政法规,诠释、解读、剖析中国涉外立法及相关涉外法治实践,并同外国和国际实践进行比较分析,探讨中国涉外法律法规的准确适用,探索中国涉外法治建设的规律和优化发展之路。为了编写出版好这套文库,我们制订了策划方案,组建了一个学缘结构多元、老中青国际法专家学者结合的编辑委员会,聚合了一个颇具规模的以中青年国际法专家学者为主体的编写团队,法律出版社法治与经济分社则选定了经验丰富的编辑负责项目推进及编辑工作。现在出版“涉外法治文库”可谓恰逢其时,万事俱备。

庄子云:“吾生也有涯,而知也无涯。”仰观宇宙之大,俯察知识之盛,人生真有“少年易老学难成,一寸光阴不可轻”之感慨。我们面对的涉外法治建设,是全面推进依法治国和法治中国建设的必修课,是涉及面广、联动性强的系统工程,是永远在路上并循序渐进的长征,也是求真向善至美的文化苦旅。我辈国际法同仁适逢这个时代,唯有尽力而为,砥砺前行,奋发图强,久久为功。能为中国涉外法治建设添砖加瓦,贡献一份力量,实为不可多得的快事。

甚幸甚幸,快哉快哉!是为序。

 *

2024 年 3 月 19 日于京华

---

* 黄进,中国政法大学教授,中国法学会副会长,中国国际法学会会长,中国国际私法研究会会长。

前　言

国家或国家集团通过实施经济、金融、贸易或其他形式的对外制裁，以达到政治、经济目的已经成为当代国际社会常见的现象。[①] 近年来，美国将中国视为最主要的战略竞争者，[②]愈加频繁地以国内法为依据制裁中国实体和个人，以实现其全方位遏制、打压中国的目的。截至 2024 年 10 月 12 日本书书稿完成，被美国财政部下属的外国资产管制办公室（Office of Foreign Assets Control，OFAC）列入制裁名单的中国内地实体和个人已达 769 个。[③] 不仅如此，近年来，美国政府通过修复和加强与其西方盟友的关系，高举所谓的“价值观外交”及“人权外交”的旗帜，不断加大对华联合制裁和打压的力度。例如，2021 年 3 月，美国、欧盟、英国和加拿大以一致的步调宣布以所谓的“新疆人权问题”对华

① See Peter Wallensteen, *A Century of Economic Sanctions: A Field Revisited*, Uppsala Peace Research Papers, No. 1, Department of Peace and Conflict Research, Uppsala University, Sweden, 2000, p. 1 – 23.

② See Donald J. Trump, *National Security Strategy of the United States of America*, The White House (Dec., 2017), https://trumpwhitehouse. archives. gov/wp-content/uploads/2017/12/NSS-Final – 12 – 18 – 2017 – 0905. pdf.

③ 具体参见 https://sanctionssearch. ofac. treas. gov/，最后访问日期：2024 年 10 月 12 日。

制裁,[1]中国面临的外部挑战和压力显著增大。

党的二十大报告指出:“当前,世界之变、时代之变、历史之变正以前所未有的方式展开。一方面,和平、发展、合作、共赢的历史潮流不可阻挡,人心所向、大势所趋决定了人类前途终归光明。另一方面,恃强凌弱、巧取豪夺、零和博弈等霸权霸道霸凌行径危害深重,和平赤字、发展赤字、安全赤字、治理赤字加重,人类社会面临前所未有的挑战。”[2]正是在这样的历史背景下,中国全国人民代表大会常务委员会于2021年6月10日审议通过了《中华人民共和国反外国制裁法》(以下简称《反外国制裁法》),旨在为针对外国干涉我国内政的单边制裁采取反制措施提供立法保障。[3] 该法甫一颁布,即引发国内外高度关注。

《反外国制裁法》“引人注目的是一个‘反’字”,[4]我国立法机关通过提出“反外国制裁法”的概念,在显著位置重申中国外交的原则立场

---

① See EU Council Implementing Regulation (EU) 2021/478 of 22 March 2021 Implementing Regulation (EU) 2020/1998 concerning Restrictive Measures against Serious Human Rights Violations and Abuses; Foreign, Commonwealth & Development Office of U. K., *UK Sanctions Perpetrators of Gross Human Rights Violations in Xinjiang, alongside EU, Canada and US* (Mar. 22, 2021), https://www.gov.uk/government/news/uk-sanctions-perpetrators-of-gross-human-rights-violations-in-xinjiang-alongside-eu-canada-and-us; Government of Canada, *China Sanctions* (Mar. 22, 2021), https://www.canada.ca/en/global-affairs/news/2021/03/china-sanctions.html; U. S. Department of the Treasury, *Treasury Sanctions Chinese Government Officials in Connection with Serious Human Rights Abuse in Xinjiang* (Mar. 22, 2021), https://home.treasury.gov/news/press-releases/jy0070; U. S. Department of State, *Joint Statement on Xinjiang* (Mar. 22, 2021), https://www.state.gov/joint-statement-on-xinjiang/.

② 习近平:《高举中国特色社会主义伟大旗帜　为全面建设社会主义现代化国家而团结奋斗——在中国共产党第二十次全国代表大会上的报告》,人民出版社2022年版,第60页。

③ 参见刘华东:《为我国依法反制提供有力法治保障——就全国人大常委会通过反外国制裁法访中国政法大学教授霍政欣》,载《光明日报》2021年6月12日,第2版。

④ 参见《人大常委会法工委负责人就反外国制裁法答记者问》,载《新华每日电讯》2021年6月11日,第3版。

和宣誓立法目的，强调该法的防御性和被动性特征，从而与美国等国采取的进攻性单边制裁形成显著区别。不过，从法理上看，该法规定的反制裁措施在性质上仍然构成国际法上的单边制裁。鉴于单边制裁的合法性问题在现行国际法体系下尚处于“灰色地带”，①对该法的国际法含义展开探析，并对其在国际法上的合法性进行学理阐释，具有重要的理论价值与实践意义。同时，如何确保其未来在国际法治的轨道上实施，也成为各方关注的焦点，②尤其需要强调的是，自《反外国制裁法》生效以来，我国外交部多次适用该法，对美国等一些西方国家的个人和实体实施制裁，已积累了越来越多的执法实践。系统梳理这些实践案例，对于全面、准确地理解《反外国制裁法》具有重要价值。

鉴于此，本书旨在对《反外国制裁法》理论基础和条文含义进行系统阐释，并对该法实施三年多的执法实践展开全面梳理与研究，冀以从法理和实践两个层面全面解读该法。细言之，本书第一部分先对国际法上制裁的种类和定义等基本理论问题展开探讨，再系统分析和厘定单边制裁在当代国际法上的合法性边界，以此为基础，对《反外国制裁法》在国际法上的性质及其合法性问题进行理论建构和学理阐释。本书第二部分对《反外国制裁法》进行逐条解释，旨在从关联立法、法条释义和法律适用三个维度对该法进行细致解读和分析。本书第三部分对《反外国

---

① See Alexandra Hofer, *The Developed/Developing Divide on Unilateral Coercive Measures: Legitimate Enforcement or Illegitimate Intervention*? 16 Chinese J. Int’l L. 175 (2017).

② See *China Promulgates New Anti-Foreign Sanctions Law*, Quinn Emanuel Trial Lawyers, https://www.quinnemanuel.com/media/dw1fkvsa/china-client-alert-china-promulgates-new-anti-foreign-sanctions-law-final.pdf; Jeffrey Kessler et al., *China Enacts Anti-Sanctions Law*, JDSUPRA (Jun. 14, 2021), https://www.jdsupra.com/legalnews/china-enacts-anti-sanctions-law-3547911/；王峰、周昕等：《关于〈反外国制裁法〉五大问题的探讨》，载微信公众号“金杜研究院”2021年6月16日上传；周勇、王进等：《君合法评|深度解读〈反外国制裁法〉》，载微信公众号“君合法律评论”2021年6月12日上传。

制裁法》实施以来,我国执法机关实施该法的实践进行系统梳理和学理分析。

本书的写作分工如下:我负责本书的结构安排、第一部分的撰写以及全书的修改和定稿;对外经贸大学政府管理学院讲师鄢雨虹博士负责第二部分《反外国制裁法》第1条至第4条释义的撰写;中国政法大学国际法学院博士生郭融融负责第二部分《反外国制裁法》第5条至第11条释义的撰写;中国政法大学国际法学院博士生陈静负责第二部分《反外国制裁法》第12条至第16条释义的撰写;中国人民公安大学治安学院讲师陈锐达博士负责本书第三部分的撰写。

最后,需要指出的是,限于本书作者的研究水平与能力,错漏之处在所难免。我衷心希望借此求教于方家,从而共同推动我国反制裁法治体系的完善,为中国涉外法治建设添砖加瓦。

霍政欣

2025年1月

于北京海淀

目录 CONTENTS

第一部分

制定背景、立法目的及国际法意涵

一、制定背景

近年来,美国回归零和博弈的地缘竞争思维,将中国视为最主要的战略竞争者,动用国家力量全方位遏制和打压中国,愈加频繁地以所谓的"法律手段"制裁中国,侵害我国主权、干涉我国内政、压制我国发展。2021 年拜登政府执政之后,一方面延续特朗普政府对华的战略和思维,另一方面拉拢其盟友,试图通过和盟友一致的步调,加大对华压制力度。①

面对日益复杂严峻的国际环境,党中央明确提出要加快涉外法治工作战略布局,统筹推进国内法治与涉外法治建设,加强涉外领域立法,更好维护国家主权、安全、发展利益。2020 年 11 月,习近平总书记在中央全面依法治国工作会议上发表重要讲话,强调指出:"要强化法治思维,运用法治方式,有效应对挑战、防范风险,综合利用立法、执法、司法等手段开展斗争,坚决维护国家主权、尊严和核心利益。"②2021 年全国"两会"前后,一些全国人大代表、全国政协委员和社会各界人士提出意见建议,认为国家有必要制定一部专门的反外国制裁法,为我国依法反制外国歧视性措施提供有力的法治支撑和法治保障。2021 年 3 月,十三届全

① 2025 年 1 月,特朗普再度就任总统,其无视国际法和国际关系基本准则,对华采取极限施压政策,妄图通过加大对华单边制裁力度、大规模提高关税等政策迫使中国妥协,进一步突显了我国采取反制裁措施的必要性和紧迫性。

② 《习近平在中央全面依法治国工作会议上发表重要讲话》,载中华人民共和国中央人民政府网,https://www.gov.cn/xinwen/2020－11/17/content_5562085.htm。

国人大四次会议审议并批准了《全国人民代表大会常务委员会工作报告》,报告在"今后一年的主要任务"中明确提出,围绕反制裁、反干涉、反制"长臂管辖"等,充实应对挑战、防范风险的法律"工具箱"。在此背景下,《中华人民共和国反外国制裁法》(以下简称《反外国制裁法》)的制定施行,可谓刻不容缓、势在必行。

2021 年 4 月,十三届全国人大常委会第二十八次会议对《中华人民共和国反外国制裁法(草案)》进行了初次审议。全国人大宪法和法律委员会根据常委会组成人员的审议意见和有关方面的意见对该草案作了修改完善,依法向十三届全国人大常委会第二十九次会议提出了审议结果报告和草案二次审议稿。

2021 年 6 月 7 日下午,十三届全国人大常委会第二十九次会议举行第一次全体会议,听取了全国人大宪法和法律委员会副主任委员沈春耀作的关于《中华人民共和国反外国制裁法(草案)》审议结果的报告。

2021 年 6 月 10 日,十三届全国人大常委会第二十九次会议表决通过《反外国制裁法》。同日,国家主席习近平签发中华人民共和国主席令第 90 号,正式公布法律,该法自公布之日起施行。①

从《反外国制裁法》的制定过程可以看出,全国人大常委会适应加快推进涉外立法的要求,在较短的时间里,起草、审议并通过了这部法律。这是反击某些西方国家霸权主义和强权政治的迫切需要,是维护国家主权、安全、发展利益的迫切需要,是统筹推进国内法治和涉外法治的迫切需要,具有重要现实意义和长远意义。《反外国制裁法》的颁布和实施,有利于依法反制一些外国国家和组织对我国的遏制打压,有力打击境外反华势力和敌对势力的嚣张行径,有效提升我国应对外部风险挑战的法治能

① 参见《人大常委会法工委负责人就反外国制裁法答记者问》,载《新华每日电讯》2021 年 6 月 11 日,第 3 版。

力,加快形成系统完备的涉外法律法规体系,①是我国健全反制裁、反干涉、反"长臂管辖"机制、推进国家安全体系和能力现代化的里程碑。

二、制定目的

全国人大常委会表决通过《反外国制裁法》,这表明针对美国等某些西方国家粗暴干涉中国内政实施所谓"制裁"的霸权主义行径,我国开始从国家立法的高度和力度,进行更系统、更彻底、更有力的反制,以捍卫国家尊严和核心利益,也是我国反制裁领域的重大立法成果。

首先,《反外国制裁法》开宗明义地指出了立法性质、目的和宗旨。从性质上讲,这部法律是为了反制裁,而非主动地发起制裁,是运用法治手段理性、文明地维护国家主权。中国古谚道,"来而不往非礼也","以其人之道,还治其人之身"。美国等西方国家制裁我国在先,我国反制在后,可谓有理、有利、有节。从目的上讲,这部法律是为了维护我国国家主权、安全、发展利益,保护我国公民、组织的合法权益。从宗旨上讲,这部法律是为了捍卫国家主权平等和不干涉内政等国际法和国际关系原则,反对霸权主义和强权政治。"从国际来看,世界进入动荡变革期,国际竞争越来越体现为制度、规则、法律之争。"②面对国际环境新形势和

① 参见《人大常委会法工委负责人就反外国制裁法答记者问》,载《新华每日电讯》2021年6月11日,第3版。

② 《为反制外国歧视性措施提供有力法治支撑和保障——专家解读〈中华人民共和国反外国制裁法〉》,载中国人大网,http://www.npc.gov.cn/npc/c2/c30834/202106/t20210611_311926.html。

国际竞争新态势,我国必须统筹推进国内法治和涉外法治建设,加强涉外领域立法,坚决维护国家主权、安全、发展利益。在美国等一些西方国家频繁以其国内法为依据,干涉我国内政,制裁我国实体和个人的背景下,我国制定和实施《反外国制裁法》,是运用法治方式维护国家利益的必然要求,是现代法治国家展开对外斗争的最佳方式。

其次,《反外国制裁法》为我国行政执法和司法机关今后实施反制裁措施,提供了来自国家立法层面的有力支撑和充分保障。在该法出台之前,我国已经积累了一些反制裁实践,比如,外交部多次宣布对美国和其他一些西方国家肆意侵害我国利益的官员和个人实施制裁;商务部制定了《不可靠实体清单规定》《阻断外国法律与措施不当域外适用办法》。不过,我国之前的反制裁措施基本上停留在运用行政手段的层面,从法治体系上讲,还缺少一部正式的国家法律提供支撑。

从其他一些国家和地区的实践来看,不少国家和地区为了维护本国和本地区的利益,反对外国不当制裁,已经制定了相应的反制裁法,如俄罗斯在2018年制定了《关于针对美国和其他国家不友好行为的反制裁法》,为俄罗斯政府实施反制裁措施提供了法律依据。欧盟、加拿大、墨西哥等也曾针对美国的单边制裁制定了阻断法。

全国人大常委会一方面总结了我国近年来积累的反制裁实践,另一方面也借鉴了国外有关立法,在此基础上制定和实施《反外国制裁法》,标志着我国综合运用立法、行政和司法等手段维护国家主权和利益的能力得到显著提升,也标志着我国在构建攻防兼备、体系完备的涉外法治体系道路上迈出了坚实的一步。

最后,需要强调的是,《反外国制裁法》是为了反制外国对我国实施的非法单边制裁,既是为了维护我国主权、安全和发展利益,也是为了维护国际法与国际秩序。同时,近年来我国颁布的涉外法律法规,包括《中华人民共和国外商投资法》(以下简称《外商投资法》)及其实施条例等表明我国扩大开放的决心不变，走和平发展道路的外交政策未变，拥抱经济全球化的立场未变。展望未来，我国将坚定不移加快涉外法治体系和能力建设，不断提高运用法治手段防范风险、应对挑战以及维护国家和人民权益的能力，坚定不移深化高标准改革，扩大高水平开放，促进高质量发展，坚定不移践行共商共建共享的全球治理观，推进国际关系民主化，为中国式现代化行稳致远营造有利的法治条件和外部环境。所以，我们坚信，中国的法治环境会不断改善，对外开放的大门也会越来越敞开。

三、国际法意涵

（一）国际法上的制裁：种类与定义

从国际实践来看，制裁的历史悠久，①并已成为国家增进其政治、经济目的的核心外交政策工具。据统计，截至 2023 年年底，美国各类制裁名单中已有 14,304 名实体（包括 6721 名个人、6430 个组织、775 艘船只

---

① 据考证，早在古希腊时代，制裁就运用于实现城邦的外交目标。公元前 492 年，埃伊纳扣押了雅典商船，并把海员和船上旅客扣为人质，以此制裁雅典之前扣留埃伊纳公民的行为。公元前 423 年，古希腊政治家、雅典执政官伯利克里颁布一项法令，史称《麦加拉法令》（Megarian Decree）。由于麦加拉城邦的居民开垦了专供得墨忒尔（希腊神话中的农业女神）的土地，并杀害了雅典传令官，该法令禁止麦加拉的商人进入雅典的市场及其所有港口。《麦加拉法令》在性质上等同于当代的制裁，近似于贸易禁运。十字军东征期间，欧洲的宗教领袖还对穆斯林发起了禁止向其出口船舶、武器和弹药的强制措施。See Kenneth Rogoff, *Economic Sanctions Have a Long and Chequered History*, The Guardian, Jan. 5, 2015, at A6.

及 378 架飞机)。[①] 英国、加拿大、澳大利亚、俄罗斯、日本、挪威、瑞士和乌克兰等国也愈加频繁地将制裁作为实现其外交政策的手段。[②] 然而,直到今天,制裁依然不是严格意义上的国际法术语,它既没有出现在《联合国宪章》中,也未曾被任何权威的国际法文件准确定义。故有学者指出,关于制裁的法律规制构成国际法上最不清晰和最欠发达的领域之一。[③]

制裁在国际法上没有统一的分类标准。从制裁在国际法上的性质和制裁对象两个角度,可将之作如下分类。

首先,从其在国际法上的性质来看,制裁可以分为"多边制裁"(multilateral sanctions)和"单边制裁"(unilateral sanctions)。多边制裁最初仅指联合国安理会授权的制裁。[④]《联合国宪章》授权联合国安理会在确定存在威胁、破坏和平的情势或者发生侵略行为时实施不牵涉到使用武力的"措施"。[⑤] 虽然《联合国宪章》回避"制裁"这一表述,而使用"措施"(measures)这一更为中性的表达方式,但联合国安理会所采取的行动实质上就是制裁。1990 年,联合国安理会对伊拉克实施制裁的第

---

① 数据来源:根据美国财政部网站公开发布的信息统计得出(https://ofac.treasury.gov/recent-actions)。考虑到美国 OFAC 的"50% 规则"(制裁对象直接或间接持有 50% 以上权益的实体也视为被制裁),制裁对象的实际规模比美国 OFAC 公布的数据更大。See U.S. Department of the Treasury, *Revised Guidance on Entities Owned by Persons Whose Property and Interests in Property are Blocked*, https://home.treasury.gov/system/files/126/licensing_guidance.pdf (accessed October 1, 2024).

② See Rebecca Barber, *An Exploration of the General Assembly's Troubled Relationship with Unilateral Sanctions*, 70 International & Comparative Law Quarterly 343 (2021).

③ See Clinton E. Cameron, *Developing a Standard for Politically Related State Economic Sanction*, 13 Michigan Journal of International Law 218 (1991); Nigel D. White & Ademola Abass, *Countermeasures and Sanctions in International Law*, in International Law 521, 521 (Malcolm Evans ed., 5th ed., Oxford University Press 2018).

④ See Hans Kochler, *Sanctions and International Law*, 14 International Organisations Research Journal 27 (2019).

⑤ 《联合国宪章》第七章。需要注意的是,《联合国宪章》英文文本使用的是"measures",中文文本使用的是"办法"。

665号决议，其序言直接使用了“制裁”的措辞。[①] 从此，“制裁”在联合国安理会的有关决议中频繁出现。联合国安理会还成立了多个相应的制裁委员会对制裁进行监督和检查。[②] 在2001年度报告中，国际法委员会明确指出，“制裁”这一术语已经被用于指代根据一些国际组织文件，特别是《联合国宪章》第七章采取的措施，尽管宪章文本使用的是“措施”而非“制裁”。[③]

20世纪后期以来，随着区域一体化的不断发展，一些区域性国际组织，如非洲联盟、欧洲联盟、美洲国家组织和阿拉伯国家联盟等，在其组织章程中规定了在特定情况下针对其成员实施制裁的条款。如《非洲联盟章程》第23条规定：“在成员拒缴会费以及拒绝执行非盟决议和政策的情况下授权非洲议会对其实施制裁。”[④]“欧盟是制裁游戏的主要玩家之一”，[⑤]尽管欧盟制裁针对的主要是区域外第三国，[⑥]但其法律体系中也有授权对其成员制裁的条款。如依据《阿姆斯特丹条约》第F.1条，理事会在确定某一成员存在严重并持续损害第F.1条规定的基本原则（自由、民主、尊重人权和基本自由以及法治）的情况下，有权中止成员

① See UN Security Council, Resolution 665 (1990).

② 参见简基松：《联合国制裁之定性问题研究》，载《法律科学（西北政法学院学报）》2005年第6期。

③ See ILC, *Report of the ILC on the Work of Its 53rd Session*, https://legal.un.org/ilc/documentation/english/reports/a_56_10.pdf (accessed July 18, 2021).

④ 此外，该章程第30条规定，以不符合宪法方式上台的成员政府将被禁止参与非盟的任何活动，这也是一种制裁。据此，非盟于2020年以南苏丹未交会费为由宣布对南苏丹实施制裁，禁止其参加非盟会议。See The Constitutive Act of African Union, Arts. 23, 30; David Mono Danga, *African Union Sanctions South Sudan for Nonpayment*, All Africa, June 23, 2020, https://allafrica.com/stories/202006230212.html (accessed July 18, 2021).

⑤ See Nigeld D. White, *Shades of Grey: Autonomous Sanctions in the International Legal Order*, in Surya P. Subedi QC ed., Unilateral Sanctions in International Law, Hart Publishing, 2021.

⑥ 参见黄德明、李若瀚：《论欧盟国际制裁法律基础的革新》，载《当代法学》2013年第3期。

依本条约享有的特定权利，包括在理事会的表决权。[①]《美洲国家组织宪章》第29条规定："如存在威胁美洲和平的情势，为增进美洲大陆的团结或集体自卫，授权根据本区域具体条约对成员采取措施。"[②]《阿拉伯联盟条约》也有类似规定。[③] 因此，这些区域性国际组织依据其组织章程对某一成员施加的制裁，在性质上也属于多边制裁。

鉴于此，在当代国际法体系下，多边制裁可以定义为：一个国家或多个国家或国家集团在得到多边国际条约机制的明确授权下，在该机制范围内决定采取经济、贸易或其他强制措施，以达到迫使某一成员改变其政策的目的。

与多边制裁相对，单边制裁是指一个国家或多个国家或国家集团在没有多边国际条约机制授权的情况下，"自主地"决定采取经济、贸易或其他强制性措施，以达到迫使某一国家改变其政策的目的。[④] 因此，这种制裁也被称为"自主制裁"(autonomous sanctions)。[⑤]

---

① 据此，欧盟曾于2000年对奥地利政府采取了停止高层外交互访的制裁措施。See Treaty of Amsterdam Amending the Treaty on European Union, the Treaties Establishing the European Communities and Related Acts, Art. F. 1(1) – (2), Official Journal C 340, 10/11/1997; Heather Berit Freeman, *Austria: The 1999 Parliamentary Elections and the European Union Members' Sanctions*, 25 Boston Cllege International and Comparative Law Review 109 (2000).

② Charter of the Organization of American States, art. 29, http://www.oas.org/en/sla/dil/inter_american_treaties_A – 41_charter_OAS.asp (accessed July 18, 2021).

③ See Elin Hellquist, *Regional Organizations and Sanctions against Members: Explaining the Different Trajectories of the African Union, the League of Arab States, and the Association of Southeast Asian Nations*, KFG Working Paper No. 59, 2019, http://userpage.fu-berlin.de/kfgeu/kfgwp/wpseries/WorkingPaperKFG_59.pdf (accessed July 18, 2021).

④ See OHCHR, *Technical Mission to the State of Qatar, Report on the Impact of the Gulf Crisis on Human Rights*, Dec. 2017, para. 61, https://www.nhrc-qa.org/storage/news/2018/01/OHCHR-TM-REPORT-ENGLISH – 1.pdf (accessed July 18, 2021).

⑤ See Devika Hovell, *Unfinished Business of International Law: The Questionable Legality of Autonomous Sanctions*, 113 AJIL Unbound 140 (2019).

需要指出的是，在法律上判断一项制裁属于多边制裁，还是单边制裁，依据的并不是发起制裁国的数量，也不取决于发起制裁的是国家，抑或国际组织，而是看制裁是否得到多边国际条约机制的授权并在该机制范围内予以施加。如欧盟依据其法律对成员施加的制裁，属于多边制裁，但欧盟依据其法律对区域外第三国实施的制裁，则属于单边制裁。

其次，从制裁的对象来看，制裁可以分为传统的“全面制裁”（general sanctions）或“普遍制裁”（universal sanctions）和晚近出现的“聪明制裁”（smart sanctions）或“定向制裁”（targeted sanctions）。① 早期，国际社会对制裁的运用以全面制裁为主，即以制裁国为对象开展全面和无差别的制裁。全面制裁会切断被制裁国同外界的经济联系，使被制裁国的产品无法出口到国外，也无法从国外获得进口产品，最终使被制裁国的平民受到伤害，继而引发严重的人道灾难。联合国于 1990 年至 2003 年对伊拉克实施的全面经济制裁即为典型例证。②

为避免制裁影响和波及无辜民众，仅对须为制裁所针对之行为负责的领导人、特定政治精英或某些经济部门和组织实施的聪明制裁日渐增多。③ 相比于以国家为直接对象的全面制裁，聪明制裁具有以下三项优势：一是在影响受制裁国政治决策的同时，最大限度地降低对受制裁国平民造成的连带损失或伤害，避免引发人道灾难。二是制裁更加精准，制裁的政治效果更显著。通过对受制裁国的特定政治精英或团体进行

---

① See Daniel Drezner, *Sanctions Sometimes Smart*: *Targeted Sanctions in Theory and Practice*, 13 Int'l Stud. Rev. 96 (2011).

② 参见简基松：《联合国经济制裁的“人道主义例外”法律机制初探》，载《法学评论》2004 年第 3 期；Executive Delegate of the Secretary-General, *Report to the Secretary-General Dated* 15 *July* 1991 *on Humanitarian Needs in Iraq Prepared by a Mission Led by the Executive Delegate of the Secretary-General for Humanitarian Assistance in Iraq*, U. N. Doc. S/22799 (July 17, 1991)。

③ See Daniel Drezner, *Sanctions Sometimes Smart*: *Targeted Sanctions in Theory and Practice*, 13 Int'l Stud. Rev. 96 (2011).

针对性打击，有效提高受制裁国现行政策的制定和实施成本，迫使决策者反思并改变政策。[①] 三是降低制裁发起国的制裁成本。由于制裁国无须对被制裁国发起全面和无差别的制裁，聪明制裁的经济成本和执法成本明显较小。进入 21 世纪以来，聪明制裁已被广泛运用，在实践中扮演着愈加重要的角色。[②]

此外，根据制裁采取的措施，还有学者主张把制裁分为外交制裁、经济制裁、贸易制裁及运输制裁等。[③] 不过，由于在当代国际实践中，为达到制裁目的，对一国发起的制裁往往同时使用多种制裁措施，各种措施多有重叠，且贸易和运输等手段可以被纳入广义的经济制裁，因而这种分类标准的实践价值并不显著。

关于制裁，国际法上没有形成得到广泛认可的定义。依据凯尔森实证主义法学的观点，法律就其性质而言，是一个强制性秩序体系。所以，制裁是法律所内生的，针对违法行为的"强制性回应"（coercive reaction），以迫使行为人遵守法律。[④] 凯尔森认为，这一理论也适用于存在集体安全机制的社会秩序。[⑤] 基于此，有国际法学者提出，国际法上的制裁是指，针对一个国家违反国际法的行为所实施的强制性应对措

---

① 参见张曙光：《经济制裁研究》，上海人民出版社 2010 年版，第 267～268 页。

② See Nigeld D. White, *Shades of Grey*: *Autonomous Sanctions in the International Legal Order*, in *Unilateral Sanctions in International Law* 61, p. 74－80 (Surya P. Subedi QC ed., Hart Publishing 2021).

③ See Panos Koutrakos, *Trade*, *Foreign Policy and Defence in EU Constitutional Law*: *The Legal Regulation of Sanctions*, *Exports of Dual-Use Goods and Armaments*, Hart Publishing, 2001, p. 69.

④ See Hans Kelsen, *The Law of the United Nations* 706 (Praeger 1950).

⑤ See Hans Kelsen, *Collective Security under International Law* 101 (Naval War College 1957).

施,以迫使其遵守国际法。①

需要指出的是,尽管当代国际社会已构建以联合国为核心的全球性国际集体安全机制,也已形成以欧盟为代表的若干个区域性集体安全机制,这令凯尔森的制裁理论在现代国际法上的适用空间逐渐增大,但是,由于当代国际秩序和国际治理机制在本质上有别于国内秩序和国家治理机制,这一理论并不能准确和全面反映国际法上的制裁。

细言之,国内秩序和国家治理机制是以一个居于顶层的中央权力机构的存在为前提的,其权力组成结构是“纵向的”;与此不同,国际秩序和国际治理机制是建立在“威斯特伐利亚体系”之上,并不存在一个最高权力机构,其权力组成结构是“横向的”。② 尽管第二次世界大战结束以后,全球化趋势增强,为保障国际及区域和平安全、促进国际合作,国家自愿让渡某些主权性权力,全球性和区域性集体安全机制开始形成并趋于增强,③但以平行式社会为基本格局的“威斯特伐利亚体系”并未被颠覆,国家主权平等原则依然是国际法秩序的核心原则,④“世界政府”的诞生依然是遥不可及的乌托邦式理想。⑤ 所以,将国内法体系下的制裁理论移植到国际法语境中,显失合理性和科学性。

首先,在国内法体系下,一个行为是否违法,可以得到司法机关的明确裁判;而在国际法体系下,由于并不存在一个真正意义上的“世界

① See Tom Ruys, *Sanctions, Retorsion and Countermeasure: Concepts and International Legal Framework*, in Larissa van den Herik ed., Research Handbook on UN Sanctions and International Law, Edward Elgar Publishing, 2017, p. 19.

② 参见李明倩:《〈威斯特伐利亚和约〉与近代国际法》,商务印书馆 2018 年版,第 5 页。

③ See William W. Burke-White, *International Legal Pluralism*, 25 Michigan Journal of International Law 963 (2004).

④ See Kal Raustialia, *Does the Constitution Follow the Flag? The Evolution of Territoriality in American Law*, Oxford University Press, 2011, p. 7, 224.

⑤ 参见肖永平、黄志雄编:《曾令良论国际法》,法律出版社 2017 年版,第 23 页。

法院”，[1]一个行为是否违反国际法，往往无法得到准确定性。国际实践表明，国家或国家集团实施制裁，通常以被制裁国违反国际法在先为由，但后者是否真正违反了国际法，在大多数情况下是一个无法客观和准确评判的问题。在外界看来，不少制裁是为了实现某些政治或经济目的，而并非为维护国际法。[2] 实际上，对被制裁国进行抹黑或污名化也是制裁的常见手段之一，[3]只是没有国家会明目张胆地将之作为制裁的理由，往往是以维护国际法的名义予以“包装”罢了。所以，把被制裁国违反国际法在先作为制裁的合法性依据，在当代国际法机制下存在难以克服的“逻辑迷局”。

其次，国内法体系下的制裁与国际法体系下的制裁，在实施主体和实施程序上存在本质区别。在国内法体系下，制裁由国家执法机关负责实施，经由执法机关通过系统化程序对违法行为进行“强制性回应”。故奥斯丁指出，对“法律”的定性，其基础在于“以制裁为后盾的命令”，并由此否认国际法的法律属性。[4] 与此不同，由于国际社会是一个平权社会，缺乏凌驾于国家之上的具有强制执行力的统一执行机制，公力救济供给不足，[5]当代国家更倾向于实施单边制裁，而这类制裁在国际法

---

① 参见[美]巴里·E. 卡特、[美]艾伦·S. 韦纳：《国际法(上)》，冯洁菡译，商务印书馆 2015 年版，第 33 页。

② 参见廖博宇：《欧盟经济制裁中的成员国权力分配及司法救济》，载《武大国际法评论》2019 年第 6 期。

③ See Tom Ruys, *Sanctions, Retorsion and Countermeasure: Concepts and International Legal Framework*, in Larissa van den Herik ed., Research Handbook on UN Sanctions and International Law, Edward Elgar Publishing, 2017, p. 19, 23.

④ See John Austin, *The Province of Jurisprudence Determined*, in *The Great Legal Philosophers* 352 (C. Morris ed., University of Pennsylvania Press 1971); Hans Kelsen, *General Theory of Law and State* 28 (Harvard University Press 1945).

⑤ 参见朱磊：《论国际法上的反措施在网络空间的适用》，载《武大国际法评论》2019 年第 4 期。

上属于“私力司法”(private justice)或“自助行为”(self help),[①]发起国通常依其本国法予以实施,缺少体系化的实施程序。

综上可见,不宜将被制裁对象违反国际法作为国际法上定义制裁的先决要件;同时,由于制裁存在不同类型,且制裁的目的在很多情况下无法准确判断,迫使被制裁对象遵守国际法,亦不宜被作为国际法上制裁的构成要素。基于此,本书认为,国际法上的制裁可定义如下:国家或国家集团通过采取非武力的强制措施,迫使被制裁国改变其政策,或至少表明对被制裁对象的某种意见或立场。

(二)单边制裁的合法性分析

“制裁的合法性议题几乎涉及法律的方方面面:国际公法、国际私法以及国内法层面的公法和私法;不仅如此,这是一个法律与政治和经济迎头碰撞的领域。”[②]是故,制裁的合法性问题极具复杂性。质言之,在当代国际法机制下,得到国际条约机制明确授权的多边制裁因体现了国家(包括被制裁国)的自主意愿,具有明确的合法性,但就大量存在的单边制裁而言,其合法性与非法性的准确边界并不清晰,仍处于争论之中。[③] 鉴于此,本部分通过分析国际条约和习惯国际法,对单边制裁在国际法上的合法性问题进行系统探析。

1. 考察基础

对于单边制裁合法性的讨论,将以“荷花号案”为讨论的出发

① See Clinton E. Cameron, *Developing a Standard for Politically Related State Economic Sanction*, 13 Michigan Journal of International Law 218 (1991).

② Surya P. Subedi, *Introduction*, in Surya P. Subedi QC ed., Unilateral Sanctions in International Law, Hart Publishing, 2021, p. 1, 7.

③ See Rebecca Barber, *An Exploration of the General Assembly's Troubled Relationship with Unilateral Sanctions*, 70 International & Comparative Law Quarterly 343 (2021).

点。[①] 1927年，国际常设法院在该案判决中指出："国际法支配着独立国家之间的关系。因此，约束国家的法律规则源于它们在条约中表达的自由意志或者源于被普遍接受为体现了法律原则的国际习惯……对独立国家的限制不应当被推定……国家享有广泛的自由裁量权，唯有在某些特殊情况下存在的禁止性规则才对之加以限制。"[②]据此，国家有权行使任何主权权力，只要不为国际条约和习惯国际法所禁止。该案判决所确立的"国际法不禁止即为允许"的原则被称为"荷花号原则"，它对国际法的演进产生了深远影响。[③]

这一原则被国际法院在"军事和准军事活动案"中援引，即在没有条约承诺或其他特别法律义务的情况下，只要国家认为合适，它就没有义务继续某种特定贸易关系。[④] 换言之，国家只要没有违反国际条约和习惯国际法的禁止性规定，就有权按照其意愿展开对外经济贸易活动，自主地决定贸易的对象和方式。[⑤] 进言之，在国际法上，判断以经贸措施为主的单边制裁是否合法，其基本原则是，除非存在禁止性国际条约或习惯国际法规则，否则国家有权将此类制裁作为其外交工具。[⑥]

2. 基于国际条约的合法性分析

就可能对单边制裁构成禁止或限制的国际条约而言，目前主要集中

---

① See Rebecca Barber, *An Exploration of the General Assembly's Troubled Relationship with Unilateral Sanctions*, 70 International & Comparative Law Quarterly 343 (2021).

② The Case of the SS Lotus (France v. Turkey), 1927 PCIJ (Series A), No. 10.

③ 参见霍政欣：《国内法的域外效力：美国机制、学理解构与中国路径》，载《政法论坛》2020年第2期。

④ See Case Concerning Military and Paramilitary Activities in and against Nicaragua (Nicaragua v. United States of America) (Merits) [1986] ICJ Rep 14 ("Nicaragua"), para. 276.

⑤ See Antonios Tzanakopoulos, *The Right to be Free from Economic Coercion*, 4 Cambridge Journal of International and Comparative Law 616 (2015).

⑥ See Surya P. Subedi, *Introduction*, in Surya P. Subedi QC ed., Unilateral Sanctions in International Law, Hart Publishing, 2021, p. 1, 25.

于经贸领域:以世界贸易组织(World Trade Organization,WTO)体系为基石的全球性经贸条约机制和数量庞大的区域性及双边经贸条约均以确保贸易自由为宗旨,这些条约构成经济全球化的法律保障。因此,以冻结财产或拒绝交易等经贸措施为主要手段的单边制裁,可能涉及违反非歧视待遇和一般禁止数量限制的要求,在原则上与这些条约的宗旨不符。

不过,需要强调的是,当代制定的经贸条约大多含有安全例外条款,并在原则上赋予国家确定此类条款含义的权利。例如,WTO 允许成员以保护国家安全为由实施贸易限制。《关税与贸易总协定》(General Agreement on Tariffs and Trade,GATT)第 21 条规定:“本协定的任何规定不得解释为:(a)要求任何缔约方提供其认为如披露则会违背其基本安全利益的任何信息;或(b)阻止任何缔约方采取其认为对保护其基本国家安全利益所必需的任何行动……”此外,《服务贸易总协定》(General Agreement on Trade in Service,GATS)、《与贸易有关的知识产权协定》(Agreement on Trade-Related Aspects of Intellectual Property Rights,TRIPs)以及《与贸易有关的投资措施协议》(Agreement on Trade-Related Investment Measures, TRIMs)等均包含安全例外条款。①

作为 WTO 的一项制度安排,安全例外条款旨在确保成员履行条约义务的同时保留维护其基本安全利益的权利,在国际货物及服务贸易中发挥着“安全阀”的作用。由于安全例外条款在措辞上使用了“基本安全利益”“其认为”“所必需”等主观色彩强烈的措辞,且缺乏明确、权威的条约解释和有拘束力的裁决,长期以来,多数国家认为其适用属于国家的“自决权”,甚至拒绝由 WTO 争端解决机构审查国家安全事项。2019 年 4 月,WTO 作了“乌克兰诉俄罗斯运输限制措施案”专家组报

① 具体为 GATS 第 14 条之二、TRIPs 第 73 条以及 TRIMs 第 3 条。

告。该报告是就 GATT 第 21 条安全例外条款适用问题作出的首个裁决。该报告裁定,WTO 成员总体上有权自行判断其“基本国家安全利益”以及相关措施是不是保护该利益“所必需的”,但行使该自决权应基于“善意原则”,专家组有权对其进行客观审查。① 可见,该裁决明确国家安全事项在性质上属于国家的“自决权”,但须受制于善意原则的限制。

晚近制定的区域及双边贸易协定中的安全例外条款,多是在 GATT 安全例外条款基础上的修订补充或升级。② 因此,一国对另一国发起单边制裁是否违反国际条约,需要结合该国缔结和参加的国际条约,并在具体情况下予以个案评估。概言之,对于包含安全例外条款的经贸条约而言,由于国家总体上对国家安全事项拥有“自决权”,③制裁发起国原则上可以依据此类条款主张制裁没有违反其承担的条约义务;④不过,对于没有包含安全例外条款的经贸条约而言,在条约适用的前提下,国家发起单边制裁在原则上违反了条约义务,除非存在其他具体的免责条款。

3. 基于习惯国际法的合法性分析

在国际条约法机制以外,不干涉内政原则是对国家发起单边制裁构

---

① 参见常驻世界贸易组织代表团:《世贸组织散发乌克兰诉俄罗斯运输限制措施案(DS512)专家组报告》,载商务部网,http://wto. mofcom. gov. cn/wtozdjj/art/2019/art_8ea15e72995944eeb8f820d3edbb187f. html。

② 参见张丽娟、郭若楠:《国际贸易规则中的“国家安全例外”条款探析》,载《国际论坛》2020 年第 3 期。

③ See J. Benton Heath, *National Security and Economic Globalization: Toward Collision or Reconciliation?* 42 Fordham International Law Journal 1431 (2019).

④ See J. Benton Heath, *The New National Security Challenge to the Economic Order*, 129 The Yale Law Journal 1020 (2020).

成限制或禁止的最重要的习惯国际法规则。① 不干涉内政作为一项一般国际法原则被规定于《联合国宪章》。② 联合国大会分别于1965年、1970年及1974年通过的《关于各国内政不容干涉及其独立与主权之保护宣言》、《关于各国依联合国宪章建立友好关系及合作之国际法原则之宣言》(以下简称《国际法原则宣言》)与《各国经济权利和义务宪章》均规定:"任何国家均不得使用或鼓励使用经济、政治或任何他种措施强迫另一国家,以取得该国主权权利行使上之屈从。"③20世纪90年代以来,联合国大会通过了更多的决议,明确指出单边制裁阻碍国际贸易的透明度、贸易和航行自由以及可持续发展,不符合《联合国宪章》所确定的原则。④

国际法院在"军事和准军事活动案"中对不干涉内政的内涵作出了更加系统的阐释,并明确该原则构成习惯国际法规则。⑤ 需要指出的是,在不干涉问题上,虽然绝大多数国家在绝大多数时候都审慎地避免

① See Rebecca Barber, *An Exploration of the General Assembly's Troubled Relationship with Unilateral Sanctions*, 70 International & Comparative Law Quarterly 343 (2021).

② 参见陈一峰:《论当代国际法上的不干涉原则》,北京大学出版社2013年版,第45~47页。

③ UN General Assembly, *Declaration on the Inadmissibility of Intervention in the Domestic Affairs of States and the Protection of Their Independence and Sovereignty*, A/RES/2131(XX) (21 December 1965); UN General Assembly, *Declaration on Principles of International Law Concerning Friendly Relations and Cooperation among States in Accordance with the Charter of the United Nations*, A/RES/2625(XXV) (24 October 1970); UN General Assembly, *Charter of Economic Rights and Duties of States*, A/RES/39/163 (12 December 1974).

④ See Rebecca Barber, *An Exploration of the General Assembly's Troubled Relationship with Unilateral Sanctions*, 70 International & Comparative Law Quarterly 343 (2021).

⑤ See Case Concerning Military and Paramilitary Activities in and against Nicaragua (Nicaragua v. United States of America) (Merits) [1986] ICJ Rep ("Nicaragua"), p. 106, para. 205.

干涉他国内政，但违反不干涉原则的国际实践依然比比皆是。[①] 对于国际法原则与国家实践在一定程度上的背离和冲突，国际法院认为，确立一项习惯国际法规则所必要的国家实践不一定要严格符合该规则，国家行为一般地符合该规则就够了，而与该规则不符合的国家行为的事例一般应视为对该规则的违反，并不表明对一项新规则的承认。[②] 基于此，国际法院明确宣告，不干涉原则具有习惯国际法的性质："虽然违反这个原则的例子并不少见，但法院认为它是习惯国际法的重要部分。"[③]

由此可见，一国以单边制裁为手段逼迫另一国改变其政策，虽然存在较多的国家实践，但这无法改变其属于被习惯国际法规则禁止之行为的性质。不仅如此，在当代国际实践中，国家或国家集团对另一国发起单边制裁，还会导致国家间矛盾和纠纷的升级，构成影响国际关系稳定的潜在重大因素。[④] 因此，尽管单边制裁在国际法上是否具有合法性需要通过个案评估才能精准判断，但从原则上讲，应对其合法性予以严格解释。换言之，在个案评估中，除非单边制裁存在明确的合法性依据，否则应推定其违反习惯国际法。

进言之，在习惯国际法上，能为单边制裁提供明确合法性依据的是"反措施"（countermeasures）。反措施是由"报复"（reprisal）发展而来

---

① 参见陈一峰：《不干涉原则作为习惯国际法之证明方法》，载《法学家》2012 年第 5 期。

② 参见［英］奥本海，［英］詹宁斯、［英］瓦茨修订：《奥本海国际法》（第 1 卷第 1 分册），王铁崖等译，中国大百科全书出版社 1995 年版，第 71 页。

③ Case Concerning Military and Paramilitary Activities in and against Nicaragua (Nicaragua v. United States of America) (Merits) [1986] ICJ Rep ("Nicaragua"), p. 106, para. 205.

④ See Tom Ruys, *Sanctions, Retorsion and Countermeasure: Concepts and International Legal Framework*, in Larissa van den Herik ed., Research Handbook on UN Sanctions and International Law, Edward Elgar Publishing, 2017, p. 19, 33.

的。[1] 传统的报复包括武力和非武力两种手段,且以武力报复为主。《联合国宪章》明确禁止使用武力和以武力相威胁后,武力报复便退出历史舞台。“反措施”这一术语顺应了现代国际法的发展,其对应的是以非武力手段进行的报复,因而被广泛采纳。[2] 不过,反措施本质上仍属于“私力司法”或“自助行为”,所以,当代习惯国际法认为,反措施只有满足特定的前提条件,国家采取反措施才符合国际法。[3] 关于反措施的权威和集中规定,主要体现在联合国国际法委员会制定的《国家对国际不法行为的责任条款草案》(以下简称《国家责任条款草案》)上。《国家责任条款草案》虽未生效,但被公认为具有习惯国际法的地位。[4]

《国家责任条款草案》规定了一系列实体和程序规则,以防止国家轻率地援引反措施规则,从而陷入相互指责对方违反国际法的困境。换言之,只有满足这些规则所设置的前提条件,国家采取反措施,才能免除国家责任。[5] 就程序性要求而言,《国家责任条款草案》要求受害国应提前将采取反措施的任何决定通知责任国,并给予其谈判的机会。就实质性要求而言,一国采取反措施,须受以下限制:第一,只涉及非武力的对抗措施;第二,反措施针对的是实施不法行为的责任国,而非第三方;第三,反措施须为临时性和可逆性的,一旦责任国终止国际不法行为,应尽快终止;第四,反措施须与受到的伤害相称,即符合比例原则;第五,反措

① See *Annuaire de l' institut de droit international*, Vol. 38, p. 708 (1934).

② See Elisabeth Zoller, *Peacetime Unilateral Remedies: An Analysis of Countermeasures* xvi, Transnational Publishers, 1984.

③ See ILC Responsibility of States for Internationally Wrongful Acts (2001), Article 22.

④ See Surya P. Subedi, *Introduction*, in Surya P. Subedi QC ed., Unilateral Sanctions in International Law, Hart Publishing, 2021, p. 1, 16.

⑤ See ILC Responsibility of States for Internationally Wrongful Acts (2001), Article 22.

施不涉及任何背离某些基本义务的行为。①

因此，国家援引习惯国际法主张单边制裁具有国际法上的合法性，须符合《国家责任条款草案》为适用反措施设置的上述各项条件。

（三）《反外国制裁法》的定性及其合法性分析

《反外国制裁法》由16个条文构成，第1条和第2条阐明立法依据与立法目的；第3条对本法反制的“外国制裁”进行定义；第4条至第11条规定了针对“外国制裁”的反制措施；第12条规定任何组织和个人不得执行“外国制裁”及其相应的司法后果；第13条是关于其他反制措施的授权性条款；第14条规定不执行反制措施的法律后果；第15条是对其他“危害行为”采取反制措施的参照适用条款；第16条是生效日期。对《反外国制裁法》在国际法上的定性及其合法性边界进行考察和分析，须围绕该法的核心条款及其体现的制度和规则设计展开。

《反外国制裁法》的名称、其阐明的立法目的及其对中国外交政策原则立场的重申表明，这部立法围绕“反制裁”的逻辑起点展开，明显有别于当今国际实践中最常见的进攻性单边制裁，特别是该法第3条第2款对于该法所反制的外国制裁的定义表明，外国国家“违反国际法和国际关系基本准则”是该法适用的前提；外国实施“对我国进行遏制、打压，对我国公民、组织采取歧视性限制措施，干涉我国内政的”行为是该法适用须满足的条件。可见，中国立法机关通过上述条款的设计和措辞表明该法的防御性质，并通过对该法适用前提和条件的描述及限定来表明其在国际法上的合法性。

依据《反外国制裁法》第4条，该法的反制对象主要是“直接或者间

① See Tom Ruys, *Sanctions, Retorsion and Countermeasure: Concepts and International Legal Framework*, in Larissa van den Herik ed., Research Handbook on UN Sanctions and International Law, Edward Elgar Publishing, 2017, p. 19, 33 – 34.

接参与制定、决定、实施本法第三条规定的歧视性限制措施的个人、组织”。可见,就制裁对象而言,该法所采用的模式属于聪明制裁,而非传统的全面制裁,这与当代国际制裁实践的发展趋势保持一致。此外,该法第5条规定,国务院有关部门还可以决定对列入反制清单的个人的配偶和直系亲属、列入反制清单组织的高级管理人员或者实际控制人等特定关系人采取反制措施。可见,在反制对象上,这部立法采用了穿透式管理方法,①对反制对象进行的适度扩大,有利于增加反制打击的精准度和威慑力。②

从反制措施来看,该法主要规定了3种类型:一是不予签发签证、不准入境、注销签证或者驱逐出境;二是查封、扣押、冻结在中国境内的动产、不动产和其他各类财产;三是禁止或者限制中国境内的组织、个人与其进行有关交易、合作等活动。同时,该法还规定了一项兜底性规定,即允许采取“其他必要措施”。③

就该法明确列举的三类反制措施而言,第一类措施涉及外国公民进入我国领土的事项。根据国际法,是否接受外国人入境以及在什么条件下允许外国人入境,属于一个国家可以自由决定的事项。④ 因此,采取该类制裁措施属于由我国自由决定的主权权力,其在国际法上具有明确

---

① SDN名单实行穿透式管理,SDN名单上的实体或个人拥有50%以上财产性利益的企业也将被列于SDN名单中(“50%原则”),与这些企业进行交易也将受到制裁,从而使制裁范围进一步扩大。See U. S. Department of the Treasury, *Entities Owned by Blocked Persons* (50% *Rule*), https://home.treasury.gov/policy-issues/financial-sanctions/faqs/topic/1521 (accessed July 18, 2021).

② 不过,我国制度与美国财政部“特别指定国民”(Specially Designated Nationals and Blocked Persons, SDN)名单管理制度不同,对于反制清单上的个人的配偶和近亲属以及其实际控制的实体,我国《反外国制裁法》并不是自动将其纳入反制清单,而是授予国务院有关部门一定的自由裁量权,可以选择性地将之纳入反制清单。

③ 参见《反外国制裁法》第6条规定。

④ 参见马呈元主编:《国际法》(第5版),中国人民大学出版社2019年版,第93页。

的合法性。第二类和第三类反制措施涉及限制外国人在中国境内的财产使用或交易,以及禁止或者限制中国境内的个人或组织与之进行商业交易或其他合作。虽然《反外国制裁法》属于单边制裁,但其在国际法上的合法性判断原则上取决于是否存在禁止性的国际条约或习惯国际法规则。

1. 基于国际条约的分析

就可适用的多边国际条约而言,《反外国制裁法》规定的第二类和第三类反制措施可能与 WTO 的管辖范围重叠。因此,在中国与反制对象所属国同为 WTO 成员的情况下,需要考虑我国行政机关依《反外国制裁法》采取反制措施与 WTO 规则的关系。

《反外国制裁法》第 1 条明确"维护国家主权、安全、发展利益"为其主要立法目的。结合此前颁布的《中华人民共和国国家安全法》(以下简称《国家安全法》)可知,我国立法对于国家安全的定义是:"国家政权、主权、统一和领土完整、人民福祉、经济社会可持续发展和国家其他重大利益相对处于没有危险和不受内外威胁的状态,以及保障持续安全状态的能力。"①这一定义符合善意原则。由此,安全例外是我国主张《反外国制裁法》规定的反制措施与 WTO 规则兼容的依据。换言之,我国在依据该法对另一 WTO 成员的个人或实体实施制裁时,WTO 规则中的安全例外条款是其合法性依据。

就可适用的双边条约而言,自 20 世纪 80 年代至今,中国已与 145 个国家签订了双边投资协定。② 在这些双边投资协定中,早期缔结的协定基本没有规定安全例外条款,近年来缔结的协定则大都包含此类

① 《国家安全法》第 2 条规定。

② See UNCTAD, *International Investment Agreements Navigator*, *China*, https://investmentpolicy.unctad.org/international-investment-agreements/countries/42/china (accessed July 18, 2021).

条款。[①] 如中国和加拿大于2012年签署并于2014年生效的双边投资保护协定规定了与GATT一致的安全例外条款。[②] 因此,从原则上看,在包含了安全例外条款的双边投资协定的适用范围内,以此类条款为基础,《反外国制裁法》采取的反制措施不违反条约义务,但在不包含安全例外条款的双边协定的适用范围内,则可能存在依该法采取的反制措施与条约义务冲突的现实问题。

鉴于我国缔结的双边投资协定数量众多,即便规定了安全例外条款,具体规定也不尽相同,因此,我国依《反外国制裁法》采取反制措施与双边投资协定的相容性问题,需要结合特定双边协定的具体条款在个案中加以说明。

2. 基于习惯国际法的分析

就习惯国际法而言,反措施能为《反外国制裁法》提供明确的合法性依据。因此,将《反外国制裁法》关于反制对象和措施的规定对照《国家责任条款草案》为适用反措施设置的各项要求,可以对该法是否符合习惯国际法得出基本结论。

就《国家责任条款草案》设置的程序性要求而言,《反外国制裁法》本身并没有规定通知程序。不过,由于该法规定"国家设立反外国制裁工作协调机制,负责统筹协调相关工作",并授权国务院有关部门按照各自职责和任务分工确定和实施反制措施,[③]这一程序性要求可以通过后续法律配套实施制度的建立和完善加以解决。

就《国家责任条款草案》设置的5项实体性条件而言,可逐一分析

---

① 参见周勇、王进等:《深度解读〈反外国制裁法〉》,载微信公众号"君合法律评论"2021年6月12日,https://www.junhe.com/legal-updates/1495。

② 参见《中华人民共和国政府和加拿大政府关于促进和相互保护投资的协定》第33条第5款规定。

③ 参见《反外国制裁法》第10条规定。

如下：

首先，《反外国制裁法》第 6 条第 2 项和第 3 项反制措施均不涉及使用武力问题，故符合第一项实体性要求。

其次，该法第 8 条规定："采取反制措施所依据的情形发生变化的，国务院有关部门可以暂停、变更或者取消有关反制措施。"这表明，该法规定的反制措施符合临时性和可逆性的要求。此外，全国人民代表大会常务委员会在审议该法草案的过程中，将第 6 条第 2 项原本规定的"查封、冻结或者没收在我国境内的动产、不动产和其他各类财产权"改为"查封、扣押、冻结在我国境内的动产、不动产和其他各类财产"，特别删除了"没收"财产的规定，①这进一步表明该法规定的反措施满足临时性和可逆性要求。

再次，《反外国制裁法》从原则上看，符合比例性要求。如前所述，聪明制裁是当代制裁的主要模式。从美国等国家近些年对我国发起的单边制裁来看，其对象均为我国的特定个人和组织。所以，全国人大常委会法工委负责人在答记者问中指出，该法的立法背景是"近年来，某些西方国家和组织……依据其本国法律对中国有关国家机关、组织和国家工作人员实施所谓'制裁'，粗暴干涉中国内政"，并指出该法反映了"以其人之道，还治其人之身"的中国哲学思想，是"一部指向性、针对性强的专门法律"。② 因此，这部立法在原则上是针对外国制裁而采取的"对等制裁"，符合比例性要求。

最后，《反外国制裁法》第 6 条第 2 项和第 3 项反制措施不涉及对人

---

① 参见《全国人民代表大会宪法和法律委员会关于〈中华人民共和国反外国制裁法(草案)〉审议结果的报告》，载中国人大网，http://www.npc.gov.cn/npc/c2/c30834/202106/t20210611_311931.html。

② 参见《人大常委会法工委负责人就反外国制裁法答记者问》，载《新华每日电讯》2021 年 6 月 11 日，第 3 版。

权、人道主义、尊重外交或领事人员、馆舍、档案和文件的侵犯问题,因而可以认定该法的规定符合“不背离基本义务”的要求。

如前所述,这部法律采取的是聪明制裁模式,而非传统上针对外国国家的普遍制裁。在这种情况下,该法规定的反制措施针对的是否仅为责任国,而非第三方,从《国家责任条款草案》文本本身无法得到明确答案。我们认为,须结合《国家责任条款草案》的制定背景、国际制裁的发展实践和《反外国制裁法》的相关规定才能得出结论。

首先,《国家责任条款草案》制定于 2001 年,距今已 20 多年。对于迅速发展和变化的当代世界而言,这是一个足够容纳国际法理论产生实质性发展和更新的时间纵深。因此,在当下判断一国实施的制裁是否满足反措施,必须考虑 20 年间关于制裁的国际实践发展。① 对比 20 多年前与当下的国际制裁实践可以发现,两者间最大的变化在于:彼时,聪明制裁还处于萌芽阶段,而现在,它已发展成联合国和国家最倚重的制裁模式。

关于聪明制裁的正式讨论可追溯到 1995 年。那一年,联合国安理会和联合国秘书长对今后联合国安理会实施的制裁提出了几点设想,以减少普遍制裁的消极影响并增强制裁的政治效果,②但直到 1998 年,联合国报告中才正式使用了“聪明制裁”的措辞,并指出“[秘书长]欣见这一概念正得到会员国的支持”。③ 联合国千年报告更加明确地指出,联合国安理会准备考虑改善制裁措施的设计,以减小对平民的不利

---

① See Surya P. Subedi, *Introduction*, in Surya P. Subedi QC ed., Unilateral Sanctions in International Law, Hart Publishing, 2021, p. 1, 36.

② 参见《和平纲领》补编(A/50/60 - S/1995/1),联合国第五十届会议通过,第 17 页。

③ 参见《秘书长关于联合国工作的报告》,载《联合国第五十三届会议大会正式记录》,补编第 1 号(A/53/1),联合国,纽约,1998 年,第 6 页,第 62 段。

影响。[①] 这一时期,理论界也开始对聪明制裁进行讨论。[②] 进入21世纪以后,尤其是近10年来,因相较于普遍制裁具有诸多道义与成本优势,聪明制裁已取代前者成为当代最常使用的制裁模式。截至2024年10月12日本书完稿时,联合国安理会的制裁名单上共有669名个人和193个实体。[③] 由于制裁模式在《国家责任条款草案》制定后已发生巨大变化,作为可以为制裁提供合法性依据的反措施应随之得到相应发展,关于只能针对责任国的要求,也应顺应聪明制裁取代普遍制裁的发展趋势而作相应发展。

其次,《国家责任条款草案》虽规定反措施仅能针对责任国,但这一要求旨在确保第三国不受影响,而未明确将责任国本国的组织和个人排除在外。此外,20多年来的国际实践也未出现因制裁针对此类主体,而被国际司法机构认定不构成反措施的任何先例。更为重要的是,尽管《反外国制裁法》规定的反制措施由具体的个人或组织承受,但该法第3条表明,反制措施针对的对象是实施国际不法行为的外国国家,第4条进一步说明,这些个人或组织系因直接或者间接参与制定、决定、实施该法第3条规定的歧视性限制措施而被列入反制清单并由此承受相应的反制措施。换言之,这些个人和组织之所以须承受我国的反制措施,是因为其所属外国国家的行为。可见,这些反制措施,归根结底针对的是责任国。从法逻辑上讲,《反外国制裁法》针对外国个人和组织采取的反制措施符合《国家责任条款草案》关于反措施仅针对责任国的要求。

最后,有观点认为《反外国制裁法》第12条第1款要求"任何组织和

---

① 参见《秘书长关于联合国工作的报告》,载《联合国第五十五届会议大会正式记录》,补编第1号(A/55/1),联合国,纽约,2000年,第12页,第100~101段。

② 参见杨祥银:《迈向更为人道和富有成效的制裁?——"聪明制裁"初探》,载《国际论坛》2002年第2期。

③ See *United Nations Security Council Consolidated List*, https://www.un.org/securitycouncil/content/un-sc-consolidated-list (accessed October 12, 2024).

个人均不得执行或者协助执行外国国家对我国公民、组织采取的歧视性限制措施",[1]使该法的管辖范围进一步扩展到第三国,因而不符合仅针对责任国的要求,[2]但这是对该款规定进行孤立解释的误读。从内容上看,该款并没有规定违反的具体法律责任,立场宣示的意味明显;从该条的两款结构来看,第 1 款旨在为第 2 款关于我国公民或组织对违反前款规定的组织或个人提起民事诉讼提供法律依据。从这两款的整体法律效果来看,违反该条第 1 款规定的法律后果并非直接承受我国行政机关的反制措施,而是面临我国公民、组织向人民法院提起的民事诉讼。至于人民法院是否能行使管辖权以及如何适用法律、作出裁决,则须依据《中华人民共和国民事诉讼法》(以下简称《民事诉讼法》)、《中华人民共和国涉外民事关系法律适用法》等法律确定,这显然超出《反外国制裁法》的调整范围。因此,该法第 12 条并不属于我国行政机关采取的反制措施,无须讨论其是否属于国际法上的反措施的问题。

综上,我们认为,《反外国制裁法》采纳的"聪明反制"模式符合《国家责任条款草案》关于反措施只能针对责任国的要求。

(四)小结

近年来,随着中美两国综合国力的差距快速缩小,美国政界出现一种强烈的危机感,并出台一系列旨在压制中国崛起势头和发展潜力的政策,将两国关系推入地缘战略竞争的"新时代"。[3] 尽管中国一直提倡超

---

① 该条规定如下:"任何组织和个人均不得执行或者协助执行外国国家对我国公民、组织采取的歧视性限制措施。组织和个人违反前款规定,侵害我国公民、组织合法权益的,我国公民、组织可以依法向人民法院提起诉讼,要求其停止侵害、赔偿损失。"

② 参见叶研:《〈反外国制裁法〉第 12 条的问题、评析及建议》,载微信公众号"出口管制和制裁"2021 年 6 月 17 日上传。

③ 参见安刚、王一鸣、胡欣:《探索中美关系新范式及全球安全治理》,载《国际安全研究》2020 年第 2 期。

越传统的地缘思维，提倡合作共赢，但由于地缘思维遵循对立冲突的逻辑，本质上是零和博弈的排他性逻辑，动用所有战略、经济、外交和法律工具抗衡和压制中国未来发展是美国对华政策的主基调。[①] 习近平总书记指出："今后一个时期，我国将面对更多逆风逆水的外部环境，必须做好应对一系列新的风险挑战的准备。"[②]可以预见，未来美国及其盟友以其国内法为依据，对中国实体和个人制裁的情况会愈加频繁。[③]

在此背景下，我国颁布《反外国制裁法》是维护国家主权、安全、发展利益的迫切需要，是统筹推进国内法治和涉外法治的迫切需要。[④] 该法围绕反制裁的逻辑起点展开制度构建和规则设计，彰显其防御性立法目的。同时，该法吸收了关于制裁的国际实践经验，采用聪明制裁模式，并在制裁对象上采取"穿透式管理"，充实了我国应对挑战、防范风险的法律"工具箱"，是构建"攻防兼备"的涉外法治体系的节点性立法。[⑤] 通过创设"反外国制裁法"的概念，加之特色鲜明的反制模式和措施设计，中国以自身的立法丰富和发展了国际法上关于制裁的国家实践，对于该领域国际法的发展具有重要意义。

同时，由于《反外国制裁法》在性质上属于单边制裁，而此类制裁在国际法尚处于灰色地带。因此，《反外国制裁法》颁布后，我国须尽快建

---

① See Michael D. Swaine, *The "Strategic Competition Act" Is a Dangerous Declaration of Cold War on China*, Responsible Statecraft, May 5, 2021, https://responsiblestatecraft.org/2021/05/05/the-strategic-competition-act-is-a-dangerous-declaration-of-cold-war-on-china/ (accessed July 18, 2021).

② 习近平：《在经济社会领域专家座谈会上的讲话》，人民出版社 2020 年版，第 3 页。

③ 参见霍政欣：《美欧要加强"制裁合作"，值得警惕》，载《环球时报》2021 年 6 月 24 日，第 5 版。

④ 参见《人大常委会法工委负责人就反外国制裁法答记者问》，载《新华每日电讯》2021 年 6 月 11 日，第 3 版。

⑤ 参见沈伟：《中美贸易摩擦中的法律战——从不可靠实体清单制度到阻断办法》，载《比较法研究》2021 年第 1 期；霍政欣：《构建"攻防兼备"的涉外法律体系》，载《环球时报》2021 年 3 月 10 日，第 14 版。

立健全该法的实施机制，通过制度设计和规则保障，确保其既能精准有效地实现反制裁的目的、维护我国主权与利益，又能在国际法治的轨道上得到实施，维护以联合国为核心的国际体系和以国际法为基础的国际秩序，以此推进全球治理，推动构建人类命运共同体，从而为促进世界和平稳定与发展繁荣贡献中国力量。

第二部分

条文释义

第一条

条文内容

第 1 条　为了维护国家主权、安全、发展利益，保护我国公民、组织的合法权益，根据宪法，制定本法。

关联立法

《中华人民共和国对外关系法》

第 1 条　为了发展对外关系，维护国家主权、安全、发展利益，维护和发展人民利益，建设社会主义现代化强国，实现中华民族伟大复兴，促进世界和平与发展，推动构建人类命运共同体，根据宪法，制定本法。

《阻断外国法律与措施不当域外适用办法》

第 1 条　为了阻断外国法律与措施不当域外适用对中国的影响，维护国家主权、安全、发展利益，保护中国公民、法人或者其他组织的合法权益，根据《中华人民共和国国家安全法》等有关法律，制定本办法。

《不可靠实体清单规定》

第1条　为了维护国家主权、安全、发展利益，维护公平、自由的国际经贸秩序，保护中国企业、其他组织或者个人的合法权益，根据《中华人民共和国对外贸易法》、《中华人民共和国国家安全法》等有关法律，制定本规定。

《商务部办公厅关于进一步做好两用物项出口管制工作的通知》（商办安管函〔2023〕35号）

一、坚持总体国家安全观，将维护国家安全贯穿出口管制工作各方面全过程

两用物项出口管制工作应当坚持以习近平新时代中国特色社会主义思想为指导，深入贯彻党的二十大精神，坚持总体国家安全观，统筹发展和安全，统筹开放和安全，加快完善现代化出口管制体系，提升出口管制治理效能，规范和促进合规贸易，防范和应对风险挑战，以新安全格局保障新发展格局，更好维护国家主权、安全、发展利益。

《联合国宪章》

第2条　为求实现第一条所述各宗旨起见，本组织及其会员国应遵行下列原则：

一、本组织系基于各会员国主权平等之原则。

…………

七、本宪章不得认为授权联合国干涉在本质上属于任何国家国内管辖之事件，且并不要求会员国将该项事件依本宪章提请解决；但此项原则不妨碍第七章内执行办法之适用。

《关税与贸易总协定》

第20条　一般例外

本协定的规定不得解释为禁止缔约国采用或加强以下措施,但对情况相同的各国,实施的措施不得构成武断的或不合理的差别待遇,或构成对国际贸易的变相限制:

(甲)为维护公共道德所必需的措施;

(乙)为保障人民、动植物的生命或健康所必需的措施;

…………

第21条　安全例外

本协定不得解释为:

(甲)要求任何缔约国提供其根据国家基本安全利益认为不能公布的资料;或

(乙)阻止任何缔约国为保护国家基本安全利益对有关下列事项采取其认为必需采取的任何行动:

(1)裂变材料或提炼裂变材料的原料;

(2)武器、弹药和军火的贸易或直接和间接供军事机构用的其他物品或原料的贸易;

(3)战时或国际关系中的其他紧急情况;或

(丙)阻止任何缔约国根据联合国宪章为维持国际和平和安全而采取行动。

条文释义

《反外国制裁法》第1条规定的是该法的立法目的与立法依据。对该条的释义主要从对国家主权、国家安全、发展利益等核心概念的规范分析展开，并从宪法与国际法两个层面予以阐释。

“国家主权”是国家的根本属性，通常是指国家独立自主地处理自身内外部事务的权力。[①] 国家主权包括对内、对外两个面向，即国家的对内最高权力和对外独立权。其中，前者指国家自由选择自己的社会政治制度、意识形态、经济模式、发展道路、对自己领土内的人和物行使排他管辖权等权力；后者指基于国家之间的平等性，国家享有自由进行国际交往、为维护领土完整而进行防卫和抵御外来侵略等权力。[②]

“国家安全”通常是指国家免于遭受任何内外部威胁危害的状况。[③] 国家安全是一个内涵简单但外延可随着实践发展不断拓展的概念，准确把握我国的国家安全概念需结合总体国家安全观理解。自 2014 年习近平总书记首次提出坚持总体国家安全观后，这一重大战略思想经由习近平总书记在多个重要场合的论述而不断丰富与具体化，不仅涵盖政治安全、国土安全、军事安全、主权安全等传统安全，也涵盖经济安全、文化安全、生态安全、科技安全、信息安全等非传统安全。作为维护我国国家安全的基本法，《国家安全法》采用的国家安全概念也与总体国家安全观一脉相承。[④] 可见，《反外国制裁法》第 1 条所称的“国家安全”也遵循前述“大安全”理念。

---

① 参见王铁崖主编：《国际法》，法律出版社 1981 年版，第 67 页。

② 参见王玫黎：《国家主权原则始终是国际法和国际关系的基础》，载《现代法学》1998 年第 1 期。

③ 参见刘跃进：《国家安全学理论中概念及其定义的几个问题》，载《中共中央党校（国家行政学院）学报》2023 年第 4 期；吴庆荣：《法律上国家安全概念探析》，载《中国法学》2006 年第 4 期。

④ 结合《国家安全法》第 2 条可知，我国立法对于国家安全的定义是：“国家政权、主权、统一和领土完整、人民福祉、经济社会可持续发展和国家其他重大利益相对处于没有危险和不受内外威胁的状态，以及保障持续安全状态的能力。”参见霍政欣：《〈反外国制裁法〉的国际法意涵》，载《比较法研究》2021 年第 4 期。

相较于各界对国家主权、国家安全概念已有的较多论述与讨论，当前针对“发展利益”的官方论述与学理阐释较少。本书认为，《反外国制裁法》第1条所称的“发展利益”也是一个较为宽泛的概念，主要指与经济社会的安全、优质、可持续发展的基本保障有关的利益。首先，我国2011年发布的《中国的和平发展》白皮书首次明确列出我国的核心利益，其中特别提到“经济社会可持续发展的基本保障”这一核心利益。[①] 结合该国家核心利益的权威官方论述可知，“发展利益”当然应当是与经济社会可持续发展的基本保障有关的利益。其次，党的十八届五中全会第二次全体会议上确立了“创新、协调、绿色、开放、共享的新发展理念”，表明“发展利益”也应当是契合新发展理念、与高效发展和优质发展有关的利益。最后，党的十八大以来我国不断强调统筹发展与安全，将安全视为发展的重要前提，表明“发展利益”还应当是与安全发展有关的利益。习近平总书记指出，“坚持统筹发展和安全，坚持发展和安全并重，实现高质量发展和高水平安全的良性互动”。[②] 党的二十届三中全会就“实现高质量发展和高水平安全良性互动”作出重要部署。[③] 由此可见，国家安全利益和国家发展利益均为国家生存与进步的核心要素，是制定内外政策的基础。国家安全利益是国家最根本、最优先维护的领域，直接关系到国家主权、领土完整和政治稳定。国家发展利益聚焦于经济增长、社会进步和国际竞争力提升，是实现长期繁荣的关键。国家安全是发展的前提，而发展成果又能“反哺”安全能力的强化。两者相互依存，共同构成国家利益的核心框架。

---

① 参见《国务院新闻办发表〈中国的和平发展〉白皮书（全文）》，载中华人民共和国中央人民政府网，https://www.gov.cn/jrzg/2011-09/06/content_1941204.htm。

② 《坚持系统思维构建大安全格局 为建设社会主义现代化国家提供坚强保障》，载《人民日报》2020年12月13日，第1版。

③ 《中共二十届三中全会在京举行》，载《人民日报》2024年7月19日，第1版。

国家主权、国家安全、发展利益与保护我国公民组织的合法权益之间存在范围上的交叉，共同统一于宪法。一方面，主权原则是贯穿于我国宪法制定和实施全过程的逻辑起点与主线，并连结国内国际两个大局，将国家平等与独立、国家政权、人民福祉、经济社会可持续发展等总体国家安全观视域下的利益均纳入受到宪法保护的主权利益范畴，表明国家主权、国家安全、发展利益三者之间既各有侧重又相互交融。[①] 另一方面，宪法是我国的根本大法，也是行使主权权力、维护国家主权、安全、发展利益、保护我国公民组织合法权益的根本依据。基于上述原因，《反外国制裁法》第 1 条如是规定，“根据宪法，制定本法”。

准确理解与适用《反外国制裁法》第 1 条也应以不违反我国承担的国际法义务为底线。根据主权理论，国家主权与国际法之间是“相互决定，相互依存的关系”。国家主权的对外面向——对外独立权派生出了主权平等、维护和尊重国家主权、不干涉内政等国际法原则，表明国家主权是国际法的基础，国际法以维护国家主权为根本出发点。与此同时，国际法的制定与实施也离不开国家同意和国家主权的自我限制。[②] 国家善意履行国际法(例如履行自主缔结的国际条约项下义务)有助于巩固国家主权，并维护基于国家主权建立起来的当代国际法与国际关系体系。

当前，以《联合国宪章》与《马拉喀什建立世界贸易组织协定》(以下称为《WTO 协定》)为代表的诸多国际法律文件均确认了国家主权原则，并以此为原点构建出一系列国际法规则。我国在党的二十大报告等重要文件以及多个重要场合中不断重申“坚定维护以联合国为核心的国际体系、以国际法为基础的国际秩序、以联合国宪章宗旨和原则为基础

---

① 参见王理万:《主权原则在中国宪法中的展开》，载《中国法学》2023 年第 6 期。

② 参见白桂梅:《国家主权与国际法》，载《中外法学》1990 年第 5 期;温树斌:《论国家主权与国际法的关系》，载《江海学刊》2000 年第 2 期。

的国际关系基本准则”“倡导践行真正的多边主义，旗帜鲜明反对一切霸权主义和强权政治，毫不动摇反对任何单边主义、保护主义、霸凌行径”等政策立场。我国是联合国创始会员国以及 WTO 等众多国际组织的成员国，并对外缔结了大量双边与多边国际条约，善意履行相应的条约义务，例如与《反外国制裁法》第 1 条相关的国际条约规定。需要说明的是，《联合国宪章》第 2 条等类似条款主要是正面确认会员国或者缔约方享有的主权权力，GATT 第 20、21 条等例外条款则是侧面确认缔约方享有的主权权力。由此，我国当然可在个案中援引相关的公共道德、公共健康、国家安全等例外，作为我国依据《反外国制裁法》采取反制措施的国际法依据。

法律适用

《反外国制裁法》在我国港澳特区的实施问题探讨

作为独立关税区，我国香港特区与澳门特区是连接中国内地和全球市场的重要桥梁，特别是，香港特区作为国际金融中心，具有特别重要的地缘政治价值。自 2018 年以来，美国借涉港议题对华实施制裁，不仅旨在实现美国经济政策目标，亦体现对华遏制的战略考量。迄今为止，美国已颁布“香港人权与民主法”“禁止向香港警方商业出口涵盖军用品法”“香港自治法”“香港正常化行政法令”等多部涉港法律或法令，对我国香港特区实施人权制裁和制裁警告。例如，将涉港议题人士列入 SDN 名单，并对与被制裁人士有重大往来的金融机构实施次级制裁；禁止向香港特区执法机关出口催泪瓦斯等人群控制装备；暂停或取消对香港特区的特殊待遇；评估香港特区能否充分遵守美国对敏感两用物项的出口管制或对伊朗等国的单边制裁;等等。①

香港特区作为我国遭受美西方国家制裁的重点地区之一,是我国开展反制裁、反干涉、反"长臂管辖"斗争的前沿阵地与战略重心。2021年6月,在第十三届全国人民代表大会常务委员会第二十九次会议表决通过《反外国制裁法》后,我国学界曾探讨该法律在港澳特区的实施问题。例如,武汉大学黄惠康教授与外交部条法司史晓斌处长共同撰文指出,《反外国制裁法》的适用范围是"中国境内",表明其当然应适用于港澳特区,可通过将该法列入《中华人民共和国香港特别行政区基本法》《中华人民共和国澳门特别行政区基本法》附件三(以下简称港澳特区基本法附件三)的方式在港澳特区予以适用,使两大特区的维护国家安全法成为我国国家安全法律制度的有机组成部分。② 全国港澳研究会理事、中央民族大学法学院田飞龙副教授也指出,香港特区的反制裁法律斗争是推动《反外国制裁法》制定的重要背景和压力因素,因而应当是该法实施过程中需特别考量的关键领域,须关注"一国两制"基本国策下反制裁合力的法律保障问题。③

的确,在"一国两制"范畴内,港澳特区宪制秩序由宪法和基本法共同构成,特区政府有责任推动本地立法来实施相关国家法律,国家亦有权制定反制裁法律并将其纳入港澳特区基本法附件三中,以此形成反外国制裁的合力。④ 就港澳特区的本地立法而言,目前两地尚未制定专门

---

① 参见霍政欣、鄢雨虹:《美国对华制裁的演化趋势、国际法检视及中国因应》,载《浙江大学学报(人文社会科学版)》2024年第7期。

② 参见史晓斌、黄惠康:《精准反制外国非法制裁的法律利器》,载《学习时报》2021年6月23日,第A2版。

③ 参见田飞龙:《美国涉港长臂管辖与"一国两制"下的法律反制》,载紫荆网,https://zijing.com.cn/article/2022-10/10/content_1028964520831852544.html。

④ 参见田飞龙:《美国涉港长臂管辖与"一国两制"下的法律反制》,载紫荆网,https://zijing.com.cn/article/2022-10/10/content_1028964520831852544.html。

的反外国制裁立法。香港虽于1995年颁布“保护贸易权益条例”,但该条例旨在阻断外国经济制裁,未授权香港就外国涉港制裁采取反制措施。还有评论认为,该条例的法律漏洞太多,不足以维护香港的合法权益。[①] 就港澳特区应当予以实施的全国性法律而言,由于《反外国制裁法》尚未被明确纳入港澳特区基本法附件三,其亦不属于可在特区直接实施的全国性法律。在此背景下,内地与港澳政法界人士就港澳特区的反外国制裁实施路径问题进行了有益探讨。

2021年8月,香港特区律政司原司长郑若骅在《反外国制裁法》通过后发文阐释了将该法纳入特区基本法附件三的重要国际法依据。一是主权平等及不干涉原则。她表示,主权平等是国际关系的基本惯例,也是国际法的基本原则,该原则被清楚地列入《联合国宪章》。不干涉原则作为主权平等的核心概念,也是习惯国际法的一部分,联合国大会表决通过的《国际法原则宣言》表明武装干涉及对国家人格或其政治、经济及文化要素之一切其他形式之干预或试图威胁,均系违反国际法。二是制裁适用情形的特定性。她表示,制裁只适用于极为有限的威胁国际和平与安全的情况,且应当由联合国安理会实施。香港特区政府在按照中央人民政府指示实施联合国的制裁措施时,也是根据《联合国制裁条例》(《香港法例》第537章)订立规例执行有关指示。三是单边制裁措施的国际不法性。她指出,一些国家在未获得联合国安理会授权的情况下,单方面将胁迫措施强加于其他国家或个人身上,作为威胁或企图以无形之手作出干涉,这些行径显然具有政治目的,有违国际法主权平等和不干涉原则,构成国际和平与稳定的重要障碍。四是反制措施的国际合法性。她指出,各国有权针对国际不法行为采取反制措施,以回应

① 参见田飞龙:《美国涉港长臂管辖与“一国两制”下的法律反制》,载紫荆网,https://zijing.com.cn/article/2022-10/10/content_1028964520831852544.html。

违反不干涉原则的行径。这类反制措施为国际法所接受,并为《国家责任条款草案》等国际文书所认可。①

基于上述理由,郑若骅指出,我国就外国对华单边制裁措施采取反制措施具有国际法上的正当性与合法性。她还指出,《反外国制裁法》适用于"中国境内"点明了该法的全国性法律性质,且采取反制措施属于外交事务,因而依《中华人民共和国香港特别行政区基本法》第18条将其列入附件三在香港特区实施是最自然也最恰当的方式。有关决定当然最终应由全国人大常委会征询香港特区基本法委员会和香港特区政府后作出。② 此外,香港特区前任行政长官林郑月娥在《反外国制裁法》通过实施后也表示,她支持将该法列入《中华人民共和国香港特别行政区基本法》附件三,或者通过本地立法的方式实施该法。③

从全面依法治国、统筹国内法治与涉外法治、贯彻"一国两制"基本国策等视角看,建立健全港澳特区反外国制裁法律体系具有系统性影响与深远意义。第一,"坚持统筹推进国内法治和涉外法治"是习近平法治思想"十一个坚持"之一,《反外国制裁法》作为我国健全涉外法治建设的标志性立法,港澳特区也需具有实施该法的大局意识。第二,鉴于香港特区是美国等西方国家打压、遏制我国的前沿阵地,仅将《反外国制裁法》的实施范围限于中国内地将留下规制空白,极大减损该法的实施效果。第三,港澳特区现有相关立法的法律位阶较低,适用场景有限,有必要适时更新与推进两地的反外国制裁立法。第四,涉港法律斗争是长

---

① 参见郑若骅:《反外国制裁措施的法律基础》,载香港特别行政区政府律政司网,https://www.doj.gov.hk/sc/community_engagement/sj_blog/20210808_blog1.html。

② 参见郑若骅:《反外国制裁措施的法律基础》,载香港特别行政区政府律政司网,https://www.doj.gov.hk/sc/community_engagement/sj_blog/20210808_blog1.html。

③ 参见《特首支持反制裁法列基本法附件三》,载香港政府新闻网,https://sc.news.gov.hk/TuniS/www.news.gov.hk/chi/2021/08/20210810/20210810_104719_903.html。

线博弈,将《反外国制裁法》纳入特区法律制度可形成合力,对外国制裁形成有力威慑与反击,有效捍卫“一国两制”的规范稳定性、权威性及相关主体的合法权益。①

需要指出,采取的反制措施是否属于外交事务范畴也会影响《反外国制裁法》在港澳特区实施的方式。结合港澳特区基本法,《反外国制裁法》可能通过两种方式在港澳特区予以实施。第一,如《反外国制裁法》规定的内容不涉及外交事务,则港澳特区的立法机关可直接立法并报全国人大常委会备案。第二,如该法规定的内容属于外交事务,则应由全国人大常委会在征询港澳特区基本法委员会和港澳特区政府的意见后,将该法列入港澳特区基本法附件三,并经两地公布后予以实施。②

由于我国宪法和港澳特区基本法均未明确界定外交事务的内涵,关于反制措施是否属于外交事务范畴存在不同观点。英国著名外交官哈罗德·尼科尔森(Harold Nicolson)较早提出了“外交”(diplomat)的四大内涵:一是外交等同于广义范畴的对外政策(foreign policy);二是特指谈判、交涉或磋商;三是指谈判、交涉或磋商程序与机制;四是指抽象地处理国际谈判、交涉或磋商的技巧。③ 我国国际关系学者进一步细分出外交、外交政策、对外政策等概念,指出外交一般指“任何以主权国家为主体,通过和平方式,对国家间关系和国际事务的处理”;外交政策指“外交实体(主要是主权国家)为实施自己在一定历史时期内的外交战略而制定的具体行动准则”;对外政策指“一个国家关于其各种对外关

---

① 参见田飞龙:《美国涉港长臂管辖与“一国两制”下的法律反制》,载紫荆网,https://zijing.com.cn/article/2022-10/10/content_1028964520831852544.html。

② 参见杨俊彦:《论〈反外国制裁法〉在香港和澳门特别行政区实施之路径》,载《国际商务研究》2023年第6期。

③ 参见黄德明:《外交法的概念、历史发展及现状》,载《法学评论》1995年第6期。

系的政策”。[1] 可见,外交政策、外交事务是比对外政策、对外事务更加狭窄的概念。随着外交事务的不断拓展,非外交部门中负责对外事务的工作人员进行的活动也越发被纳入更宽泛的“大外交”事务范畴。[2]《全国人民代表大会常务委员会关于〈中华人民共和国香港特别行政区基本法〉第十三条第一款和第十九条的解释》没有将外交等同于最宽泛的对外政策,而是明确指出国家的“对外事务”由国家豁免等“外交事务”构成,这表明“外交事务”在我国也小于“对外事务”的概念。不过,全国人大常委会未明确“外交事务”是否可包括中观层面的“大外交”事务。

当前,尽管理论界与实务界尚未普遍提出反制措施具有外交事务性质,但现有研究关于中央与特区政府在采取反制措施上的权限问题讨论直接或间接确认了反制措施的外交事务性质。例如,有评论指出,须由中央主导构建反外国制裁法律体系与执法机制:“反外国制裁属于典型的国际法事务和外交事项,特区政府的自治权难以完整充分加以处理,必须依据‘一国两制’宪制秩序由中央主导建构统一和有机协调的反外国制裁法律体系和执法机制,从而体现中央对港全面管治权与香港特区高度自治权有机结合与相统一。”[3]还有学者援引2011年《全国人民代表大会常务委员会关于〈中华人民共和国香港特别行政区基本法〉第十三条第一款和第十九条的解释》中关于外交事务范畴的解释,时任全国人大常委会法制工作委副主任对该文件草案的说明,以及美国等外国的司法实践,同样认为采取反制措施属于外交事务范畴,

---

① 参见凌胜利:《中国外交能力建设:内涵与路径》,载《国际问题研究》2022 年第 2 期。

② 参见夏莉萍:《中国领事保护新发展与中国特色大国外交》,载《外交评论(外交学院学报)》2020 年第 4 期。

③ 田飞龙:《美国涉港长臂管辖与“一国两制”下的法律反制》,载紫荆网,https://zijing.com.cn/article/2022-10/10/content_1028964520831852544.html。

只能由中央人民政府统一管理和实施。[①] 全国港澳研究会原副会长刘兆佳也认为，由于《反外国制裁法》属于原则性法例，制裁外国的决定权主要在中央，特区政府主要是扮演执行者的角色，可以由中央直接颁布在香港特区落实。[②]

不过，即便反制措施是应由中央人民政府管理的外交事务，但仍可在中央与特区政府之间建立反制裁协调机制，以增强《反外国制裁法》的法律效力与威慑力。例如，在明确反制措施的外交事务性质基础上，有学者提出立足自治权范畴建立健全香港特区多元反制法律机制。该设想主要包括以下几个方面：一是协同反制，即香港特区政府在国家发起反制行动的条件下，经与国家的法治协调而决定同步实施协同性的反制措施，由特首依据《中华人民共和国香港特别行政区基本法》和中央指令作出合法决定；二是紧急法反制，即在香港特区合法权益遭受美国等西方国家非法干预和制裁时，特首可援引紧急法制定反制规例，开展反制行动；三是启动阻断机制，即通过适用与完善特区阻断条例等方式有效反制外国对华制裁，维护国家主权、安全、发展利益。[③]

---

① 参见杨俊彦：《论〈反外国制裁法〉在香港和澳门特别行政区实施之路径》，载《国际商务研究》2023 年第 6 期。

② 参见观察者网：《外媒称〈反外国制裁法〉或将列入基本法附件三，谭耀宗回应》，载新浪新闻网，https://news.sina.cn/2021-07-31/detail-ikqciyzk8728372.d.html。

③ 参见田飞龙：《美国涉港长臂管辖与"一国两制"下的法律反制》，载紫荆网，https://zijing.com.cn/article/2022-10/10/content_1028964520831852544.html。

第二条

条文内容

第 2 条　中华人民共和国坚持独立自主的和平外交政策，坚持互相尊重主权和领土完整、互不侵犯、互不干涉内政、平等互利、和平共处的五项原则，维护以联合国为核心的国际体系和以国际法为基础的国际秩序，发展同世界各国的友好合作，推动构建人类命运共同体。

关联立法

《中华人民共和国宪法》

序言第 12 段　中国革命、建设、改革的成就是同世界人民的支持分不开的。中国的前途是同世界的前途紧密地联系在一起的。中国坚持独立自主的对外政策，坚持互相尊重主权和领土完整、互不侵犯、互不干涉内政、平等互利、和平共处的五项原则，坚持和平发展道路，坚持互利共赢开放战略，发展同各国的外交关系和经济、文化交流，推动构建人类命运共同体；坚持反对帝国主义、霸权主义、殖民主义，加强同世界各国人民的团结，支持被压迫民族和发展中国家争取和维护民族独立、发展民族经济的正义斗争，为维护世界和平和促进人类进步事业而努力。

《中华人民共和国对外关系法》

第4条　中华人民共和国坚持独立自主的和平外交政策，坚持互相尊重主权和领土完整、互不侵犯、互不干涉内政、平等互利、和平共处的五项原则。

中华人民共和国坚持和平发展道路，坚持对外开放基本国策，奉行互利共赢开放战略。

中华人民共和国遵守联合国宪章宗旨和原则，维护世界和平与安全，促进全球共同发展，推动构建新型国际关系；主张以和平方式解决国际争端，反对在国际关系中使用武力或者以武力相威胁，反对霸权主义和强权政治；坚持国家不分大小、强弱、贫富一律平等，尊重各国人民自主选择的发展道路和社会制度。

第19条　中华人民共和国维护以联合国为核心的国际体系，维护以国际法为基础的国际秩序，维护以联合国宪章宗旨和原则为基础的国际关系基本准则。

中华人民共和国坚持共商共建共享的全球治理观，参与国际规则制定，推动国际关系民主化，推动经济全球化朝着开放、包容、普惠、平衡、共赢方向发展。

第20条　中华人民共和国坚持共同、综合、合作、可持续的全球安全观，加强国际安全合作，完善参与全球安全治理机制。

中华人民共和国履行联合国安全理事会常任理事国责任，维护国际和平与安全，维护联合国安全理事会权威与地位。

中华人民共和国支持和参与联合国安全理事会授权的维持和平行动，坚持维持和平行动基本原则，尊重主权国家领土完整与政治独立，保持公平立场。

中华人民共和国维护国际军备控制、裁军与防扩散体系，反对军备竞赛，反对和禁止一切形式的大规模杀伤性武器相关扩散活动，履行相关国际义务，开展防扩散国际合作。

第 32 条　国家在遵守国际法基本原则和国际关系基本准则的基础上，加强涉外领域法律法规的实施和适用，并依法采取执法、司法等措施，维护国家主权、安全、发展利益，保护中国公民、组织合法权益。

《中华人民共和国国防法》

第 67 条　中华人民共和国坚持互相尊重主权和领土完整、互不侵犯、互不干涉内政、平等互利、和平共处五项原则，维护以联合国为核心的国际体系和以国际法为基础的国际秩序，坚持共同、综合、合作、可持续的安全观，推动构建人类命运共同体，独立自主地处理对外军事关系，开展军事交流与合作。

第 68 条　中华人民共和国遵循以联合国宪章宗旨和原则为基础的国际关系基本准则，依照国家有关法律运用武装力量，保护海外中国公民、组织、机构和设施的安全，参加联合国维和、国际救援、海上护航、联演联训、打击恐怖主义等活动，履行国际安全义务，维护国家海外利益。

第 69 条　中华人民共和国支持国际社会实施的有利于维护世界和地区和平、安全、稳定的与军事有关的活动，支持国际社会为公正合理地解决国际争端以及国际军备控制、裁军和防扩散所做的努力，参与安全领域多边对话谈判，推动制定普遍接受、公正合理的国际规则。

第 70 条　中华人民共和国在对外军事关系中遵守同外国、国际组织缔结或者参加的有关条约和协定。

《阻断外国法律与措施不当域外适用办法》

第 3 条　中国政府坚持独立自主的对外政策，坚持互相尊重主权、互不干涉内政和平等互利等国际关系基本准则，遵守所缔结的国际条约、协定，履行承担的国际义务。

《不可靠实体清单规定》

第3条　中国政府坚持独立自主的对外政策，坚持互相尊重主权、互不干涉内政和平等互利等国际关系基本准则，反对单边主义和保护主义，坚决维护国家核心利益，维护多边贸易体制，推动建设开放型世界经济。

《联合国宪章》

第1条　联合国之宗旨为：

一、维持国际和平及安全；并为此目的：采取有效集体办法、以防止且消除对于和平之威胁，制止侵略行为或其他和平之破坏；并以和平方法且依正义及国际法之原则，调整或解决足以破坏和平之国际争端或情势。

二、发展国际间以尊重人民平等权利及自决原则为根据之友好关系，并采取其他适当办法，以增强普遍和平。

三、促成国际合作，以解决国际间属于经济、社会、文化及人类福利性质之国际问题，且不分种族、性别、语言、或宗教、增进并激励对于全体人类之人权及基本自由之尊重。

四、构成一协调各国行动之中心，以达成上述共同目的。

第2条　为求实现第一条所述各宗旨起见，本组织及其会员国应遵行下列原则：

一、本组织系基于各会员国主权平等之原则。

二、各会员国应一秉善意，履行其依本宪章所担负之义务，以保证全体会员国由加入本组织而发生之权益。

三、各会员国应以和平方法解决其国际争端，俾免危及国际和平、安全及正义。

四、各会员国在其国际关系上不得使用威胁或武力，或以与联合国宗旨不符之任何其他方法，侵害任何会员国或国家之领土完整或政治独立。

五、各会员国对于联合国依本宪章规定而采取之行动，应尽力予以协助，联合国对于任何国家正在采取防止或执行行动时，各会员国对该国不得给予协助。

六、本组织在维持国际和平及安全之必要范围内，应保证非联合国会员国遵行上述原则。

七、本宪章不得认为授权联合国干涉在本质上属于任何国家国内管辖之事件，且并不要求会员国将该项事件依本宪章提请解决；但此项原则不妨碍第七章内执行办法之适用。

1954年《中华人民共和国和印度共和国关于中国西藏地方和印度之间的通商和交通协定》

中华人民共和国中央人民政府和印度共和国政府为了促进中国西藏地方和印度之间的通商贸易和文化交流并便利两国人民互相朝圣和往来起见，双方同意基于（一）互相尊重领土主权、（二）互不侵犯、（三）互不干涉内政、（四）平等互惠、（五）和平共处的原则，缔结本协定……

条文释义

《反外国制裁法》第2条是对我国外交基本政策与原则立场的重申。我国一贯主张在坚持和平共处五项原则的基础上发展同世界各国的友好关系，表明我国采取的反制措施与美国等西方国家惯用的“单边制裁”存在本质区别，具有被动性与防御性等特点。①

“独立自主的和平外交政策”确立于战争与革命时期，其作为毛泽东思想体系的重要内容，时至今日仍是我国的外交基本政策。在新中国成立之际以及美苏争霸的“冷战”时期，独立自主的外交方针为我国彻底扫除帝国主义残余、发展与亚非拉国家的外交关系发挥了重要作用。改革开放以来，和平发展进一步成为我国开展外交工作的主要任务。②1986 年，第六届全国人民代表大会第四次会议发布了《关于第七个五年计划和第七个五年计划报告的决议》。此次报告从对外工作的根本目标与基本立足点等十个方面全面总结、阐述了独立自主和平外交政策的主要内容和基本原则。③《中华人民共和国国民经济和社会发展第十四个五年规划和 2035 年远景目标纲要》、党的二十大报告等文件也不断强调“坚定奉行独立自主的和平外交政策”。

“互相尊重主权和领土完整、互不侵犯、互不干涉内政、平等互利、和平共处的五项原则”是独立自主和平外交政策的主要内容之一，也是国际公认的国际关系基本准则以及国际法基本原则。1953 年 12 月，周恩来总理在接见印度代表团时首次提出和平共处五项原则，并借由 1955 年万隆会议、中印联合声明、中缅联合声明等契机与渠道向全世界成功宣传并推广了这五项原则。1954 年，中国与印度签订的《中华人民共和国和印度共和国关于中国西藏地方和印度之间的通商和交通协定》首次

① 参见全国人大常委会办公厅：《中华人民共和国反外国制裁法》，中国民主法制出版社 2021 年版，第 12 页。

② 参见刘骞：《我国独立自主和平外交政策的新时代意涵——以外交布局为视角的分析》，载《亚太安全与海洋研究》2022 年第 2 期。

③ 参见《关于第七个五年计划的报告——一九八六年三月二十五日在第六届全国人民代表大会第四次会议上》，载中华人民共和国中央人民政府网，https://www.gov.cn/test/2008-03/24/content_927136.htm。

正式纳入和平共处五项原则。[①] 此后,我国参与投票的 1970 年第二十五届联合国大会、1974 年联合国大会第六届特别会议等会议所通过的《国际法原则宣言》《建立新的国际经济秩序宣言》等一系列重要国际文件均明确肯定五项原则。[②] 2024 年是和平共处五项原则发表 70 周年,我国邀请了多个国家在北京隆重举行了纪念大会,并发布了《和平共处五项原则发表 70 周年纪念大会北京宣言》。和平共处五项原则契合世界人民的根本利益,承载着国际社会对更合理、更公正、更民主的新型国际关系与国际政治新秩序的期盼与追求,故其在过去几十年间遭受各种挑战而历久弥新,展现出强大的生命力。[③]

"维护以联合国为核心的国际体系和以国际法为基础的国际秩序"是我国外交政策与法律政策的重要内容,代表了更加公正合理的国际秩序观。早在 1986 年发布的《关于第七个五年计划和第七个五年计划报告的决议》中,我国便提出"遵循联合国宪章的宗旨和原则,支持联合国组织根据宪章精神所进行的各项工作,积极参加联合国及其各专门机构开展的有利于世界和平与发展的活动"。此后,党中央与国务院发布的各类重要文件不断重申该政策立场。在国际舞台上,我国也不断通过各种渠道强调"维护以联合国为核心的国际体系和以国际法为基础的国际秩序"这一重大外交政策立场。例如,习近平主席在会见联合国秘书长古特雷斯、出席二十国集团领导人第十五次峰会、联合国成立 75 周年纪

① 协定文本参见中华人民共和国条约数据库,http://treaty.mfa.gov.cn/web/detail1.jsp?objid=1531876379596。

② 参见熊华源:《和平共处五项原则的历史演变》,载《学习时报》2024 年 7 月 5 日,第 A5 版。

③ 参见《在和平共处五项原则的基础上建立国际新秩序》,载外交部网,https://www.mfa.gov.cn/web//ziliao_674904/wjs_674919/2159_674923/200011/t20001107_10251031.shtml。

念峰会等重要场合中均旗帜鲜明地表明相关立场。① 随着《反外国制裁法》《中华人民共和国对外关系法》等重要法律的颁布实施,“维护以联合国为核心的国际体系和以国际法为基础的国际秩序”也成为中国涉外法律制度中的一项重要法律政策与规则。

“发展同世界各国的友好合作,推动构建人类命运共同体”是对和平共处五项原则的传承与创新发展,代表了我国关于全球治理与国际法治的核心主张。2013 年 3 月,习近平主席在出访俄罗斯时首次提出人类命运共同体理念。2015 年 9 月,习近平主席在第七十届联合国大会一般性辩论上,从伙伴关系、安全格局、发展前景、文明交流、生态体系五个方面阐释了“五位一体”的人类命运共同体总框架。2017 年 1 月,习近平主席在联合国日内瓦总部发表主旨演讲时进一步提出构建“五个世界”的人类命运共同体总目标,即推动建设“持久和平、普遍安全、共同繁荣、开放包容、清洁美丽的世界”。② 2021 年以来,习近平主席相继提出全球发展倡议、全球安全倡议、全球文明倡议,这三大倡议已成为构建人类命运共同体的战略指引。③

例如,《全球安全倡议概念文件》为从根本上解决制裁问题贡献中国智慧,其特别提道,“坚持通过对话协商以和平方式解决国家间的分歧和争端。战争和制裁不是解决争端的根本之道,对话协商才是化解分歧的有效途径。我们呼吁加强国家间战略沟通,增进安全互信,化解矛盾,管控分歧,消除危机产生的根源。大国应坚持公道正义,承担应尽责任,

---

① 《新型国际关系》,载习近平外交思想和新时代中国外交网,http://cn.chinadiplomacy.org.cn/node_8020221.shtml。

② 参见刘华等:《携手建设更加美好的世界——写在习近平主席提出构建人类命运共同体理念十周年之际》,载中华人民共和国中央人民政府网,https://www.gov.cn/xinwen/2023-03/23/content_5747952.htm。

③ 参见《构建人类命运共同体的时代价值和实践成就》,载新华网,http://www.news.cn/world/20240430/e3a267d0063e405bbc9d36a65f4d6e41/c.html。

支持平等协商,根据当事国需要和愿望劝和促谈、斡旋调停。国际社会应支持一切有利于和平解决危机的努力,鼓励冲突各方以对话建互信、解纷争、促安全。滥用单边制裁和'长臂管辖'不但解决不了问题,反而会制造更多困难和复杂因素"。

人类命运共同体理念提出10余年来,其思想内涵与思想体系不断丰富与完善,正日益发展为世界人民所认同的国际共识。面对百年未有之大变局,和平共处五项原则焕发出更强大的生命力。推动构建人类命运共同体是新形势下坚持弘扬和平共处五项原则的历史必然,赋予和平共处五项原则新的时代内涵。

党的二十大报告指出,"当前,世界之变、时代之变、历史之变正以前所未有的方式展开。一方面,和平、发展、合作、共赢的历史潮流不可阻挡,人心所向、大势所趋决定了人类前途终归光明。另一方面,恃强凌弱、巧取豪夺、零和博弈等霸权霸道霸凌行径危害深重,和平赤字、发展赤字、安全赤字、治理赤字加重,人类社会面临前所未有的挑战。世界又一次站在历史的十字路口,何去何从取决于各国人民的抉择"。面对各类外部风险挑战,以及美国等西方国家近年来日益加强的对华遏制与打压,我国始终坚持采取独立自主的和平外交政策,坚持和平共处五项原则,维护以联合国为核心的国际体系和以国际法为基础的国际秩序,推动构建人类命运共同体。这些中国主张与中国方案符合全人类的根本利益,反映了世界人民对和平、发展、公平、正义、民主、自由的国际体系与国际秩序的追求,也是我国建立健全反制裁、反干涉、反制"长臂管辖"机制的根本遵循。

第三条

条文内容

第 3 条　中华人民共和国反对霸权主义和强权政治，反对任何国家以任何借口、任何方式干涉中国内政。

外国国家违反国际法和国际关系基本准则，以各种借口或者依据其本国法律对我国进行遏制、打压，对我国公民、组织采取歧视性限制措施，干涉我国内政的，我国有权采取相应反制措施。

关联立法

《中华人民共和国对外关系法》

第 4 条　……主张以和平方式解决国际争端，反对在国际关系中使用武力或者以武力相威胁，反对霸权主义和强权政治……

第 33 条　对于违反国际法和国际关系基本准则，危害中华人民共和国主权、安全、发展利益的行为，中华人民共和国有权采取相应反制和限制措施……

《阻断外国法律与措施不当域外适用办法》

第2条　本办法适用于外国法律与措施的域外适用违反国际法和国际关系基本准则,不当禁止或者限制中国公民、法人或者其他组织与第三国(地区)及其公民、法人或者其他组织进行正常的经贸及相关活动的情形。

《不可靠实体清单规定》

第2条　国家建立不可靠实体清单制度,对外国实体在国际经贸及相关活动中的下列行为采取相应措施:

(一)危害中国国家主权、安全、发展利益;

(二)违反正常的市场交易原则,中断与中国企业、其他组织或者个人的正常交易,或者对中国企业、其他组织或者个人采取歧视性措施,严重损害中国企业、其他组织或者个人合法权益。

本规定所称外国实体,包括外国企业、其他组织或者个人。

《联合国宪章》

第2条第7款

本宪章不得认为授权联合国干涉在本质上属于任何国家国内管辖之事件,且并不要求会员国将该项事件依本宪章提请解决;但此项原则不妨碍第七章内执行办法之适用。

1954年《中华人民共和国和印度共和国关于中国西藏地方和印度之间的通商和交通协定》(1954年4月29日签订于北京并于1954年6月3日生效,期满后未再延期)

序言

中华人民共和国中央人民政府和印度共和国政府为了促进中国西

藏地方和印度之间的通商贸易和文化交流并便利两国人民互相朝圣和往来起见,双方同意基于(一)互相尊重领土主权、(二)互不侵犯、(三)互不干涉内政、(四)平等互惠、(五)和平共处的原则,缔结本协定,并各派全权代表如下……

条文释义

《反外国制裁法》第3条规定的是我国采取反制措施的先决条件。《中华人民共和国反外国制裁法(草案)》第3条第2款曾采用的表述是"外国国家以干涉我国内政为目的,依据本国法律对我国公民或者组织采取遏制、打压等歧视性限制措施,我国有权采取相应反制措施"。对此,部分常委委员和部门曾提出,外国国家以各种借口或依据本国法律对我国采取单边制裁已违反国际法和国际关系基本原则,属于国际不法行为,我国采取相应反制措施是必要的、正当的,建议进一步明确。全国人民代表大会宪法和法律委员会经研究后,建议将该款修改为"外国国家违反国际法和国际关系基本原则,以各种借口或者依据其本国法律对我国进行遏制、打压,对我国公民、组织采取歧视性限制措施,干涉我国内政的,我国有权采取相应反制措施"。① 第十三届全国人民代表大会常务委员会第二十九次会议审议通过的《反外国制裁法》第3条第2款即采用了这一表述。

结合本书对《反外国制裁法》第1、2条的释义可知,不干涉内政是国家主权原则的必然结果,是我国独立自主和平外交政策的重要组成部分,也是国际公认的国际关系基本准则与国际法基本原则。不干涉内政

① 参见全国人大常委会办公厅:《中华人民共和国反外国制裁法》,中国民主法制出版社2021年版,第14页。

原则最初出于反对封建专制主义被提出，此后被运用到反侵略、反殖民斗争，因而天然带有反对霸权主义与强权政治的“基因”，对于当前我国健全反制裁、反干涉、反“长臂管辖”机制具有重要意义。

早在18世纪末，便有学者提出了不干涉内政学说。① 作为外交与法律原则的“不干涉内政”同样诞生于这一时期前后。1793年，法国资产阶级在取得革命胜利后，为防止欧洲封建专制势力干涉其内部事务，其将不干涉原则正式写入法国宪法：“法国人民不干涉其他国家政府事务，也不允许其他国家民族干涉法国的事务。”此后，该原则逐渐被欧洲乃至世界上的其他国家所认可。1823年，时任美国总统门罗在国会发表咨文时也指出：“美国不干涉任何欧洲国家的内部事务，但也不能坐视欧洲国家对南美洲各国之干涉。”②

进入20世纪特别是两次世界大战以后，随着越来越多的国家或地区摆脱列强侵略与殖民统治，不干涉内政原则逐渐被确立为国际社会公认的国际关系基本准则与国际法基本原则。例如，1945年《联合国宪章》第2条第7款均明确规定不干涉内政原则。联合国大会于1957年、1965年、1970年、1981年陆续通过的《关于各国和平睦邻关系的决议》《关于各国内政不容干涉及其独立主权保护之宣言》《国际法原则宣言》《不容干涉和干预别国内政宣言》等重要决议则进一步阐述了该原则的主要内容。③

---

① 例如，1795年，康德(Kant)在其著作《永久和平》中便提到了不干涉内政问题。参见夏林华：《论国际法上的不干涉内政原则及其例外》，载《经济与社会发展》2007年第11期。

② 夏林华：《论国际法上的不干涉内政原则及其例外》，载《经济与社会发展》2007年第11期。

③ 参见1957年联合国大会第1236(Ⅻ)号决议；1965年联合国大会第2131(XX)号决议；1970年联合国大会第一八八三次全体会议第2625(XXV)号决议；1981年联合国大会第91次全体会议通过。

结合《联合国宪章》第 2 条第 7 款的权威表述,“不干涉内政”通常指一国不得以任何借口、任何方式干涉本质上属于他国国内管辖的事项(matters which are essentially within the domestic jurisdiction of any state),或者说内政事项。类似地,梁西与曾令良教授等人也将不干涉内政界定为“国家在相互交往中不得以任何理由或任何方式,直接或间接地干涉他国主权管辖范围内的一切内外事务,同时也指国际组织不得干涉属于成员国国内管辖的事项”①。周鲠生与张乃根教授等人从正反两个方面指出,不干涉内政的积极内涵是各国有权自主行使国家主权权力,消极内涵是任何国家不得以任何方式干涉他国主权范围内的内政事项。②

但是,对于不干涉内政的确切内涵,特别是“本质上属于国家国内管辖的事项”“内政”“干涉”等关键概念的国际法意涵,是长期困扰国际社会的争议问题。就“本质上属于国家国内管辖的事项”而言,国际社会尚未就该概念的内涵得出统一结论。对此,有学者提出,《联合国宪章》中的这一定义缺失属于“政治上的故意”,意在处理某些难以作出决定的情况。③ 就“内政”而言,理论界普遍认为,其应当指尚未经国际法确认为一国的国际义务,因而可由该国自由决定的任何事项。④ 常设国际

① 梁西原著主编、王献枢副主编、曾令良修订主编:《国际法》(第 3 版),武汉大学出版社 2011 年版,第 59 页。

② 参见周鲠生:《国际法》(上册),商务印书馆 1976 年版,第 188 页;Naigen Zhang, *The Principle of Non-interference and Its Application in Practices of Contemporary International Law*, Fudan Journal of the Humanities and Social Science, Vol. 9:3, p. 450 (2016)。

③ 参见杨博超、赵紫钰:《禁止使用武力与不干涉原则——〈联合国宪章〉第二条第四、七款之解析》,载《学术交流》2016 年第 8 期。

④ 例如,参见梁西著、杨泽伟修订:《梁著国际组织法》(第 6 版),武汉大学出版社 2011 年版,第 79 页;白桂梅等编著:《国际法上的人权》,北京大学出版社 1996 年版,第 284 页;王虎华主编:《国际公法学》(第 3 版),北京大学出版社 2008 年版,第 55 页;[奥]阿·菲德罗斯等:《国际法》(上册),李浩培译,商务印书馆 1981 年版,第 604 页;Niki Aloupi, *The Right to Non-intervention and Non-interference*, 4(3) Cambridge International Law Journal 574 (2015)。

法院在1923年“突尼斯和摩洛哥国籍法令”案中也确认,“国家适用自裁权的能力应受到其对其他国家可能承担的责任的限制,本案中,原则上应专属于一国的管辖权被国际法规则所限制”。① 与此同时,常设国际法院也指出,内政事务是一个相对的概念,其取决于国际关系的发展。② 可见,尽管当前关于“内政”内涵的学理阐释与司法解释较为一致,但《联合国宪章》对国内管辖权概念进行的技术性模糊处理,以及内政概念的非静态特点均会加剧实践中判断内政事项的难度与不确定性。就“干涉”而言,理论界亦尝试进行界定。例如,赫希·劳特派特(Hersch Lauterpacht)指出,干涉是“一种要求他国作为或不作为的专横干预,即当要求不被服从时,将触发某种形式的强制威胁或诉诸强制”。③ 拉萨·奥本海(Lassa Francis Lawrence Oppenheim)等人认为,干涉是“武力的、专横的,或者胁迫性的,实际上剥夺了他国对争议事项的控制权”。④ 路易斯·亨金(Louis Henkin)指出,干涉可能是违法的或合理的,但最好将其限定为非法的干预;如某一事项不属于国家国内管辖的事项,则外部的或国际的关切就不构成干涉。⑤ 可见,学者大多认可胁迫性是干涉的核心特征。换言之,通过友好磋商、和平谈判等非胁迫性方式干预他国内政的事项一般不构成狭义范畴内的干涉他国内政。此外,某个干预行为是否实际构成狭义范畴内的非法干涉通常还需结合内政概念综合

---

① 参见梁淑英主编:《国际法教学案例》,中国政法大学出版社1999年版,第143~144页。

② 参见梁淑英主编:《国际法教学案例》,中国政法大学出版社1999年版,第143~144页。

③ 参见高凛:《论国际法上不干涉内政原则的新挑战》,载《江南大学学报(人文社会科学版)》2015年第5期。

④ See Robert Jennings and Arthur Watts (eds.), *Oppenheim's International Law*, Vol. 1, Oxford University Press, 2008, p. 430, 432.

⑤ 参见高凛:《论国际法上不干涉内政原则的新挑战》,载《江南大学学报(人文社会科学版)》2015年第5期。

判断,国家或国家集团对他国的非内政事项进行强制性干预或属于合理的国际关切。

在"尼加拉瓜诉美国案"中,国际法院认为美国对尼加拉瓜采取的经济限制措施不违反习惯国际法上的禁止干涉内政原则,引起了诸多争议与探讨。① 一种观点赞同将禁止干涉内政原则所要求的"胁迫"要素限定为武力干预方式,反对将"胁迫"扩展到经济限制措施等非武力干预方式,因为每个国家都有权决定其经济关系。② 另一种观点批评国际法院在该案中将禁止干涉内政原则中的"胁迫"限定为武力干预方式,因为美国在该案中采取的经济限制措施比美国向反政府武装提供的支持更有助于实现美国在尼加拉瓜的政策目标,这些措施摧毁了尼加拉瓜经济,并据称是桑地诺政府在尼加拉瓜 1990 年大选中落败的关键原因。③ 还有一种观点指出,国际法院在该案中就美国经济限制措施得出的结论不意味着其将武力干预作为禁止干涉内政原则的唯一方式,因为法院在判决中从未排除过其他形式的禁止干预。④

联合国大会通过的相关决议部分吸收借鉴了"不干涉内政"学理概念与国际法院判例中的胁迫性等要素,并通过举例的方式进一步明确了其内涵。例如,《国际法原则宣言》规定以下事项构成对他国国内管辖

---

① See Case Concerning Military and Paramilitary Activities in and Against Nicaragua (Nicaragua v. United States of America) (Merits) [1986] ICJ Rep ("Nicaragua"), p. 116, 128.

② See Cf. Sean Watts, *Low-Intensity Cyber Operations and the Principle of Non-Intervention*, Baltic Yearbook of International Law, Vol. 14:1, p. 137, 150 (2014).

③ See William M. Leogrande, *Making the Economy Scream: US Economic Sanctions against Sandinista Nicaragua*, 17 Third World Quarterly, Vol. 17:2, p. 329, 343 (1996); Barry H. Barlow, *The Nicaraguan-Contra Negotiations of* 1988: *A Test of the Reagan Doctrine*, Canadian Journal of Latin American & Caribbean Studies, Vol. 18:35, p. 67, 82 (1993).

④ See Ori Pomson, *The Prohibition on Intervention Under International Law and Cyber Operations*, International Law Studies, Vol. 99:1, p. 211 (2022).

事务的干涉,“武装干涉及对国家人格或其政治、经济及文化要素之一切其他形式之干预或试图威胁,均系违反国际法”,“任何国家均不得使用或鼓励使用经济、政治或任何他种措施强迫另一国家,以取得该国主权权利行使上之屈从,并自该国获取任何种类之利益。又,任何国家均不得组织、协助、煽动、资助、鼓励或容许目的在于以暴力推翻另一国政权之颠覆、恐怖或武装活动,或干预另一国之内争”,以及“使用武力剥夺各民族之民族特性构成侵犯其不可移让之权利及不干涉原则之行为”。上述例子似乎表明联合国大会决议支持将非武力胁迫认定为违反禁止干预内政原则。

需要指出,尽管理论界与实务界持续完善对不干涉内政的内涵阐释,但随着国际关系格局加剧演变,国际法管辖范围日益扩张,以及国家干预行为不断调整与隐蔽化,属于一国内政事务的范围正在缩小,特别是,随着“保护的责任”等主张提出并获得一定国际支持后,如何判断一国的干预行为是否实际违反不干涉内政原则更加充满不确定性。

在制裁与反制裁领域,不干涉内政原则与我国应对美国等西方国家的对华制裁之间具有天然的关联。国际法语境下,制裁的法律表述为“措施”,即国家实施的任何强制性或非强制性作为或不作为。由于当代国际法原则上禁止武力措施,国际实践中的制裁泛指一国对目标国采取全面或局部非武力性强制措施,以实现遏制和打压、对话与释放信号、迫使目标国改变相关政策或表明某种立场等政治目的。制裁与其他非武力措施存在一定交叉:当一国出于某种政治目的而专门针对某个国家采取出口管制等其他非武力措施时,该措施或可同时构成制裁。① 可见,制裁同样具有胁迫性特点。当然,结合前文对“干涉”概念的分析,

---

① 参见霍政欣、鄢雨虹:《美国对华制裁的演化趋势、国际法检视及中国因应》,载《浙江大学学报(人文社会科学版)》2024 年第 7 期。

制裁是否实际违反不干涉内政原则同样须结合其他因素综合判断。

就我国反外国制裁而言，鉴于美国等西方国家的对华制裁整体上未达到需要联合国安理会行使维护国际和平与安全职能的程度，不涉及联合国集体制裁问题，主要须考虑我国是否承担了联合国安理会机制之外的其他国际义务，以至于外国对华制裁所依据的理由不属于我国可自由决定的内政事项，因而也就不构成对我国内政的干涉。《反外国制裁法》第 3 条显然考虑到了这个问题。为防止外国国家绕开不干涉内政原则，以国际法为幌子遏制、打压我国，对我国公民和组织采取歧视性限制措施，该条在“干涉我国内政”这一先决条件外又增加了另一重要先决条件“外国国家违反国际法和国际关系基本准则，以各种借口或者依据其本国法律”。鉴于后一先决条件中列出的各种情形均与我国应承担的国际义务无关，这就为我国合理合法地采取反制措施提供了外交与政策空间。

法律适用

自《反外国制裁法》颁布实施以来，我国已依据包括《反外国制裁法》第 3 条在内的多个条文多次采取反制措施，有力地向国际社会表明了我国维护国家主权、安全、发展利益的坚定立场。例如：

2023 年 4 月 13 日，美国得克萨斯州共和党联邦众议员迈克·麦考尔（Michael McCaul）近年来频繁采取干涉中国内政、损害中方利益的言行，并率团窜访我国台湾地区，严重违反一个中国原则和中美三个联合公报规定，严重损害我国主权和领土完整，向“台独”分裂势力发出严重错误信号。鉴于此，我国依据《反外国制裁法》第 3 条、第 4 条、第 6 条、

第 15 条规定,决定对迈克·麦考尔采取反制措施。①

2024 年 4 月 11 日,美国通用原子航空系统公司(General Atomics Aeronautical Systems)与美国通用动力陆地系统公司(General Dynamics Land Systems)持续向中国台湾地区出售武器,严重违反一个中国原则和中美三个联合公报规定,严重干涉中国内政,严重损害中国主权和领土完整。鉴于此,我国依据《反外国制裁法》第 3 条、第 4 条、第 5 条、第 6 条、第 9 条、第 15 条规定,决定对参与向中国台湾地区出售武器的美国通用原子航空系统公司、美国通用动力陆地系统公司等企业采取反制措施。②

2024 年 5 月 21 日,美国威斯康星州前联邦众议员麦克·加拉格尔近年来频繁发表和实施干涉中国内政、损害中国主权和领土完整、侵犯中方利益的言行。鉴于此,我国依据《反外国制裁法》第 3 条、第 4 条、第 6 条、第 9 条、第 15 条规定,决定对麦克·加拉格尔采取反制措施。③

2024 年 5 月 22 日,美国洛克希德·马丁导弹与火控公司(Lockheed Martin Missiles and Fire Control)等外国企业及其高级管理人员无视中方在乌克兰危机上的客观公正立场和建设性作用,以所谓涉俄罗斯因素为由对多家中国实体滥施非法单边制裁,大搞单边霸凌和经济胁迫,严重侵犯中方企业、机构和个人正当合法权益。同时,持续向中国台湾地区出售武器,严重违反一个中国原则和中美三个联合公报规定,严重干涉

---

① 参见《关于对美国反华议员迈克·麦考尔采取反制措施的决定》,载外交部网,https://www.mfa.gov.cn/wjb_673085/zfxxgk_674865/gknrlb/fzcqdcs/202304/t20230413_11058780.shtml。

② 参见《关于对美国通用原子航空系统公司、通用动力陆地系统公司采取反制措施的决定》,载外交部网,https://www.mfa.gov.cn/wjbxw_new/202404/t20240411_11280056.shtml。

③ 参见《关于对美国国会前议员加拉格尔采取反制措施的决定》,载外交部网,https://www.mfa.gov.cn/web/wjbxw_new/202405/t20240521_11308990.shtml。

中国内政，严重损害中国主权和领土完整。鉴于此，我国依据《反外国制裁法》第3条、第4条、第5条、第6条、第9条、第15条规定，决定对涉事美国军工企业及高级管理人员采取反制措施。①

不过，需要强调的是，与美国等西方国家对华实施制裁的范围、频率、程度相比，我国采取的反制措施整体上较为克制、谨慎，反制范围主要限于严重危害我国国家主权、安全、发展利益的情形，反制对象限于极个别情节特别恶劣的外国反华政客和外国军工企业，反制目的主要在于警示曾经、正在或者企图侵害我国核心利益的外国个人与组织应该更加谨言慎行，切莫铤而走险、引火烧身，并向国际社会旗帜鲜明地传达我国国家核心利益不容侵犯的基本立场。

第四条

条文内容

第4条　国务院有关部门可以决定将直接或者间接参与制定、决定、实施本法第三条规定的歧视性限制措施的个人、组织列入反制清单。

① 参见《关于对美国军工企业及高级管理人员采取反制措施的决定》，载外交部网，https://www.fmprc.gov.cn/wjbxw_new/202405/t20240522_11309756.shtml。

关联立法

《中华人民共和国对外关系法》

第 33 条　……国务院及其部门制定必要的行政法规、部门规章，建立相应工作制度和机制，加强部门协同配合，确定和实施有关反制和限制措施。

依据本条第一款、第二款作出的决定为最终决定。

第 37 条　国家依法采取必要措施，保护中国公民和组织在海外的安全和正当权益，保护国家的海外利益不受威胁和侵害。

国家加强海外利益保护体系、工作机制和能力建设。

第 38 条　中华人民共和国依法保护在中国境内的外国人和外国组织的合法权利和利益。

国家有权准许或者拒绝外国人入境、停留居留，依法对外国组织在境内的活动进行管理。

在中国境内的外国人和外国组织应当遵守中国法律，不得危害中国国家安全、损害社会公共利益、破坏社会公共秩序。

《阻断外国法律与措施不当域外适用办法》

第 7 条　工作机制经评估，确认有关外国法律与措施存在不当域外适用情形的，可以决定由国务院商务主管部门发布不得承认、不得执行、不得遵守有关外国法律与措施的禁令(以下简称禁令)。

工作机制可以根据实际情况，决定中止或者撤销禁令。

《不可靠实体清单规定》

第7条　工作机制根据调查结果，综合考虑以下因素，作出是否将有关外国实体列入不可靠实体清单的决定，并予以公告：

(一)对中国国家主权、安全、发展利益的危害程度；

(二)对中国企业、其他组织或者个人合法权益的损害程度；

(三)是否符合国际通行经贸规则；

(四)其他应当考虑的因素。

条文释义

《反外国制裁法》第4条规定的是该法的反制对象与反制方式。根据该条，《反外国制裁法》主要反制的是“直接或者间接参与制定、决定、实施本法第三条规定的歧视性限制措施的个人、组织”，反制方式为将相关个人或组织纳入反制清单。

“歧视性限制措施”是《反外国制裁法》第3、4条中的核心概念，准确理解与适用该术语是启动我国反制裁机制的关键问题。不过，立法者或基于多种因素考量，并未在正式法律文本中明确界定“歧视性限制措施”的法律性质与确切内涵。这既为立法者未来进一步充分研判该术语的法律解释问题留下了余地，也为国务院有关部门依据该条采取反制措施保留了一定的自由裁量权。当然，关键法律概念的定义缺失也对有关部门的法律适用能力提出了更高要求，这就需要有关部门恪守“底线思维”，在法治轨道上特别是国际法框架内采取反制措施。

在国际法语境下，“歧视性限制措施”并不是严格意义上的法律术语，迄今尚未有权威国际法律文件正式采用过该术语。对此，可先从对我国具有法律约束力的国际条约入手寻找相似概念,以廓清此概念的可能性质、内涵等重要问题。这既有助于为我国采取反制措施提供成文国际法依据,也有助于我国明确在何种国际法规则体系下采取反制措施,确保反制措施不违反我国在该规则体系下承担的义务与作出的承诺,以避免反制措施构成新的国际不法行为。

首先,歧视性限制措施应该是违反非歧视等国际法原则与规则的国际不法措施。在以《联合国宪章》为核心的国际法体系中,非歧视原则是国际法的根本原则,其主要指不得对处于相同或相似条件下的实体予以差别对待,或者以相似的方式对待情况不同的各方。诸多重要的国际条约也将非歧视原则作为基本原则或重要纪律。[①] 在我国加入的 WTO 多边贸易体系中,歧视性措施与数量限制等市场准入措施均是《WTO 协定》中与歧视性限制措施有关的重要法律术语,同时也是 WTO 重点规制的对象。结合歧视性限制措施的表述以及相似概念的国际法意涵,歧视性限制措施应当同时具有歧视性与限制性的双重属性,例如表现为对情况相似的实体进行差别对待并产生了相应的限制效果。

其次,作为反制裁核心的歧视性限制措施,其实施对象既可以是中国公民、组织,也可以是作为整体的中国本身。结合《反外国制裁法》第 3、4 条可知,该法的反制对象并不限于对中国公民、组织采取歧视性限制措施的外国个人、组织,也包括代表外国国家遏制、打压中国的外国个人、组织,故后一情形也属于歧视性限制措施的范畴。例如,本书在阐释《反外国制裁法》第 3 条的含义时列举了该法生效实施以来我国采取的部分反制措施,其中前三个案例便属于后一情形。外国个人、组织发表干涉中国内政、损害中国主权和领土完整、侵犯中方利益的言行,以及违

① 参见周艳云:《中国〈反外国制裁法〉中"歧视性限制措施"的识别》,载《环球法律评论》2022 年第 2 期。

反一个中国原则向中国台湾地区出售武器，显然严重干涉我国内政并侵害我国的核心利益，因而也属于《反外国制裁法》的反制对象。

再次，歧视性限制措施应当是具有外交事务属性的措施。本书在阐释《反外国制裁法》第1条的法律适用时探讨了该法在港澳特区的实施路径问题，其中特别提到反制措施属于外交事务范畴应由中央人民政府统一管理与实施。根据对等原则与比例原则等一般国际法原则，这意味着触发我国反制机制的歧视性限制措施原则上也应是与外交事务有关的措施；反之亦然。换言之，外国国家、个人或组织实施的一般范畴内的贸易限制等措施通常无法触发反制机制，而是可通过阻断法、不可靠实体清单等其他"反制裁工具箱"予以解决。

最后，基于歧视性限制措施的外交事务属性，此类措施的实施主体从根本上说是外国国家，实际表现为具体履行国家外交或大外交职能的国家机关及其工作人员，在前述国家机关授意下行事的个人、社会组织等私主体，甚至还可能包括政府间国际组织以及在他国外交机关授意下行事的非政府间国际组织。因此，《反外国制裁法》第4条将反制对象规定为"直接或者间接参与制定、决定、实施……的个人、组织"，既符合实际情况，也保证了该法打击对象的全面性与精准性。①

对于符合《反外国制裁法》第3、4条等条文规定的外国个人与组织，我国当然可依据该法规定将其列入反制清单。但结合该法第1、2条等其他条文的规定，我国不仅应在识别歧视性限制措施时恪守国际法，也应在实际采取反制措施时关注其国际合法性问题，如此方可切实维护以联合国为核心的国际体系和以国际法为基础的国际秩序。反制措施在本质上属于单边制裁措施，但因其被动实施的特性而更常被称为"单边

① 参见周艳云：《中国〈反外国制裁法〉中"歧视性限制措施"的识别》，载《环球法律评论》2022年第2期。

自助措施”。在 WTO 上诉机制陷入瘫痪、争端解决机制难以正常运转之后,无论是美国采取的对华制裁措施,还是我国因此采取的反制措施,多为 WTO 争端解决机制之外所实施的措施。这里的问题是:当《WTO 协定》为成员施加了采用协定规定的争端解决机制解决贸易争端的义务时,成员可否援引一般国际法解除其对另一成员实施制裁等单边自助措施的不法性?

《WTO 关于争端解决规则与程序的谅解》(以下简称《WTO 争端解决谅解》)第 23 条规定,成员负有运用 WTO 争端解决机制解决彼此之间贸易争端的义务,表明采用任何单边自助措施均涉嫌违反本条规定。对此,一种观点认为,可将《WTO 争端解决谅解》第 23 条解释为允许成员在特殊情形下适用习惯国际法解决贸易争端。① 另一种观点认为,允许成员绕过 WTO 争端解决机制单方面解决贸易争端不仅不符合该条的文本规定,而且涉嫌违反《WTO 争端解决谅解》第 3 条第 2 项规定,因为这可能剥夺成员将贸易争端诉诸 WTO 的权利,造成当事方之间权利与义务的失衡。②

需要指出,尽管根据“特别法优于一般法”和“后法优于前法”原则,国际经贸协定等特别国际法通常优先于习惯国际法和国际法基本原则等一般国际法适用,但该原则也存在例外情形。根据联合国国际法委员会 2006 年发布的《国际法不成体系问题:国际法多样化和扩展引起的困难》,③一般国际法在下列情形中应予适用:其一,可用于判断特别国际

① 参见杨国华:《中国贸易反制的国际法依据》,载《经贸法律评论》2019 年第 1 期。

② 参见廖诗评:《中美贸易摩擦背景下中国贸易反制措施的国际法依据》,载《经贸法律评论》2019 年第 1 期。

③ 关于该文件的具体内容可参见 *Fragmentation of International Law: Difficulties Arising from the Diversification and Expansion of International Law*, Report of the Study Group of the International Law Commission, Finalized by Mr. Martti Koskenniemi, DOCUMENT A/CN. 4/L. 682 and Add. 1 (2006), p. 44 – 45。

法的有效性;其二,当特别法出现制度缺失时,可作为补充性规则适用的规范(如《维也纳条约法公约》的大部分规则)、强制性规范或隐含效力等级的规范(如处理规则竞合的规范、规定遵守一个制度而违反另一个制度的后果的规范);其三,当特别法出现制度失灵(如争端解决机制失灵)时,可作为替代性规则适用。

可见,在 WTO 争端解决机制出现制度失灵的当下,我国当然可依据一般国际法主张我国针对外国对华制裁措施而采取反制措施的正当性与合法性。此外,《国家责任条款草案》等一般国际法中的反措施规则与单边反制措施具有极强关联性,是解除单边反制措施(也包括单边制裁措施)不法性的核心法律依据之一,因而常被理论界援引与分析。《国家责任条款草案》第 22 条规定:“一国不遵守其对另一国国际义务的行为,在并且只在该行为构成按照第三部分第二章针对该另一国采取的一项反措施的情况下,其不法性才可解除。”

联合国国际法委员会第五十三届会议工作报告(以下简称联合国第 53 届工作报告)列明了通过的《国家责任条款草案》及其评注,这是准确理解反措施等规则的重要文献。在本届会议上,联合国国际法委员会收到了各国政府对起草委员会在上届会议暂时通过的《国家责任条款草案》的评论和意见以及特别报告员詹姆斯·克劳福德先生的第四次报告。联合国第 53 届工作报告根据各国政府提出的评论和意见处理了条款草案方面的主要问题。联合国国际法委员会分别在 2001 年 4 月 23 日、25 日和 26 日以及 5 月 1 日至 11 日和 18 日举行的第 2665 次、第 2667 次、第 2668 次、第 2670 次至第 2675 次以及第 2677 次会议上审议了联合国第 53 届工作报告。辩论聚焦于条款草案的四个主要未决问题,即严重违背对整个国际社会的义务(第二部分,第三章);反措施(第二部分之二,第二章);关于争端解决的规定(第三部分);以及条款草案的形式。2001 年 5 月 29 日至 31 日和 8 月 3 日举行的联合国国际法委员会第2681次至第2683次和第2701次会议上，联合国国际法委员会审议了起草委员会的报告，并在第2683次和第2701次会议上通过了国家对国际不法行为的责任的全部条款草案。在2001年8月6日至9日第2702次至第2709次会议上，联合国国际法委员会通过了上述条款草案的评注。①

联合国第53届工作报告载明的关于反措施规则的评注澄清了反措施与报复、反报等术语的异同。“报复”通常指为回应违约行为而以自助方式采取的，否则即属非法的行为，包括强制行动。“报复”通常限于发生国际武装冲突时采取的行动，常被用作交战报复的同义语。关于在国际关系中动用武力和交战报复的合法性问题，由相关国际规则具体制约。“反措施”涵盖的是报复中与武装冲突无关的部分。“反报”是指不友好但也不违反反报国国际义务的行为，即它虽可能是对一项国际不法行为的回应，但反报国未违反它所承担的任何国际义务。反报行为可能包括：禁止或限制正常外交关系和其他来往；各种禁运或是撤销自愿援助计划。尽管反报行为可能出于各种各样的动机，但鉴于此种行为未违反反报国承担的国际义务，不涉及解除行为不法性的问题，因而也就与反措施无关，不属于反措施规则的适用范围。②

评注进一步指出，反措施应明确区别于《维也纳条约法公约》第60条规定的在另一国家严重违反一项条约时对条约关系的终止或暂停。凡一项条约按《维也纳条约法公约》第60条规定终止或暂停，缔约国的

---

① 参见《国际法委员会第五十三届会议工作报告(2001年4月23日至6月1日和7月2日至8月10日)》(A/56/10号文件)，第24～30页，https://legal.un.org/ilc/reports/2001/chinese/content.pdf。

② 参见《国际法委员会第五十三届会议工作报告(2001年4月23日至6月1日和7月2日至8月10日)》(A/56/10号文件)，第146～147页，https://legal.un.org/ilc/reports/2001/chinese/content.pdf。也可参见马光：《论反制裁措施的国际合法性及我国反制裁立法的完善》，载《法治研究》2022年第1期。

实质性法律义务势必受到影响，但是这一情况与违约行为可能已经引起的责任问题有相当大的不同。反措施包括为了减少现存条约义务而采取的行为，但具有合理性，是对反措施所针对国家的国际不法行为而采取的必要和适度的回应。反措施本质上是为实现一特定目的而采取的临时措施，一旦达到目的，其合理性即告终止。①

为防止一国滥用反措施规则，《国家责任条款草案》第三部分第二章具体规定了一国采取反措施的目的与限制、适用范围、相称性、实施程序、终止反措施等要求。第一，该草案第 50 条要求一国不得采取武力措施或威胁使用武力。第二，该草案第 49 条要求反措施只针对责任国实施而不得指向第三方。第三，该草案第 49、53 条要求采取反措施的目的意在敦促被采取反措施的国家停止其国际不法行为并进行赔偿，而绝对不是旨在惩罚。进言之，反措施应具有临时性，必须在对两个国家未来的法律关系的影响方面尽可能保持可逆性。第四，该草案第 51 条要求反措施必须相称。第五，该草案第 50 条要求反措施不得背离采取反措施国承担的某些基本义务，尤其不可背离一般国际法强制性规范下的义务。

《国家责任条款草案》第三部分第二章还在一定程度上论及执行反措施的条件。该草案第 50 条第 2 款特别规定，反措施不能影响两国间有效的和适用于争端的任何争端解决程序，并不得妨碍外交和领事的不可侵犯性。该草案第 52 条第 3 款规定，采取反措施之前，受害国必须先要求责任国遵守第二部分规定的义务，同时提议谈判，一旦国际不法行为停止且争端已提交给具有作出对当事方有约束力裁决的法院或法庭时，必须暂停反措施。

---

① 参见《国际法委员会第五十三届会议工作报告(2001 年 4 月 23 日至 6 月 1 日和 7 月 2 日至 8 月 10 日)》(A/56/10 号文件)，第 147 页，https://legal.un.org/ilc/reports/2001/chinese/content.pdf。

为进一步增强我国反制措施的正当性,我国也可借鉴《国家责任条款草案》等习惯国际法,强化对反制措施全流程的规范要求。本书余下部分在阐释《反外国制裁法》的后续条文时将进一步结合该草案规定予以分析。

法律适用

我国现有的反制实践印证了歧视性限制措施的外交事务属性,因为当前被我国采取反制措施的外国个人与组织大多为代表外国国家履行对外活动职能的官方人员(特别是在制定与实施对华政策、台海政策等问题上有重要影响的政府官员),以及与外国政府往来密切、依其授意行事的外国人员、组织,属于前文提到的"大外交"事务范畴。

例如,在 2022 年 12 月 23 日被我国制裁的余茂春曾是美国国务院政策规划办公室的中国政策首席顾问,陶德·斯坦恩是美国国会及行政当局中国委员会的副主任。在 2023 年 4 月 7 日被我国制裁的哈德逊研究所是一家位于华盛顿的美国保守主义智库,其对于美国对华政策走向具有重要影响,并多次为美国时任副总统彭斯、时任国务卿蓬佩奥等政客发表反华言论提供平台。里根图书馆作为美国 13 个总统图书馆中的一个,也多次为"台独"分子散布言论提供便利与平台。在 2024 年 4 月 11 日被我国制裁的美国通用原子航空系统公司是一家美国军事承包商,美国通用动力陆地系统公司是一家国防合同商,二者多次为美对台军事援助提供物资支持。

申言之,《反外国制裁法》所称的歧视性限制措施以及我国针对此类措施采取的反制措施原则上均应是具有外交事务属性的措施。

第五条

条文内容

第5条　除根据本法第四条规定列入反制清单的个人、组织以外，国务院有关部门还可以决定对下列个人、组织采取反制措施：

（一）列入反制清单个人的配偶和直系亲属；

（二）列入反制清单组织的高级管理人员或者实际控制人；

（三）由列入反制清单个人担任高级管理人员的组织；

（四）由列入反制清单个人和组织实际控制或者参与设立、运营的组织。

关联立法

《中华人民共和国民法典》

第1045条　亲属包括配偶、血亲和姻亲。

配偶、父母、子女、兄弟姐妹、祖父母、外祖父母、孙子女、外孙子女为近亲属。

配偶、父母、子女和其他共同生活的近亲属为家庭成员。

第1127条　……本编所称子女，包括婚生子女、非婚生子女、养子女和有扶养关系的继子女。

本编所称父母，包括生父母、养父母和有扶养关系的继父母。

本编所称兄弟姐妹，包括同父母的兄弟姐妹、同父异母或者同母异父的兄弟姐妹、养兄弟姐妹、有扶养关系的继兄弟姐妹。

《中华人民共和国刑事诉讼法》

第108条　本法下列用语的含意是：

（一）"侦查"是指公安机关、人民检察院对于刑事案件，依照法律进行的收集证据、查明案情的工作和有关的强制性措施；

（二）"当事人"是指被害人、自诉人、犯罪嫌疑人、被告人、附带民事诉讼的原告人和被告人；

（三）"法定代理人"是指被代理人的父母、养父母、监护人和负有保护责任的机关、团体的代表；

（四）"诉讼参与人"是指当事人、法定代理人、诉讼代理人、辩护人、证人、鉴定人和翻译人员；

（五）"诉讼代理人"是指公诉案件的被害人及其法定代理人或者近亲属、自诉案件的自诉人及其法定代理人委托代为参加诉讼的人和附带民事诉讼的当事人及其法定代理人委托代为参加诉讼的人；

（六）"近亲属"是指夫、妻、父、母、子、女、同胞兄弟姊妹。

《中华人民共和国公司法》

第23条　公司股东滥用公司法人独立地位和股东有限责任，逃避债务，严重损害公司债权人利益的，应当对公司债务承担连带责任。

股东利用其控制的两个以上公司实施前款规定行为的，各公司应当对任一公司的债务承担连带责任。

只有一个股东的公司,股东不能证明公司财产独立于股东自己的财产的,应当对公司债务承担连带责任。

第265条　本法下列用语的含义:

(一)高级管理人员,是指公司的经理、副经理、财务负责人,上市公司董事会秘书和公司章程规定的其他人员。

(二)控股股东,是指其出资额占有限责任公司资本总额超过百分之五十或者其持有的股份占股份有限公司股本总额超过百分之五十的股东;出资额或者持有股份的比例虽然低于百分之五十,但依其出资额或者持有的股份所享有的表决权已足以对股东会的决议产生重大影响的股东。

(三)实际控制人,是指通过投资关系、协议或者其他安排,能够实际支配公司行为的人。

(四)关联关系,是指公司控股股东、实际控制人、董事、监事、高级管理人员与其直接或者间接控制的企业之间的关系,以及可能导致公司利益转移的其他关系。但是,国家控股的企业之间不仅因为同受国家控股而具有关联关系。

《国家对国际不法行为的责任条款草案》

第4条　一国的机关的行为

1. 任何国家机关,不论行使立法、行政、司法职能,还是任何其他职能,不论在国家组织中具有何种地位,也不论作为该国中央政府机关或一领土单位机关而具有何种特性,其行为应视为国际法所指的国家行为。

2. 机关包括依该国国内法具有此种地位的任何个人或实体。

第5条　行使政府权力要素的个人或实体的行为

虽非第4条所指的国家机关但经该国法律授权而行使政府权力要

素的个人或实体,其行为应视为国际法所指的国家行为,但以该个人或实体在特定情况下以此种资格行事者为限。

第 8 条　受到国家指挥或控制的行为

如果一人或一群人实际上是在按照国家的指示或在其指挥或控制下行事,其行为应视为国际法所指的一国的行为。

《承认及执行外国仲裁裁决公约》

第 5 条　一、裁决唯有于受裁决援用之一造向声请承认及执行地之主管机关提具证据证明有下列情形之一时,始得依该造之请求,拒予承认及执行:

(甲)第二条所称协定之当事人依对其适用之法律有某种无行为能力情形者,或该项协定依当事人作为协定准据之法律系属无效,或未指明以何法律为准时,依裁决地所在国法律系属无效者;

(乙)受裁决援用之一造未接获关于指派仲裁员或仲裁程序之适当通知,或因他故,致未能申辩者;

(丙)裁决所处理之争议非为交付仲裁之标的或不在其条款之列,或裁决载有关于交付仲裁范围以外事项之决定者,但交付仲裁事项之决定可与未交付仲裁之事项划分时,裁决中关于交付仲裁事项之决定部分得予承认及执行;

(丁)仲裁机关之组成或仲裁程序与各造间之协议不符,或无协议而与仲裁地所在国法律不符者;

(戊)裁决对各造尚无拘束力,或业经裁决地所在国或裁决所依据法律之国家之主管机关撤销或停止执行者。

二、倘声请承认及执行地所在国之主管机关认定有下列情形之一,亦得拒不承认及执行仲裁裁决:

(甲)依该国法律,争议事项系不能以仲裁解决者;

(乙)承认或执行裁决有违该国公共政策者。

《中国人民银行关于进一步做好受益所有人身份识别工作有关问题的通知》

第4条 义务机构应当根据洗钱和恐怖融资风险,在受益所有人身份识别工作中分别采取强化、简化或者豁免等措施,建立或者维持与本机构风险管理能力相适应的业务关系。

(一)受益所有人涉及外国政要的,义务机构与非自然人客户建立或者维持业务关系前应当经高级管理层批准或者授权,进一步深入了解客户财产和资金来源,并在业务关系存续期间提高交易监测分析的频率和强度。

(二)外国政要、国际组织高级管理人员等特定自然人既包括外国政要、国际组织高级管理人员,也包括其父母、配偶、子女等近亲属,以及义务机构知道或者应当知道的通过工作、生活等产生共同利益关系的其他自然人……

《金融机构客户身份识别和客户身份资料及交易记录保存管理办法》

第7条 政策性银行、商业银行、农村合作银行、城市信用合作社、农村信用合作社等金融机构和从事汇兑业务的机构,在以开立账户等方式与客户建立业务关系,为不在本机构开立账户的客户提供现金汇款、现钞兑换、票据兑付等一次性金融服务且交易金额单笔人民币1万元以上或者外币等值1000美元以上的,应当识别客户身份,了解实际控制客户的自然人和交易的实际受益人,核对客户的有效身份证件或者其他身份证明文件,登记客户身份基本信息,并留存有效身份证件或者其他身份证明文件的复印件或者影印件。

如客户为外国政要，金融机构为其开立账户应当经高级管理层的批准。

条文释义

《反外国制裁法》第4条至第11条中，对于负责执行反制措施的主管机构均以“国务院有关部门”一词表述，但具体由哪个“国务院有关部门”承担此职能尚未明确界定。根据现行《反外国制裁法》的实施情况和参照国务院的机构设置，通常来说，执行反制措施的“国务院有关部门”包括外交部、商务部、国家移民管理部门、公安部、财政部、中国人民银行等核心部门，它们具体职责划分如下：

外交部在采取反制措施时，负责向外界正式发布反制清单及相应措施，并有权决定将特定个人或组织纳入反制清单之中。

商务部是中国主管国内及对外经济合作和贸易政策的核心部门，其职责不仅包括对外国法律与措施的不当域外适用进行评估和确认，对于不遵守规定的情形可以给予警告，责令限期改正，并可以根据情节轻重处以罚款，[①]还包括在实施反制措施时，承担监督和确保中国公民、法人或其他组织遵守禁令的责任，在确认存在不当情形时发布不得承认、不得执行、不得遵守有关外国法律与措施的禁令。[②] 此外，商务部还负责接收和处理中国公民、法人或其他组织在遭遇外国法律与措施禁止或限制时的报告，并根据具体情况提供必要的支持和指导。商务部保障报告人的保密性，确保在处理报告过程中维护其合法权益。[③]

---

① 参见《阻断外国法律与措施不当域外适用办法》第13条规定。

② 参见《阻断外国法律与措施不当域外适用办法》第7条规定。

③ 参见《阻断外国法律与措施不当域外适用办法》第5条规定。

除商务部从国际经济贸易角度设立不可靠实体清单外,国家移民管理部门也可基于国家总体安全的考量,从移民管理的维度出发,设立"查控名单"。

海关等相关部门将针对禁止交易物项和入境人员的边境监管与查处工作,基于国际检疫的立场,建立"海关失信旅客名单"。①

公安机关及其下设机构,例如出入境管理局,肩负着执行与边境管控相关的反制措施的职责,其中包括对列入名单的个人实施签证限制等。

财政部门负责执行与经济和财政政策相关的反制措施,例如对受制裁实体进行交易限制,以保障国家经济的稳健运行。

中国人民银行作为国家金融监管机构,可采取包括资产冻结在内的金融反制措施,以维护金融市场的稳定。

由此,确保国家安全是一项复杂的系统性工程,其实施的反制措施本质上具有跨领域和跨界限的特性。

针对第5条中的主体,《反外国制裁法》界定了以"实际控制"为核心的反制措施实施主体范围,将反制措施的效力扩展至与这些主体存在特定关系的个人与机构。而对于反制对象的确定,该条款采用了穿透式管理方法。② 这种精准定位的反制对象选择,有利于确保反制措施能够穿透组织结构,增加反制打击的精准度、威慑力以及实际影响力。值得

① 参见周菊兰:《反外国制裁法:立法、执法及效力——以移民制裁为视角》,载《江苏警官学院学报》2021年第4期。

② 美国SDN名单的穿透式管理方法是,当SDN名单上的被制裁者持有某企业超过50%的财产性权益时,该企业亦被视为SDN名单成员,任何与之进行的交易行为均可能招致制裁,以此对反制对象进行适度扩大。See U. S. Department of the Treasury, *Entities Owned by Blocked Persons* (50% *Rule*), https://home.treasury.gov/policy-issues/financial-sanctions/faqs/topic/1521 (accessed July 18, 2021). 霍政欣:《〈反外国制裁法〉的国际法意涵》,载《比较法研究》2021年第4期。

注意的是,上述与反制清单内主体存在特定关联的个人或组织,并非自动被制裁,而是仍需要由国务院有关部门正式作出决定。这一点与美国 SDN 制度中满足“50%”标准即自动被制裁存在明显差异。①

具体而言,根据《反外国制裁法》第 5 条,反制措施还可针对以下几类对象:

(1)列入反制清单个人的配偶和直系亲属。在探讨亲属关系的法律界定时,参照《中华人民共和国民法典》(以下简称《民法典》)中第 1045 条与《中华人民共和国刑事诉讼法》第 108 条第 6 项之详细规定,亲属关系可划分为配偶、血亲以及姻亲三大类。其中,直系亲属系指与个人具有直接且明确血缘关系的亲属群体,该群体由个人直接繁衍的直系后代和个人所源自的直系先辈构成。因此,直系亲属包括:个体的配偶、父母、子女、祖父母、外祖父母、孙子女、外孙子女以及同父母所生的兄弟姐妹。另外,中国法律体系中的直系亲属概念既指基于生物学的自然直系血亲,又指法律拟制的直系血亲,②也即当事人之间并没有真正的垂直的血缘关系,只是因为某些特定的法律关系成立后,构成了一种拟制的直系血亲。例如,收养关系成立后,养父母与养子女之间;又如,因再婚而构成的继父母与继子女之间。拟制直系血亲与通常意义上的直系血亲具有同等的法律地位和效力。在以往的外交部声明中,涉及制裁措施时使用的表述如“相关人员及其家属”“他们及其关联企业、机构”等,并未对“家属”“关联企业、机构”等术语给出明确的法律界定。③鉴于此,针对某些国家可能对我国公民及其家属实施的单边制裁措施,

---

① 参见尹云霞、赵何璇、康英杰:《从合规实务角度解读〈反外国制裁法〉》,载《中国外汇》2021 年第 18 期。

② 参见《民法典》第 1127 条规定。

③ 参见尹云霞、赵何璇、康英杰:《从合规实务角度解读〈反外国制裁法〉》,载《中国外汇》2021 年第 18 期。

我国《反外国制裁法》第 5 条为将反制名单中的个人配偶及直系亲属纳入制裁范围提供了法律依据。

该规定突破了先前的法律框架，将反制的打击范围从个人扩展至与其关系密切的其他人员，更全面地提升了我国对境内外参与制裁行为的个人的反制力度。

(2)列入反制清单组织的高级管理人员或实际控制人。所谓“高级管理人员”，通常指的是在组织内部担任核心管理职责的个体，例如公司的经理、副经理、财务负责人，上市公司董事会秘书和公司章程规定的其他人员等，其对组织的日常运作和决策过程拥有决定性的影响力；而“实际控制人”可能并非官方的管理人员，但通过投资关系、协议或者其他安排，能够实际支配公司行为的人。① 这种法律安排体现了制裁措施的连锁效应，扩大了制裁的适用范围。

(3)由列入反制清单个人担任高级管理人员的组织。第 3 项的规定与第 2 项紧密相关，明确指出了“高级管理人员”在组织中担负着重要的管理职责和决策权。如果这些高级管理人员参与对中国的遏制、打压或实施歧视性限制措施，并由此被列入反制清单，那么他们所领导的组织也可能成为反制措施的目标。该项规定允许反制措施不仅针对个人，还可以扩展到他们背后的组织结构，从而增强了国家反制力度。

(4)由列入反制清单个人和组织实际控制或者参与设立、运营的组织。《反外国制裁法》第 5 条第 4 项的应用重点在于针对那些直接参与不当行为的实体，以及那些虽未被直接列入反制名单，但实质上受到个人或组织控制或影响的其他实体。该项规定的目的在于构建一种能够穿透组织结构的法律机制，以应对外国的不当行为。细言之，这涵盖了

① 参见《中华人民共和国公司法》第 265 条规定。

以下两种情形。

情形一,个人或组织通过股权、合同等途径对其他实体实施了实际控制。例如,若经调查证实某跨国公司利用其合资企业作为“代理人”,通过复杂的股权结构、关联交易或不透明的合同安排,间接对中国企业施加压力或排挤其市场。在这种情况下,即便合资企业本身并未直接被列入反制清单,但鉴于其作为实施不正当行为工具的本质,我国有权依据《反外国制裁法》第5条等相关法律条款,对该合资企业背后的实际控制方—该跨国公司采取相应的反制措施。

情形二,个人或组织在其他实体的建立和运营中扮演了关键角色,涉及资金、技术、管理等资源的投入。在这种情况下,如果调查揭示某些个人或组织未直接参与制裁活动,但在合资企业或受制裁实体的创建、运营、战略规划等关键环节中扮演了不可替代的角色,尤其是当这些角色涉及关键资源的调配(如关键原材料供应或核心技术支持)、管理决策的干预(如董事会席位或高级管理人员任命)以及市场准入条件的设定时,他们也可能被视为制裁行为的共谋者或受益者而被纳入反制清单。

基于此,《反外国制裁法》第5条具备穿透表象、直击要害的能力,能够揭露并阻止通过复杂结构隐匿实际控制或影响力的行为,确保反制措施全面且有效地对抗外国非法制裁。

国务院制定相关规则,赋予了对个人和组织范畴进行逐案界定的权力以有效对抗外国推动方的不当行为。[①]《反外国制裁法》第4条授权国务院有关部门制定“反制清单”,对象包括参与制定、决定、实施“歧视性措施”的个人、组织及其关联人员。《反外国制裁法》第5条进一步列

---

① 参见任奕达:《总体国家安全观下中国反经济制裁的实践、挑战与完善》,载《法治实务》2023年第3卷——国家安全工作研究文集,2023年,第158页。

举了与第4条适用对象具有明确关联的个人与机构,包括婚姻关系、直系血缘纽带、高级管理层间的紧密关联、实际控制权关系,以及设立与运营过程中的特定联系。《反外国制裁法》第4条和第5条的逻辑关系在于,第4条为确定反制对象提供了基础,而第5条在第4条的基础上进一步扩大了反制的覆盖范围,通过法律手段发出明确信号,提升制裁的威慑效果和传递坚定的政治立场。

综合前述分析,《反外国制裁法》第5条之立法宗旨为:在第4条的基础上,引入“紧密联系”的判定标准,将那些虽未直接受制裁,但实则与特定个人及组织存在深度关联、可能间接服务于其不当目的的个体及实体纳入反制范畴。这种“穿透式”的监管思路意图构建多层次、全方位的反制体系,极大地拓宽了反制措施的深度与广度,强化了国务院相关部门在执行反制任务时的权威性,也让任何试图通过间接渠道规避制裁的行为无所遁形。

法律适用

关于《反外国制裁法》第5条的法律适用,我国执法机关需要注意以下几点:

第一,就制裁对象而言,《反外国制裁法》第4条和第5条采用了“聪明制裁”这一目前国际社会上主流的制裁方式。

与“聪明制裁”相对的是“全面制裁”或“普遍制裁”这种传统的策略模式。全面制裁会切断被制裁国同外界的经济联系,使被制裁国的产品无法出口到国外,也无法从国外进口产品,最终使被制裁国的平民受到伤害,继而引发严重的人道灾难。① 聪明制裁,又称定向制裁,其历史可追溯至20世纪90年代。在这一时期,联合国安理会12次投票决定实施经济制裁,而在1945年至1990年,联合国仅实施过两次制裁。② 彼时,联合国安理会与联合国秘书长共同构想了一系列未来制裁的改进措施,以此减轻普遍制裁的负面效应和强化其政治效能。③ 直至1998年,"聪明制裁"这一术语方在联合国报告中正式亮相,旨在专门对受制裁国的特定政治精英或团体进行针对性打击,有效提高受制裁国现行政策的制定和实施成本,迫使决策者反思并改变政策。④ 尽管聪明制裁在有效性、执行方式、正当程序以及可能产生的潜在人道主义影响方面尚需进一步完善,但目前尚未出现更高效或更具人道主义的替代方案。相反,聪明制裁专注于对关键个人和实体实施针对性锁定,同时能够限制被锁定的金融资源和其他商品,从而阻止暴力和非法行为者获取维持其暴力活动所需的资源。这一优势已使其成为联合国安理会的首选工具。⑤

从反制措施的针对性来看,我国采取的聪明制裁仅针对侵害我国利益的个人和实体进行反击,主要针对对象是直接参与或推动对华制裁行

---

① 参见简基松:《联合国经济制裁的"人道主义例外"法律机制初探》,载《法学评论》2004年第3期;Executive Delegate of the Secretary-General, Report to the Secretary-General Dated 15 July 1991 on Humanitarian Needs in lrag Prepared by a Mission Led by the Executive Delegate of the Secretary-General for Humanitarian Assistance in lrag, U. N, Doc, S/22799 (July 17. 1991)。转引自霍政欣:《〈反外国制裁法〉的国际法意涵》,载《比较法研究》2021年第4期。

② See Daniel W. Drezner, *Sanctions Sometimes Smart: Targeted Sanctions in Theory and Practice*, International Studies Review, Vol. 13: 1, p. 96 – 97 (2011).

③ See David Cortright, George A. Lopez & Linda Gerber, *Sanctions and the Search for Security: Challenges to UN Action*, Lynne Rienner Publishers, 2002, p. 7 – 11.

④ 参见霍政欣:《〈反外国制裁法〉的国际法意涵》,载《比较法研究》2021年第4期。

⑤ See George A Lopez, *In Defense of Smart Sanctions: A Response to Joy Gordon*, Ethics & International Affairs, Vol. 26:1, p. 145 (2012).

为的外国组织及其领导者和负责人，同时注重避免对其他国家国内其他实体的合法权益造成不必要的损害。2024 年 5 月 22 日，美国无视中方在乌克兰危机上的客观公正立场和建设性作用，以所谓涉俄罗斯因素为由对多家中国实体滥施非法单边制裁，大搞单边霸凌和经济胁迫，严重侵犯中方企业、机构和个人正当合法权益。同时，美国持续向中国台湾地区出售武器，严重违反一个中国原则和中美三个联合公报规定，严重干涉中国内政，严重损害中国主权和领土完整。依据《反外国制裁法》第 3 条、第 4 条、第 5 条、第 6 条、第 9 条、第 15 条规定，中方决定对有关美国军工企业及高级管理人员采取反制措施。① 同样地，2024 年 7 月 12 日，外交部公布了关于对美国军工企业及高级管理人员采取反制措施的决定，自 2024 年 7 月 12 日起施行。决定指出，美国近日再次宣布向中国台湾地区出售武器，严重违反一个中国原则和中美三个联合公报，严重干涉中国内政，严重损害中国主权和领土完整。依据《反外国制裁法》第 3 条、第 4 条、第 5 条、第 6 条、第 9 条、第 15 条规定，中方决定对有关美国军工企业及高级管理人员采取反制措施。②

第二，就反制措施的域外效力而言，即使被制裁的实体或个人不在中国境内，中方的措施也能产生预期效果。所谓域外效力，是指国内法超越地域边界，对本国领域外发生的行为进行规制。③ 从法理上看，由于反制裁涉及他国或公民的域外行为，并且反制裁法案的实施会对他国

---

① 参见《关于对美国军工企业及高级管理人员采取反制措施的决定》，载外交部网，https://www.mfa.gov.cn/web/wjb_673085/zfxxgk_674865/gknrlb/fzcqdcs/202405/t20240522_11309756.shtml。

② 参见《关于对美国军工企业及高级管理人员采取反制措施的决定》，载外交部网，https://www.mfa.gov.cn/web/wjbxw_new/202407/t20240712_11453049.shtml。

③ 参见霍政欣：《国内法的域外效力：美国机制、学理解构与中国路径》，载《政法论坛》2020 年第 2 期。

国民产生影响,因此反制裁具有极强的域外效力。[①]《反外国制裁法》第5条与反制措施的域外效力关系紧密。根据《反外国制裁法》第5条的规定,反制措施的效力不仅局限于直接参与制定、决定、实施歧视性限制措施的个人和组织,还可以扩展到与这些个人和组织有特定关系的其他个人和组织,即使这些个人和组织可能位于中国境外。这表明,《反外国制裁法》第5条突破了传统地域的限制,其设定的反制范围对那些试图通过远程操控或利用境外关联实体对中国实施歧视性限制措施的势力形成了有效威慑。

第三,我国的反制措施强化了对外国私人主体行为的法律约束,尤其体现在国际商业活动中。这与公司法中的"揭开公司面纱"(Piercing the Corporate Veil)原则相呼应。"揭开公司面纱",亦称作"刺破公司面纱"或"穿透公司面纱",是指在特定情形下,法院有权无视公司的独立法人地位,直接追究公司背后股东或实际控制人的法律责任。在《中华人民共和国公司法》中,该原则主要用于防止股东规避债务和滥用公司法人独立地位及有限责任,严重侵害公司债权人权益的情形。[②] 有学者认为,为了保证公司行为遵循特定的法律规范,公司应被视为具有法律"人格"的实体,而"揭开公司面纱"将作为一种法定解释工具被采用。[③]此外,《国家责任条款草案》明确,经该国法律授权而行使政府权力要素的私主体,其行为应视为国际法所指的国家行为。[④] 也就是说,如果私主体实际上是按照国家的指示或在其指挥或控制下行事,其行为也应归

---

① 参见陈梦:《单边经济制裁和反制裁的法律规制——兼评〈反外国制裁法〉》,载《经贸法律评论》2022年第4期。

② 参见《中华人民共和国公司法》第23条第3款规定。

③ See Jonathan R. Macey & Joshua Mitts, *Finding Order in the Morass: The Three Real Justifications for Piercing the Corporate Veil*, Vol. 100: 99, Cornell Law Review, p. 101 (2014).

④ 参见《国家责任条款草案》第5条规定。

因于国家。由此,“揭开公司面纱”这一原则逐渐由公司法领域扩展到单边制裁和反制裁的法律规制领域。例如,俄乌冲突爆发后,美国等西方政府进一步承认私人主体在对俄制裁中的积极作为,部分私营部门“揭开公司面纱”开始充当国际规范的执行者,以抵制俄罗斯对乌克兰的“特别军事行动”,制裁进入“公私合作”阶段。① 可见,外国私主体的行为如果符合可以归因于该外国国家的条件,其对国家采取的歧视或限制性行为也可以构成“外国制裁”。②

以某法院审理的(2021)1号案件为例。该案件涉及在国际仲裁领域,当首席仲裁员隶属于受到中国外交部制裁的外国律师事务所时,其参与作出的仲裁裁决在中国的可执行性问题。在该案中,被申请人提出了一项抗辩:仲裁庭的首席仲裁员所属的律师事务所受到中国政府实施的制裁,所以该裁决有失公允。对此抗辩,该法院进行了深入分析后最终驳回了被申请人的主张,作出裁定承认和执行该仲裁裁决。法院的判决理由如下:首先,该制裁针对的是首席仲裁员C先生所在的埃塞克斯园大律师事务所(Essex Court Chambers),并非针对其仲裁员的身份;其次,制裁作出之时,该案所涉仲裁裁决已完成;最后,该制裁非《承认及执行外国仲裁裁决公约》(以下简称《纽约公约》)第5条规定的不予认可范围,且已向被申请人履行告知义务。③

由于该案发生在《反外国制裁法》实施之前,因此,该法院的裁决理

---

① 参见沈伟、俎文天:《“昙花一现”还是“未来趋势”:美西方商业制裁的理论与实践》,载《东南大学学报(哲学社会科学版)》2023年第2期。

② 参见 Draft Articles on Responsibility of States for Internationally Wrongful Acts, with Commentaries 2001, Article 5; Draft Articles on Responsibility of States for Internationally Wrongful Acts, with Commentaries 2001, Article 8;霍政欣、陈彦茹:《反外国制裁的路径演化与中国选择》,载《社会科学》2023年第2期。

③ 参见高俊、宠晶华:《合规与仲裁的交错与冲撞》,载中伦网2022年1月4日,https://www.zhonglun.com/research/articles/8815.html。

由似无明显不妥。但是,如该案发生在《反外国制裁法》实施之后,裁决结果则有所不同。

首先,依照“揭开公司面纱”的公司法理念解析,“律所是法律上拟制的独立主体,但其行为是实体内所有个人意志的集体体现。该律所之所以被制裁,是因为律所内的集体意志决策实施了恶意传播谎言和虚假信息行为,对整个实体而非某个人制裁已体现出不法行为的恶性程度,故对实体制裁需及于实体内所有个人”[①]的观点则具有可取之处。在该观点指引下,法院在对仲裁裁决进行司法审查过程中,可能会基于国家利益的考量以及反制裁的立场,同时考虑到外国政治干预和意识形态偏见,对仲裁裁决的域外效力采取审慎甚至是否定态度。

其次,在我国制裁名单上的律师事务所,其核心业务涵盖诉讼与仲裁领域。该所律师参与的仲裁活动,无疑也构成了事务所业务的一部分。因此,根据《反外国制裁法》第6条,这些活动应被纳入“禁止或限制我国境内的组织、个人与之进行有关交易、合作等活动”的范畴,这也符合《反外国制裁法》第6条的立法目的。

最后,在国际商事仲裁领域,当事人享有选择仲裁员以解决争议的自主权。但是,单边制裁具有政治性、外交性、多样性、复杂性和强制性,它可能使当事人仲裁合意难以实现、程序推进困难,增加仲裁从业人员的职业风险,并导致裁决承认和执行受阻。[②] 因此,对于仲裁员所在机构受到制裁是否影响其个人的问题,必须依据具体情况作出细致的评估。

就受制裁组织的法定代表人或实际控制人来说,其个人的行为实际

---

① 何云、张鑫:《我国承认与执行程序涉阻断审查的理论证成和规则构建——以全国首例处理阻断法适用案为切入点》,载《人民法院服务中国特色社会主义法治体系建设与刑事法律适用问题研究——全国法院第34届学术讨论会获奖论文集(中)》,人民法院出版社2023年版,第1434页。

② 参见霍政欣、陈静:《单边经济制裁对国际商事仲裁的影响及其国际解决方案》,载《国际法研究》2024年第1期。

上代表了该组织，他们毫无疑问应当受到制裁的影响。

就在该组织工作的其他人员来说，其行为是否应受制裁，需根据具体情况判断。若该人员执行的是与组织相关的本职工作，则其行为应纳入制裁范围。反之，若其行为与组织无关，则不应将其行为视为制裁对象。① 但更深层次的问题是，律师与其所属的律师事务所之间的关系如何界定？当律师事务所成为制裁对象时，该所的律师是自动受到制裁的影响，还是需要根据其在组织中的地位和作用来具体判断？此外，当律师以仲裁员的身份参与仲裁活动时，其与律师身份的分离性意味着应被视为独立于事务所的个体，还是继续作为事务所的代表？如果我国仲裁机构指定该律师为仲裁员并支付报酬，这是否构成“我国境内的组织、个人与其进行有关交易、合作等活动”，从而触发法律惩罚？“进行有关交易、合作等活动”是否包括司法机关依法不承认该律师参与的仲裁裁决？这些问题需要实务部门提供进一步的解释，并值得法学界深入研究和探讨。②

第四，国务院相关部门应规避可能产生的连带效应。《反外国制裁法》第 5 条并未明确指出，一旦某外国推动方被列入反制清单，其关联方就会自动受到制裁。实际上，该条款设立了一种机制，授权国务院相关部门在特定情况下，综合考虑关联密切程度、相关方参与程度以及对中国国家利益可能产生的实际影响等因素，对与被列入反制清单的个人或组织有关联的其他个人或组织实施反制措施。简言之，这一机制是有条件的，而非自动触发的。首先，该条款作为一种战略手段，旨在加大对推动或参与对华制裁的外国实体或个人的压力，以促使其重新审视行为，从而减少对中国内政的干涉；其次，该条款赋予执法机关一定的裁量权，

---

① 参见杜涛、叶子雯：《论经济制裁对国际商事仲裁的影响》，载《武大国际法评论》2023 年第 3 期。

② 参见符望、朱婧婧：《制裁措施、阻断办法对仲裁程序的影响》，载《法治实务》集刊 2023 年第 2 卷——仲裁工作论文集 2024 年会议论文，第 53 页。

使其在不同情况下能够作出最恰当的判断,体现法律的审慎性与公正性;最后,这种机制还考虑到人道关怀及国内外形象,旨在避免对那些未参与干涉行为的家庭成员造成不必要伤害。

第五,建议国务院相关部门对我国境内企业采取相对宽容的态度。此宽容并非意味着对合规要求的妥协,而是对企业在实际操作过程中可能遭遇的难题的理解。

情况一:在我国境内经营的外国企业可能源自其母国施加的制裁压力,受母国政府的影响,要求执行或协助执行针对我国公民及组织的歧视性限制措施。

情况二:中国本土企业在选择合作伙伴时,面临一项挑战,即在甄别潜在合作对象时,精准地识别并评估其是否被列入我国政府的反制名单存在一定困难。细言之,对于那些已经明确违反我国《反外国制裁法》并被列入反制名单的个人和组织,识别相对容易,但资源有限的普通国内企业逐一审查合作对象是一项极为艰巨的任务。

针对第一种情况,依据控制标准,海外分公司在法律性质上与母公司的国家联系更为紧密,其即使遵循母公司所在国的法律也不意味着可以绝对性地规避反制裁的惩罚;海外子公司的非法行为可以成为对其母公司进行处罚的依据,以此实现《反外国制裁法》域外适用的目的。①

针对第二种情况,一方面,企业在日常商业活动中必须承担起审慎的识别义务。对于已被列入特定清单的实体,企业有责任中断与其的交易或业务往来。同时,企业应对所有潜在的合作伙伴进行彻底的背景审查。一旦发现合作伙伴属于受制裁清单上的实体或其关联方,企业应立即终止与其的合作关系。另一方面,如若企业按照正常的尽职调查程序

① 参见张耀元:《中国对外经济制裁法域外适用问题研究——以〈反外国制裁法〉第14条为中心》,载《甘肃政法大学学报》2023年第4期。

未能发现交易对象属于上述受制裁实体，司法与执法部门对企业宜采取相对宽容态度。例如，企业在与客户、经销商、供应商或中介等合作方进行合作时，通常会根据自身情况采取一定的尽职调查措施，但完全识别合作方的关联人员的难度较大。

在反洗钱尽职调查框架下，承担更高客户尽职调查责任的金融机构，在实践中也很难做到完全识别上述个人和组织。例如，《中国人民银行关于进一步做好受益所有人身份识别工作有关问题的通知》第4条第1、2项规定，金融机构在尽职调查中只需识别“外国政要、国际组织的高级管理人员”的父母、配偶、子女等近亲属信息，而无须识别其他个人的配偶、直系亲属信息。① 又如，根据《金融机构客户身份识别和客户身份资料及交易记录保存管理办法》第7条的规定，金融机构对自然人客户身份信息的识别仅包括该自然人的姓名、性别、职位等信息，而无须识别该自然人担任哪些组织的实际控制人。② 由此，若金融机构客户并非外国政要，且金融机构亦未掌握其配偶、直系亲属的相关信息，就难以精确判定该客户是否属于反制清单对象的直系亲属范畴，并作出是否应终止与该客户金融交易的决策。③ 更别提一般国内企业在和外资企业合作的情境下，外资企业在构建全球供应链和价值链时，与国内外众多商业伙伴、供应商、分销商、客户等建立了错综复杂的股权或控制关系。

因此，对于大多数国内企业而言，在国际市场上独立对中外合作伙伴的背景、高级管理人员的家庭关系、企业股权结构等进行深入调查和精确识别，存在一定的挑战。

---

① 参见《中国人民银行关于进一步做好受益所有人身份识别工作有关问题的通知》第4条第1、2项规定。

② 参见《金融机构客户身份识别和客户身份资料及交易记录保存管理办法》第7条规定。

③ 参见尹云霞、赵何璇、康英杰：《从合规实务角度解读〈反外国制裁法〉》，载《中国外汇》2021年第18期。

第六条

条文内容

第6条　国务院有关部门可以按照各自职责和任务分工，对本法第四条、第五条规定的个人、组织，根据实际情况决定采取下列一种或者几种措施：

（一）不予签发签证、不准入境、注销签证或者驱逐出境；

（二）查封、扣押、冻结在我国境内的动产、不动产和其他各类财产；

（三）禁止或者限制我国境内的组织、个人与其进行有关交易、合作等活动；

（四）其他必要措施。

关联立法

《中华人民共和国出境入境管理法》

第21条　外国人有下列情形之一的，不予签发签证：

（一）被处驱逐出境或者被决定遣送出境，未满不准入境规定年限的；

(二)患有严重精神障碍、传染性肺结核病或者有可能对公共卫生造成重大危害的其他传染病的;

(三)可能危害中国国家安全和利益、破坏社会公共秩序或者从事其他违法犯罪活动的;

(四)在申请签证过程中弄虚作假或者不能保障在中国境内期间所需费用的;

(五)不能提交签证机关要求提交的相关材料的;

(六)签证机关认为不宜签发签证的其他情形。

对不予签发签证的,签证机关可以不说明理由。

第25条　外国人有下列情形之一的,不准入境:

(一)未持有效出境入境证件或者拒绝、逃避接受边防检查的;

(二)具有本法第二十一条第一款第一项至第四项规定情形的;

(三)入境后可能从事与签证种类不符的活动的;

(四)法律、行政法规规定不准入境的其他情形。

对不准入境的,出入境边防检查机关可以不说明理由。

第67条　签证、外国人停留居留证件等出境入境证件发生损毁、遗失、被盗抢或者签发后发现持证人不符合签发条件等情形的,由签发机关宣布该出境入境证件作废。

伪造、变造、骗取或者被证件签发机关宣布作废的出境入境证件无效。

公安机关可以对前款规定的或被他人冒用的出境入境证件予以注销或者收缴。

第81条　外国人从事与停留居留事由不相符的活动,或者有其他违反中国法律、法规规定,不适宜在中国境内继续停留居留情形的,可以处限期出境。

外国人违反本法规定,情节严重,尚不构成犯罪的,公安部可以处驱逐出境。公安部的处罚决定为最终决定。

被驱逐出境的外国人,自被驱逐出境之日起十年内不准入境。

《中华人民共和国行政强制法》

第2条　本法所称行政强制,包括行政强制措施和行政强制执行。

行政强制措施,是指行政机关在行政管理过程中,为制止违法行为、防止证据损毁、避免危害发生、控制危险扩大等情形,依法对公民的人身自由实施暂时性限制,或者对公民、法人或者其他组织的财物实施暂时性控制的行为。

行政强制执行,是指行政机关或者行政机关申请人民法院,对不履行行政决定的公民、法人或者其他组织,依法强制履行义务的行为。

第24条　行政机关决定实施查封、扣押的,应当履行本法第十八条规定的程序,制作并当场交付查封、扣押决定书和清单。

查封、扣押决定书应当载明下列事项:

(一)当事人的姓名或者名称、地址;

(二)查封、扣押的理由、依据和期限;

(三)查封、扣押场所、设施或者财物的名称、数量等;

(四)申请行政复议或者提起行政诉讼的途径和期限;

(五)行政机关的名称、印章和日期。

查封、扣押清单一式二份,由当事人和行政机关分别保存。

第25条　查封、扣押的期限不得超过三十日;情况复杂的,经行政机关负责人批准,可以延长,但是延长期限不得超过三十日。法律、行政法规另有规定的除外。

延长查封、扣押的决定应当及时书面告知当事人,并说明理由。

对物品需要进行检测、检验、检疫或者技术鉴定的,查封、扣押的期间不包括检测、检验、检疫或者技术鉴定的期间。检测、检验、检疫或者技术鉴定的期间应当明确,并书面告知当事人。检测、检验、检疫或者技术鉴定的费用由行政机关承担。

第 26 条　对查封、扣押的场所、设施或者财物,行政机关应当妥善保管,不得使用或者损毁;造成损失的,应当承担赔偿责任。

对查封的场所、设施或者财物,行政机关可以委托第三人保管,第三人不得损毁或者擅自转移、处置。因第三人的原因造成的损失,行政机关先行赔付后,有权向第三人追偿。

因查封、扣押发生的保管费用由行政机关承担。

第 30 条　行政机关依照法律规定决定实施冻结存款、汇款的,应当履行本法第十八条第一项、第二项、第三项、第七项规定的程序,并向金融机构交付冻结通知书。

金融机构接到行政机关依法作出的冻结通知书后,应当立即予以冻结,不得拖延,不得在冻结前向当事人泄露信息。

法律规定以外的行政机关或者组织要求冻结当事人存款、汇款的,金融机构应当拒绝。

《国家对国际不法行为的责任条款草案》

第 22 条　对一国际不法行为采取的反措施

一国不遵守其对另一国国际义务的行为,在并且只在该行为构成按照第三部分第二章针对该另一国采取的一项反措施的情况下。其不法性才可解除。

第 42 条　一受害国援引责任

一国有权在下列情况下作为受害国援引另一国的责任:

(a)被违背的义务是个别地对它承担的义务;

(b)被违背的义务是对包括该国在内的一国家集团或对整个国际社会承担的义务;而

(一)对此义务的违背特别影响该国;或

(二)彻底改变了由于该项义务被违背而受到影响的所有其他国家对进一步履行该项义务的立场。

第49条　反措施的目的和限制

1. 一受害国只在为促使一国际不法行为的责任国依第二部分履行其义务时,才可对该国采取反措施。

2. 反措施限于暂不履行对责任国采取措施的一国的国际义务。

3. 反措施应尽可能容许恢复履行有关义务。

第50条　不受反措施影响的义务

1. 反措施不得影响下列义务:

(a)《联合国宪章》中规定的不得实行武力威胁或使用武力的义务;

(b)保护基本人权的义务;

(c)禁止报复的人道主义性质的义务;

(d)依一般国际法强制性规范承担的其他义务。

2. 采取反措施的国家仍应履行其下列义务:

(a)实行它与责任国之间任何可适用的现行解决争端程序;

(b)尊重外交或领事人员、馆舍、档案和文件之不可侵犯性。

第51条　相称

反措施必须和所遭受的损害相称,并应考虑到国际不法行为的严重程度和有关权利。

第52条　与采取反措施有关的条件

1. 一受害国在采取反措施以前应:

(a)根据第43条要求责任国按照第二部分的规定履行其义务;

(b)将采取反措施的任何决定通知责任国并提议与该国进行谈判。

2. 虽有第1款(b)项的规定,受害国可采取必要的紧急反措施以维护其权利。

3. 在下列情况下不得采取反措施,如已采取,务必停止,不得无理拖延:

(a)国际不法行为已经停止,并且

(b)已将争端提交有权作出对当事国具有约束力之决定的法院或法庭。

4. 若责任国不秉诚履行解决争端程序,第3款即不适用。

第53条 终止反措施

一旦责任国按照第二部分履行其与国际不法行为有关的义务,即应尽快终止反措施。

《中华人民共和国政府和加拿大政府关于促进和相互保护投资的协定》

第33条第5款 五、本协定中任何规定均不得被理解为:

(一)要求缔约方提供或允许获得其认定披露后将违背其根本安全利益的信息;

(二)阻止缔约方采取其认为保护其根本安全利益所必要的任何如下措施:

1. 此类措施与武器,弹药和战争工具的贸易有关,并与直接或间接为军事或其他安全设施之目的而进行的其他货物、材料、服务和技术的贸易和交易有关,

2. 在战时或其他国际关系紧急情况时采取的措施,或

3. 此类措施与执行关于不扩散核武器或其他核爆炸装置的国家政策或国际协定有关;或

(三)阻止缔约方根据联合国宪章为履行维护国际和平与安全义务而采取行动。

《维也纳条约法公约》

第 27 条　国内法与条约之遵守

一当事国不得援引其国内法规定为理由而不履行条约。此项规则不妨碍第四十六条。

条文释义

《反外国制裁法》第 6 条详细阐述了该法律框架下的三类核心反制手段及其补充性条款的具体应用，国务院有关部门可以按照各自职责和任务分工，根据实际情况对有关个人、组织采取其中一种或者几种措施。事实上，这一条款提到的具体反制措施在一定程度上借鉴了美国 OFAC 制裁清单实践中的经验，以防范或回应外国国家的不法行为或政策。美国 OFAC 的制裁策略利用了企业对声誉受损的高度敏感性，以及对制裁行动威慑力的认知启发，以实现其预期目标。除了罚款，制裁执法行动还具有“点名羞辱”的效果，损害违规者的声誉。相较于规模较小或知名度较低的公司，规模较大、知名度较高的公司在声誉方面通常面临更大的风险。此外，对违反制裁的高知名度公司进行惩罚，可能会让更多人意识到不遵守制裁的风险和潜在后果。①

不过，一方面，我国的“反制措施的规定 + 兜底性条款”给了国务院相关部门较大的自由裁量权，使其能够灵活应对各种制裁因素的变化，更有针对性地采取反制措施。另一方面，在《反外国制裁法》的具体实施过程中，必须与其他相关法律进行配合和协调。正如该法第 6 条所规

---

① See Keith A. Preble & Bryan R. Early, *Enforcing Economic Sanctions by Tarnishing Corporate Reputations*, Business and Politics, Vol. 26：1, p. 102 – 103 (2024).

定的三种具体反制措施，在实际操作中将牵涉到包括《中华人民共和国出境入境管理法》（以下简称《出境入境管理法》）、《中华人民共和国行政强制法》（以下简称《行政强制法》）以及《阻断外国法律与措施不当域外适用办法》等在内的众多其他法律规范。因此，在执行这些反制措施时，还需留意《反外国制裁法》与其他法律法规、部门规章之间的衔接与兼容性。

1. 不予签发签证、不准入境、注销签证或者驱逐出境

《反外国制裁法》第6条第1项所规定的反制措施与《出境入境管理法》中的相关条款存在紧密联系。也就是说，如果某个外国人或组织参与了对中国的不正当制裁，中国政府可以依据《反外国制裁法》的规定，通过《出境入境管理法》的相关程序，对其采取不予签发签证、不准入境、注销已签发的签证或者驱逐出境等反措施手段。

（1）“不予签发签证”，与《出境入境管理法》第21条的规定相对应，该条文涉及外国人入境中国不予签发签证的程序。签证，是一国政府机关依照本国法律规定为申请出入或通过本国的外国人颁发的一种许可证明。根据国际法原则，任何一个主权国家，都有权自主决定是否允许外国人出入其国家，有权依照本国法律颁发签证、拒发签证或者对已经签发的签证宣布吊销。签证在一国查控入、出境人员，保护国土安全，防止非法移民和犯罪分子等方面发挥了重要作用。[①] 审批过程中，审批机关会综合考虑申请人的身份背景、身体状况、入境目的等因素，以确保其入境不会对国家的社会秩序、公共卫生、国家安全等造成不利影响。此外，《出境入境管理法》第21条还规定，对不予签发签证的，签证机关可以不说明理由。这为《反外国制裁法》中提到的反制措施提供了具体的

① 参见《出国签证简介》，载中国领事服务网2013年9月26日，http://cs.mfa.gov.cn/zggmcg/cgqz/cgqzjj_660464/。

法律依据和操作细节。对外国人签发签证、办理停留居留证件等审批事项的属性,出于国际交往的考虑,一般不宜视为政治行为,而是一种体现主权色彩的行政管理行为。《反外国制裁法》在《出境入境管理法》所构建的出、入境管理框架内实施,为中国政府在行政行为与国家行为之间探索了新的行为分类。①

(2)"不准入境",与《出境入境管理法》第25条的规定相一致,落实了外国人在某些情形下不得入境中国的条件,例如未持有效出境入境证件或者拒绝、逃避接受边防检查。对于不准入境的外国人,出入境边防检查机关同样可以不说明理由。这一点与《反外国制裁法》中提及的反制措施的执行力度和严肃性相一致,赋予了中国政府在面对外国的不当制裁行为时,通过法律手段限制相关人员入境的权力。这不仅是对外国制裁行为的有力回应,也是基于对申请人条件的满足和对国家安全的考量,有效防范和应对可能对国家安全构成威胁的外部因素。

(3)"注销签证"依据的是《出境入境管理法》第67条,其规定了签证持有人违反中国法律或规定时签证可被注销的情形。根据《出境入境管理法》第67条之规定,在特定情形下,签发机关将宣告相关出境入境证件作废或无效。此外,公安机关依法拥有权力,可以对符合该条款所述情形或已被他人冒用的出境入境证件进行注销或收缴处理。此规定旨在为维护边境管理秩序与国家安全奠定坚实的法律基础。通过注销签证等手段,中国政府能够明确赋予相关机构在特定情境下取消签证的职权,对那些参与制定、决定或实施歧视性限制措施的外国个人或组织实施必要的反制,以确保对违法违规行为的及时有效应对。同时,它作为防范签证滥用的重要法律支撑,进一步强化了出入境管理的规范性与

① 参见沈一波:《行政法视角下〈出境入境管理法〉若干基本问题探讨》,载《中国出入境观察》2024年第6期。

严谨性。

（4）“驱逐出境”作为一项严厉反制裁措施，依据的是《出境入境管理法》第81条的规定，涵盖了外国人因危害国家安全或违反中国法律等原因被驱逐出境的情形。《反外国制裁法》出台前，行政驱逐出境的决策权原本集中在公安部和国家安全部，主要针对违反出入境管理秩序、社会治安和国家安全等行为。行政驱逐出境通常作为行政处罚执行，由于与限期出境、遣送出境适用情形存在交叉，且惩罚程度较为严厉，因此在执法实践中较少运用，也就失去了其应有的法律效果。《反外国制裁法》通过后将会大大增加行政驱逐出境的适用机会，使行政驱逐出境的规定真正由应然法转化成实然法。[①] 从习惯国际法角度来看，我国反制裁法所规定的大部分制裁措施在性质上属于《国家责任条款草案》第42条所规定的反措施，即以受害国的身份对外国针对我国或者特别影响我国的先前不法行为作出的回应。[②] 据此，我国依法有权对受到制裁的个人或组织实施相应的反制措施。依据《反外国制裁法》第6条所规定的“驱逐出境”，其性质属于外交层面的驱逐，既符合国家行为的一般法律定义，也符合救济法框架下的国家行为标准。根据国际法的规定，此类措施可免除司法审查，且外国人在接受国不享有获得法律救济的权利。[③]

2. 查封、扣押、冻结在我国境内的动产、不动产和其他各类财产

《反外国制裁法》第6条第2项规定了国务院有关部门可以对特定的个人和组织实施查封、扣押、冻结在我国境内的动产、不动产和其他各

---

① 参见杨芝林：《论〈反外国制裁法〉对行政驱逐出境的影响》，载《特区经济》2023年第2期。

② 参见张悦：《单边制裁的非法性解析及法律应对》，载《政治与法律》2023年第5期。

③ 参见林艺聪：《论行政法上驱逐出境之救济》，载《浙江工商大学学报》2022年第4期。

类财产等措施,这些措施属于行政强制措施的范畴。所谓行政强制措施,是指行政机关在行政管理过程中,为了制止违法行为、防止证据损毁、避免危害发生、控制危险扩大等情形,依法对公民、法人或其他组织的财物实施的暂时性控制行为。[1]

具体到查封、扣押、冻结措施,其执行必须遵循《行政强制法》所规定的程序。根据《行政强制法》第 24 条的规定,行政机关在决定实施查封、扣押时,需要制作并当场交付查封、扣押决定书和清单,明确指出查封、扣押的具体理由、依据、期限以及当事人的申辩权利。[2] 此外,《行政强制法》第 25 条进一步指出,查封、扣押的期限通常不得超过 30 日,除非情况复杂并经批准后方可适当延长,但延长期限同样不得超过 30 日。在实施过程中,如果需要对相关物品进行检测、检验、检疫或技术鉴定,这些期间不计入查封、扣押的期限内,且所有相关费用由行政机关承担。[3] 同时,行政机关负有妥善保管查封、扣押物品的责任,确保这些财物不被使用或损毁,一旦造成损失,则应由行政机关承担相应的赔偿责任。[4] 行政机关应当履行相应程序,向金融机构交付冻结通知书以实施冻结存款、汇款业务。金融机构接到行政机关依法作出的冻结通知书后,应当立即予以冻结,不得拖延,不得在冻结前向当事人泄露信息。[5]

依据《反外国制裁法》第 6 条第 2 项之规定,中国可以通过查封、扣押、冻结等手段,有效地削弱被制裁对象的经济实力,进而促使实施制裁的国家重新评估其措施的后果。

---

① 参见《行政强制法》第 2 条的规定。
② 参见《行政强制法》第 24 条的规定。
③ 参见《行政强制法》第 25 条的规定。
④ 参见《行政强制法》第 26 条的规定。
⑤ 参见《行政强制法》第 30 条的规定。

3. 禁止或者限制我国境内的组织、个人与其进行有关交易、合作等活动

《反外国制裁法》第6条第3项反制措施明确针对"我国境内的组织和个人",限制他们与反制清单中列出的个人及组织进行"交易、合作等往来"。这一措施将广泛影响跨境商事活动的各个领域,涵盖国际贸易、投资、银行、保险、证券、航运等。它将触及几乎所有商事领域的法律法规体系,具体包括《中华人民共和国对外贸易法》《中华人民共和国出口管制法》《中华人民共和国商业银行法》《中华人民共和国外商投资法》《中华人民共和国保险法》《中华人民共和国证券法》《中华人民共和国海商法》《中华人民共和国民用航空法》《中华人民共和国证券投资基金法》《中华人民共和国外资银行管理条例》《中华人民共和国外资保险公司管理条例》等法律法规的适用范围。①

一方面,该条款阐明了我国境内所有组织及个人的法律责任,即必须构建并维护符合《反外国制裁法》要求的合规体系。若外国实体因参与对中国实施的非法制裁行为而被列入反制名单,并被我国采取相应的交易限制措施,那么我国所有个人和企业均不得与其进行任何形式的交易或合作。实际上,这意味着将外国实体排除于我国市场之外。同时,该措施亦是对我国公民和组织的一种警示:要求他们在与频繁采取对华制裁措施的国家企业交往时保持高度警觉,并加强自我保护。此外,该条款作为一项严格的禁止性规定,要求我国公民和组织不得与已被列入反制名单的个人及实体进行任何交易或合作,违者将依法承担相应的法律责任。

另一方面,《反外国制裁法》并未禁止或限制外国实体或者个人与

---

① 参见杜涛、周美华:《应对美国单边经济制裁的域外经验与中国方案——从〈阻断办法〉到〈反外国制裁法〉》,载《武大国际法评论》2021年第4期。

外国推动方进行交易或者合作,这表明《反外国制裁法》并没有采用美国次级制裁措施的安排,而是考虑到域外管辖的法理问题和实施难度有所自我节制。①

4. 其他必要措施

《反外国制裁法》第 6 条第 4 项为兜底性规定,即反制措施并不限于上述三类,国务院有关部门在现有列举的反制措施之外,发生特殊情况时允许采取"其他必要措施"以弥补上述三种措施的不足和法律的滞后性。例如,在遭遇外国制裁的情况下,中国可能会采取一系列反制措施,包括限制贸易和投资、禁止与制裁国家资金往来,以及对特定技术和产品实施出口管制等。该交易禁令的背后通常反映了保护国家安全和关键产业的现实考量,如减少与实施制裁国家的商业依赖,提升中国经济的自主性和安全感,以避免外部制裁对国内经济发展造成牵制。

该兜底条款"其他必要措施"同样是我国政府采取相应反制行动的法律依据,为反制措施的实施提供了多样化选择,也赋予行政机关一定的自由裁量权。该立法技术的应用,既体现了法律的前瞻性,又体现了《反外国制裁法》的灵活性和动态性。

5. 小结

为了应对外部对中国实施的不公平制裁,《反外国制裁法》确立了一个层次分明、逻辑严谨的法律架构:以该法第 4 条界定制裁的基础对象,即参与制定或实施歧视性限制措施的个人或组织。在此基础上,第 5 条扩展了制裁的适用范围,将制裁对象的配偶、直系亲属、高级管理人员或实际控制人,以及与这些个人或组织有关联的其他组织纳入制裁范

---

① 参见赵德铭、周文桐、金挺峰:《〈反外国制裁法〉述评》,载《国际经济法学刊》2022 年第 1 期。

围，从而增强法律的预防性和威慑性。第6条进一步明确了国务院有关部门可采取的具体反制措施包括限制入境、查封或冻结资产、禁止交易等，为执行机关提供明确的操作性指南，也赋予国务院相关部门在采取反制措施时的相应裁量权，允许其根据具体情况选择一种或多种措施，并通过“其他必要措施”的条款，为应对复杂多变的国际局势提供适应性法律。

总之，《反外国制裁法》第6条的制定，是在深入借鉴国际通行制裁手段的基础上进行的，是中国在国际舞台上自我保护和回应不公正待遇的合法且必要的法律工具。

法律适用

中国外交部于2022年12月23日发布外交部令，宣布对余茂春、托德·斯坦恩采取反制措施，作为对美方12月9日借口所谓“西藏人权”问题非法制裁两名中方官员的回应。依据《反外国制裁法》第4条、第5条、第6条规定，中方采取“冻结在我国境内的动产、不动产和其他各类财产；禁止我国境内的组织、个人与其进行有关交易活动；对其本人及直系亲属不予签发签证、不准入境”的反制措施。这三项反制措施分别遵循的是《反外国制裁法》第6条中的第2、3、1项规定。[①]

我国实施反制措施的宗旨在于坚定捍卫国家的主权、安全及发展利益，因此，国务院相关部门在执行相关法律时，必须采取审慎的态度，根据实际情况灵活运用反制手段，防止不必要的蔓延或过度限制。基于

① 参见《关于对余茂春、托德·斯坦恩采取反制裁措施的决定》，载外交部网，https://www.mfa.gov.cn/web/wjb_673085/zfxxgk_674865/gknrlb/fzcqdcs/202212/t20221222_10993979.shtml。

此,《反外国制裁法》第 6 条的法律适用存在两个特别值得关注的问题:

1. 关于反制措施的实施涉及多个部门协调的问题

反制措施包括行政和经济两个主要方面:行政措施涉及拒绝签证发放、限制入境等,而经济措施则包括投资和贸易禁令、资产冻结等严厉手段。这些措施的实施需要由负责制定反制决策的行政机关与其他相关部门及自律性组织紧密合作,以实现既定目标。现行规定中,主管机构以"国务院有关部门"一词概括,特别是在外国实施不当制裁时,若涉及两个或更多部门,必须明确哪一个部门有权采取反制措施,否则可能出现多部门同时行动或无人行动的情况。若涉及三个或以上部门,情况将更为复杂。①

以《反外国制裁法》第 6 条第 2 项所规定的反制措施冻结财产为例。根据《反外国制裁法》第 4 条和第 5 条的规定,国务院相关部门会审慎评估并决定是否将特定个人或组织列入反制清单。该决策通常以个人或组织是否直接或间接参与了针对我国的歧视性限制措施为评判依据。一旦决定将某实体纳入反制清单,国务院相关部门将依法"查封、扣押、冻结在我国境内的动产、不动产和其他各类财产"。这些反制措施与《行政强制法》紧密相关,属于行政强制措施的范畴,其执行依赖于中国人民银行、国家金融监督管理总局等多个部门的协作。同时,拥有行政强制执行权的行政机关或由行政机关申请的人民法院亦可执行此职能。② 在执行过程中,相关部门将严格遵循法律规定的程序,并最终发布具有法律效力的命令或通知。这些命令或通知将详尽阐述反制措施的具体内容、目标对象以及适用范围。作为国务院的关键组成部分,外

① 参见马忠法:《〈反外国制裁法〉:出台背景、内容构成及时代价值》,载《贵州省党校学报》2021 年第 4 期。

② 参见陈喆、韦绮珊:《〈反外国制裁法〉实施中的法律问题与完善》,载《武大国际法评论》2023 年第 5 期。

交部拥有公布反制清单的权限,其先前针对特定主体所制定的反制措施依然有效。在实际操作中,若制裁措施得到巧妙的外交策略的支持,其成功率将显著提高。[①] 因此,外交部不仅承担传递信息的职责,更是确保反制措施权威性与合法性的关键机构。

此外,《反外国制裁法》第6条规定的其他反制措施涉及多个主管部门和执行机构:“不予签发签证、不准入境、注销签证或驱逐出境”可能由外交部、公安部、海关总署、国家移民管理局等部门负责;“禁止或限制我国境内的组织、个人与其进行相关交易、合作等活动”则涵盖了所有商事活动,涉及的主管部门或执行机构包括商务部、国家发展和改革委员会、工业和信息化部、财政部、国家市场监督管理总局、国家外汇管理局等。

在《反外国制裁法》实施之前,面对美国和欧盟对中国企业及个人所施加的多种制裁措施,中国政府通常并未采取直接的反制措施,而是以外交途径表达不满和反对。例如,2000年美国政府依据《国际宗教自由法》对中国实施制裁时,中国外交部表示,“中方一贯反对利用宗教问题干涉别国内政。美国政府不顾中方的严正交涉,歪曲事实,对中方进行无端指责,甚至对中国采取所谓的制裁措施。这是对国际关系基本准则的严重违反,对中国内政的粗暴干涉。中国政府和人民对此表示强烈义愤和坚决反对。中方要求美方立即纠正错误,取消上述所谓制裁,以实际行动消除其行径对两国关系的严重不利影响”[②]。这一途径有时实际效用有限。《反外国制裁法》有效地填补了国内法律体系应对外国制

---

① See Bryan R. Earby, *Making Sanctions Work: Promoting Compliance, Punishing Violations, and Discouraging Sanctions-Busting*, in van Bergeijk and Peter AG, eds., Research Handbook on Economic Sanctions, Edward Elgar Publishing, 2021, p. 183.

② 《发言人就美国政府决定根据美〈国际宗教自由法〉对中国采取制裁措施答记者问》,载外交部网, https://www.fmprc.gov.cn/fyrbt_673021/dhdw_673027/200011/t20001107_5420172.shtml。

裁方面的空白,中国外交部采取的反制措施在频次和规模上均实现了提升。

在对被列入反制名单的实体采取一项或多项反制措施时,确实需要多个部门之间的紧密合作。但是,在过多的部门间流转可能会导致效率低下和信息传递不明确等问题。因此,为了确保反外国制裁措施的有效实施,确定牵头单位和建立一个专门负责统一协调并执行针对外国政府、组织及个人的反制裁机构是一大要务。此点亦在《反外国制裁法》第10条第1款中得以明确:"国家设立反外国制裁工作协调机制,负责统筹协调相关工作。"综上,制定统一的工作与协调机制,确保政策层面的顺畅沟通,强化互信并统一行动步伐,是抵御外国政府、组织或地区单边制裁的关键。

针对此问题,将在后续章节解析《反外国制裁法》第10条时再进行深入探讨。

2. 关于《反外国制裁法》第6条的国际法合法性问题

《反外国制裁法》以"反制裁"为逻辑核心,构建了其制度框架与规则体系。反制裁的法律基础根植于习惯国际法的"报复"或"反措施"原则。[①] 当前,随着"报复"一词的使用频率下降,单边制裁通常被视为等同于反制措施或第三方实施的反制措施。[②] 联合国国际法委员会在《国家责任条款草案》"解除行为不法性的情况"部分中明确了"反措施"的法律定义。据此,尽管《反外国制裁法》在表述上采用了较为宽泛、主观的措辞,以赋予实践更大的灵活性,但在审视反制措施及辨识"歧视性措

---

① 参见任奕达:《总体国家安全观下中国反经济制裁的实践、挑战与完善》,载《法治实务》集刊2023年第3卷——国家安全工作研究文集,2023年,第162页。

② See Iryna Bogdanova, *Unilateral Sanctions in International Law and the Enforcement of Human Rights: The Impact of the Principle of Common Concern of Humankind*, Brill, 2022, p. 63.

施”与“干涉中国内政”行为时,必须严格遵循习惯国际法对于“反措施”的适用限制。因为制裁乃国家所施加,缘由在于国家感觉遭受侵害,遂采取单方面措施以纠正其所认定的违规行为。为确保制裁行为被视为合法,单边制裁之规定与执行必须遵循国际法。①

关于《反外国制裁法》第6条的国际法合法性,以四项反制措施分别阐述如下。

(1)第1项反制措施的国际合法性

第1项反制措施涉及对特定外国公民进入我国的限制。依据国际法,各国均享有自主决定是否接纳外国公民入境的权力,并可据此设定相应条件。这是国家主权的一部分,在国际法中体现为“荷花号原则”,即判断国内法的域外效力是否违反国际法,原则上取决于是否存在国际法上的明确禁止。② 我国的边境政策和签证政策不违反国际条约和习惯国际法的禁止性规定,实施此类制裁措施属于我国领土和边界拥有的权力范畴,因此第1项反措施的国际法合法性是明确且不容置疑的。

(2)第2项、第3项反制措施的国际合法性

第2项、第3项反制措施涉及限制外国人在华财产权益及禁止或限制中国境内个人及组织与特定对象进行商业交易或其他合作的行为,故而,对于这两类的反制措施在国际法框架下的合法性,需在综合习惯国际法规则《国家责任条款草案》和国际条约的基础上进行考量与探讨其合法性。③

---

① See Ali Z. Marossi & Marisa R. Bassett, *Economic Sanctions under International Law, Unilateralism, Multilateralism, Legitimacy, and Consequences*, T. M. C. Asser Press, 2015, p. xvii.

② 参见霍政欣:《国内法的域外效力:美国机制、学理解构与中国路径》,载《政法论坛》2020年第2期。

③ 参见杜玉琼、黄子淋:《论我国反制裁法的功能及其实现路径》,载《河北法学》2023年第6期。

1)习惯国际法规则:《国家责任条款草案》

在国际法框架下,尽管《国家责任条款草案》尚未生效,但普遍被认为具有习惯国际法的地位,①其第49条至第53条详细规定了国家采取“反措施”实质性和程序性的限制,包括反措施的目的和限制(第49条)、不受反措施影响的义务(第50条)、相称性(第51条)、采取反措施的条件(第52条)、终止反措施(第53条)。从作为习惯国际法的《国家责任条款草案》对反措施的要求来看,只有合法的单边制裁才属于反措施的范畴。② 将《反外国制裁法》第6条第2、3项与《国家责任条款草案》中针对反措施实施所设定的各项条件进行逐一比对分析,以此为国家通过反制裁进行国际斗争提供法律依据。

第一,目的和限制。从一个更为实际的视角审视制裁问题,将反制裁视为在特定情境下采用的一种政策工具,而非唯一的政策手段。基于这一前提,逻辑上合理的下一步是探究制裁对目标产生的影响,以及它如何与更广泛的政策工具体系相协调,而不是单纯地认为制裁本身就能决定行为的转变或实现政策目标。③《反外国制裁法》的出台背景是某些西方国家和组织面对中国巨大发展进步的现实,出于政治操弄需要和意识形态偏见,违反国际法和国际关系基本准则和依据其本国法律对中国有关国家机关、组织和国家工作人员实施所谓“制裁”,粗暴干涉中国内政。④ 自“冷战”结束导致全球权力平衡瓦解以来,制裁已经演变为一

---

① See Surya P. Subedi, *Unilateral Sanctions in International Law*, Hart Publishing, 2021, p. 16. 霍政欣:《〈反外国制裁法〉的国际法意涵》,载《比较法研究》2021年第4期。

② 参见马光:《论反制裁措施的国际合法性及我国反制裁立法的完善》,载《法治研究》2022年第1期。

③ See Francesco Giumelli, *How EU Sanctions Work*, European Union Institute for Security Studies, 2013, p. 18.

④ 参见《全国人大常委会法工委负责人就反外国制裁法答记者问》,载中国人大网,http://www.npc.gov.cn/c2/kgfb/202106/t20210611_311922.html。

种有效的外交政策工具。[①] 因此,《反外国制裁法》制定的核心目的是对抗外国对中国实施的非法单边制裁措施所产生的负面影响。

虽然《反外国制裁法》的反制措施是由具体个人或组织实施,但这些措施的真正指向是背后的外国国家。外国国家"违反国际法和国际关系基本准则"是该法适用的前提,外国实施"对我国进行遏制、打压,对我国公民、组织采取歧视性限制措施,干涉我国内政的"行为是该法适用须满足的条件。[②] 值得注意的是,我国对主权问题极为重视,这与那些频繁采用制裁手段的国家存在差异。[③] 例如,在 1992 年,法国政府曾不顾中方强烈反对,悍然向我国台湾地区两次出售武器,包括 1991 年向我国台湾地区出售 6 艘护卫舰,以及隔年向我国台湾地区出售 60 架幻影 2000 - 5 型战机,导致中法关系严重倒退。直至 1994 年 1 月中法联合声明发表,法国政府承诺终止对台军售,两国关系才逐步正常化。这段历史记忆充分证明,对台军售是中法关系不可触碰的"红线"。[④] 申言之,这些个人和组织成为反制对象,是他们所属的国家行为所致。因此,从法律逻辑上看,《反外国制裁法》的实施,是中国对外国非法行为的一种合法、合理的回应。在实践中,中国政府在采取反制措施时,将遵循法律程序和国际规则,确保措施的合法性和有效性。然而,现今各国相较于以往更频繁地采取制裁措施,这一国家行为的演变过程揭示了一个事实:实施强制性限制措施是主权国家的核心权力。[⑤] 据此,中国也将继

---

① See Hans Köchler, *Sanctions and International Law*, International Organisations Research Journal, Vol. 14:3, p. 4 (2019).

② 参见霍政欣:《〈反外国制裁法〉的国际法意涵》,载《比较法研究》2021 年第 4 期。

③ See Richard Nephew, *China and Economic Sanctions: Where Does Washington Have Leverage?*, Global China, p. 3 (2019).

④ 参见《台军又当"冤大头"? 警惕法国对台军售》,载腾讯网,https://new. qq. com/rain/a/20210921A094NV00。

⑤ See Joshua Andresen, *The Law Fulness of Unilateral Sanctions in the Wake of a US - China "Sanctions War"*, East Asia, p. 24 (2024).

续通过外交途径,与国际社会沟通和协作,共同维护国际法治和公平正义。

综上,《反外国制裁法》第6条第2、3项的反制裁规定符合《国家责任条款草案》第49条规定的要求。

第二,不受反措施影响的义务。尽管《反外国制裁法》第6条第2项和第3项并未直接提及对人道主义和基本人权的保护,但中国在法律实践中始终尊重并致力于保护人道主义和基本人权。此外,所采取的反制措施既不涉及武力威胁或使用,也不侵犯人权,且不违反对外国外交或领事人员、使馆、档案及文件的尊重。基于这些原则,这些措施符合《国家责任条款草案》第50条规定的要求。

第三,关于受害国实施反措施的程度,必须和其所遭受的损害相称。这种相称表现在考虑受害国反措施与责任国不法行为的"严重程度"(相称性的"数量"要求)和"有关权利"(相称性的"质量"要求)两个方面。前者既可以体现为反措施达到目的时制裁措施的数量水平,也可表现为与所遭受损失相等的制裁措施数量水平。后者则是对相称标准的考量,即双方受影响的权利"质量"是否相当。①《反外国制裁法》作为中国对外国制裁所采取的一种"对等制裁"策略,其核心是维护国家主权、安全和发展利益,同时保护中国公民、法人以及其他组织的合法权益。我国《反外国制裁法》第6条第2、3项的反制措施在具体实施前会充分评估责任国的不法行为对本国利益的影响程度,以及反措施可能对责任国产生的影响。反措施的实施会以最小限度损害责任国利益为原则,避免对责任国的经济和社会造成不必要的破坏。同时,我国还会考虑到反制措施可能对第三方国家产生的影响、国际社会的反应,确认反制行为

---

① 参见冯慧敏:《我国对外制裁法的国际法合法性构建》,载《武大国际法评论》2023年第5期。

不会对其他国家造成不公正的损害，也会尽可能避免冲突升级。据此，《反外国制裁法》第6条第2、3项在确保反措施与所受损害相称方面，与《国家责任条款草案》第51条相称性的要求是一致的。

第四，关于采取反措施有关的条件和终止反措施，其核心要点在于强调反制措施的临时性质。在全国人大常委会对反外国制裁法草案的审议过程中，对第6条第2款的内容进行了重要修改。草案中"查封、冻结或者没收在我国境内的动产、不动产和其他各类财产权"的表述，被修改为"查封、扣押、冻结在我国境内的动产、不动产和其他各类财产"，特别去除了"没收"财产的内容。这一修改进一步强化了反制措施的临时性和可逆性要求，彰显了法律制定过程中的审慎与严谨。[①] 此外，《反外国制裁法》第8条具体指出："采取反制措施所依据的情形发生变化的，国务院有关部门可以暂停、变更或者取消有关反制措施。"该条款进一步彰显了制裁措施主要是为了表达中国方面的反对立场，而不是要对目标国家造成实质性的长期伤害，[②]符合《国家责任条款草案》第52条和第53条规定的要求。

2）国际条约

在多边国际条约领域，GATT的制定者在第21条中引入了安全例外条款，该条款以开放性的方式起草，刻意未对"基本安全利益"的概念进行明确定义，这是有意为之，目的是赋予成员自行判断权。[③] 因此，即使WTO的安全例外条款与其所倡导的自由贸易原则不相符合，但是

---

① 参见霍政欣：《〈反外国制裁法〉的国际法意涵》，载《比较法研究》2021年第4期。

② See Vida Macikenaite, *China's Economic Statecraft: The Use of Economic Power in an Interdependent World*, Journal of Contemporary East Asia Studies, Vol. 9:2, p. 119 (2020).

③ See Maarten Smeets, *Economic Sanctions and the WTO*, in van Bergeijk and Peter AG eds., Research Handbook on Economic Sanctions, Edward Elgar Publishing, 2021, p. 294.

WTO 仍然尊重成员在维护国家安全方面所采取的必要限制措施的自主权。究其原因:

一方面,安全例外条款已被众多成员广泛运用,以证明其采取的惩罚性经济措施仅出于维护国家利益之目的,或作为权力政治实际议程的一部分,为各成员提供了相应的灵活性与保护机制。①

另一方面,WTO 目前无法执行任何重大且具有实质性的改革措施。安全例外条款清晰地体现了成员在维护自身安全方面的自主需求。若专家组必须对安全例外条款作出裁决,其唯一可行的方法是采取一种尊重的态度,依据常规的条约解释原则来评估被申请人对例外条款的援引,以判断被申请人是否出于善意。②

综合之下,WTO 的安全例外条款为成员在特定情况下采取措施以维护国家安全提供了法律依据。《反外国制裁法》第 6 条所规定的第 2 项和第 3 项反制措施,可能与 WTO 的管辖范围存在一定程度的交集。在当前的国际背景下,鉴于国家安全的合理考量,安全例外条款为成员提供了自主界定“国家安全”概念的空间。这使中国在依据《反外国制裁法》对 WTO 成员的个人或实体采取制裁措施时,能够援引 WTO 规则中的安全例外条款,以此作为其行动合法性的法律支撑。③

在双边条约方面,近年来,新近缔结的国际协定普遍纳入了安全例外条款。以中国与加拿大在 2012 年签署并于 2014 年生效的双边投资协定为例,其中明确规定了与 GATT 安全例外条款相一致的条款。④ 从

---

① See Hans Köchler, *Sanctions and International Law*, International Organisations Research Journal, Vol. 14:3, p. 10 (2019).

② See Tania Voon, *The Security Exception in WTO Law: Entering a New Era*, Published online by Cambridge University Press, 2019, p. 49.

③ 参见霍政欣:《反外国制裁法〉的国际法意涵》,载《比较法研究》2021 年第 4 期。

④ 参见《中华人民共和国政府和加拿大政府关于促进和相互保护投资的协定》第 33 条第 5 款。

原则上看，在包含了安全例外条款的双边投资协定的适用范围内，我国可以此类条款为基础主张依《反外国制裁法》采取的反制措施不违反条约义务。①

（3）第4项反制措施的国际合法性

《反外国制裁法》第6条第4项规定的“其他必要措施”，是针对前述反制措施之外的兜底性规定，有助于根据外国单边制裁实践的变化，采取相对应的措施以实现反制裁的对等性。此类措施以必要为前提，体现了我国反制裁措施严格遵守国际法和国际关系基本准则，坚持反制裁的谦抑性。在具体实践中，根据第6条第4项采取的其他必要措施需符合我国应遵守的国际条约义务，并与国际法原则相一致。

一方面，根据《维也纳条约法公约》第27条的规定，国家不能以国内法为借口，拒绝履行国际条约义务。另一方面，国际法与国内法之间的相互作用亦不可忽视。在全球治理和安全概念日益泛化的情境下，国内法的扩展可能对国际法的适用范围产生影响。因此，在采取“其他必要措施”时，必须仔细评估其是否与国际法原则相一致，以及是否可能引起国际法律冲突。未来，我国可审慎考虑对该法第6条第4项“其他必要措施”进行适度的扩大解释，将提供贸易调整援助或补贴等手段纳入反外国制裁的反制措施范畴之内。如此一来，将确保受外国制裁影响的产业能够获得国内法层面的援助或补贴支持，从而增强其抵御外部冲击的能力。同时，这样的做法也在一定程度上体现了与WTO规则中“一般例外”或“安全例外”原则及精神的趋近，有助于在维护国家利益和遵守国际贸易规则之间找到合理的平衡点。②

① 参见霍政欣：《〈反外国制裁法〉的国际法意涵》，载《比较法研究》2021年第4期。

② 参见管健：《拜登政府对华经贸政策的影响与应对》，载《武大国际法评论》2022年第5期。

第七条

条文内容

第7条　国务院有关部门依据本法第四条至第六条规定作出的决定为最终决定。

关联立法

《中华人民共和国行政诉讼法》

第2条　公民、法人或者其他组织认为行政机关和行政机关工作人员的行政行为侵犯其合法权益,有权依照本法向人民法院提起诉讼。

前款所称行政行为,包括法律、法规、规章授权的组织作出的行政行为。

第13条　人民法院不受理公民、法人或者其他组织对下列事项提起的诉讼:

(一)国防、外交等国家行为;

(二)行政法规、规章或者行政机关制定、发布的具有普遍约束力的决定、命令;

（三）行政机关对行政机关工作人员的奖惩、任免等决定；

（四）法律规定由行政机关最终裁决的行政行为。

《最高人民法院关于适用〈中华人民共和国行政诉讼法〉的解释》

第2条　行政诉讼法第十三条第一项规定的“国家行为”，是指国务院、中央军事委员会、国防部、外交部等根据宪法和法律的授权，以国家的名义实施的有关国防和外交事务的行为，以及经宪法和法律授权的国家机关宣布紧急状态等行为。

行政诉讼法第十三条第二项规定的“具有普遍约束力的决定、命令”，是指行政机关针对不特定对象发布的能反复适用的规范性文件。

行政诉讼法第十三条第三项规定的“对行政机关工作人员的奖惩、任免等决定”，是指行政机关作出的涉及行政机关工作人员公务员权利义务的决定。

行政诉讼法第十三条第四项规定的“法律规定由行政机关最终裁决的行政行为”中的“法律”，是指全国人民代表大会及其常务委员会制定、通过的规范性文件。

《中华人民共和国出境入境管理法》

第81条　外国人从事与停留居留事由不相符的活动，或者有其他违反中国法律、法规规定，不适宜在中国境内继续停留居留情形的，可以处限期出境。

外国人违反本法规定，情节严重，尚不构成犯罪的，公安部可以处驱逐出境。公安部的处罚决定为最终决定。

被驱逐出境的外国人，自被驱逐出境之日起十年内不准入境。

《应急管理部行政复议和行政应诉工作办法》

第6条　下列事项不属于行政复议范围：

（一）国防、外交等国家行为；

（二）行政法规、规章或者应急管理部制定、发布的具有普遍约束力的决定、命令等规范性文件；

（三）应急管理部对本机关工作人员的奖惩、任免等决定；

（四）应急管理部对民事纠纷作出的调解。

《阻断外国法律与措施不当域外适用办法》

第8条　中国公民、法人或者其他组织可以向国务院商务主管部门申请豁免遵守禁令。

申请豁免遵守禁令的，申请人应当向国务院商务主管部门提交书面申请，书面申请应当包括申请豁免的理由以及申请豁免的范围等内容。国务院商务主管部门应当自受理申请之日起30日内作出是否批准的决定；情况紧急时应当及时作出决定。

《不可靠实体清单规定》

第12条　有关外国实体被限制或者禁止从事与中国有关的进出口活动，中国企业、其他组织或者个人在特殊情况下确需与该外国实体进行交易的，应当向工作机制办公室提出申请，经同意可以与该外国实体进行相应的交易。

条文释义

根据我国《反外国制裁法》第7条的规定，国务院相关部门依据该法第4条至第6条所作的决策是最终性的。这意味着，一旦国务院相关部门发布了反制清单或采取了反制措施，这些决策就具有不可更改的终局属性。

《反外国制裁法》第7条在法律体系中占据核心地位。它明确了国务院有关部门依据该法第4条至第6条所作的反制决定具有终局性，即这些决定是不可复议或诉讼的最终裁决。此外，与第7条紧密衔接的是第8条与第9条，这三者从反制措施的确定到取消环节均是由“国务院有关部门”主导，共同构建了一个反制措施的动态调整框架。具体而言，尽管该法第7条确立了最终裁定的不可诉性质，但《反外国制裁法》第8条明确赋予了国务院相关部门在情势演变时，对既有反制措施可以进行暂停、调整或废止的法定权限。第8条为潜在的不当或过时决策铺设了纠正路径，使国务院相关部门能够基于情势的最新发展，对反制措施进行灵活且适时的调整。第9条，则进一步规范了反制清单与具体反制措施的制定、暂停、调整或废止流程，明确指出这一系列决策均需通过外交部或国务院其他相关部门的正式命令对外公布，力求达到最佳的反制效果与最小的负面外溢。

法律适用

《反外国制裁法》第7条所提及的“最终决定”，系指依据该法第4

条至第6条针对制裁对象所采取的制裁措施及所作出的决定。这种终局性安排的原因是多方面的。

其一,反制裁决定是国家为维护主权和经济安全而采取的关键行动,其背后往往交织着复杂的外交因素考量。国务院所制定的反制清单及措施,因其直接关联国家安全这一重大议题,本质上体现的是国家行为,而非仅仅是形式上的行政行为。所谓“国家行为”,是指国务院、中央军事委员会、国防部、外交部等国家机关,根据宪法和法律的授权,以国家的名义进行的国防和外交活动,以及在宪法和法律授权下宣布紧急状态等行为。① 这些行为由于涉及国家重大利益,具有高度敏感性、专业性,不宜由司法机关介入,进而排除了行政复议与行政诉讼途径的适用。这一点在《行政诉讼法》第13条中得到了法律支撑。该条第1项规定,涉及国防和外交等国家行为的诉讼,不属于人民法院的受理范围。同样地,这与行政驱逐出境的法律救济途径相类似。根据《出境入境管理法》第81条第2款的规定,公安部作出的行政驱逐出境决定具有最终效力,不得再行争议。此外,2024年6月生效的《应急管理部行政复议和行政应诉工作办法》第6条明确,国防和外交等国家行为不属于行政复议的范畴。因此,在《反外国制裁法》第7条的强调之下,我国反制措施被归类为不可诉事项,满足了关于不可诉性的条件,同时被制裁对象也无权就反制措施事由提起行政复议与行政诉讼。这些规定共同构成了对国家行为司法审查的严格限制,以司法权与行政权适度分离的形式实现了各自职能的合理分工和制衡,体现了国家在外交和安全领域决策的权威性。

其二,鉴于反制措施对时效性和实际效果的严格要求,司法审查可

---

① 参见《最高人民法院关于适用〈中华人民共和国行政诉讼法〉的解释》第2条规定。

能会对行政决策和执行的效率产生影响。外交行为往往涉及国际法和国际关系的协调,而实施反制措施的复杂性和不确定性往往较高。鉴于此类程序通常耗时长且流程烦琐,若允许当事人申请行政救济,这无疑会妨碍反制措施的及时执行,可能削弱反制措施的效力,难以立即阻止那些损害我国国家和民众利益的行为,甚至使我国在反制裁斗争中处于被动和不利的位置。

其三,针对国防和外交等关键领域,必须实现迅速响应和统一指挥。此类法律适用性的安排能够防止行政机关的对外反制裁决策遭到司法机构的否决,并避免司法审查对反制措施产生不必要的干扰。这确保了国务院相关部门在执行反制措施时能够保持必要的独立性,进而维护国家机构在对外反制裁斗争中的协调一致。

需要指出的是依照《行政强制法》《中华人民共和国行政复议法》《行政诉讼法》的规定,国务院其他部门根据《中华人民共和国对外贸易法》《国家安全法》《中华人民共和国海关法》《中华人民共和国证券法》等法律作出的决定,是可以申请复议或起诉的。《反外国制裁法》因其适用对象的特殊性没有复议或起诉程序,具有合理性,但从实践角度看,我国可以从以下两个方面完善《反外国制裁法》的程序性制度规则。

一是增强行政合法性审查。《反外国制裁法》第6条明确了国务院有关部门可以采取的反制措施,包括限制入境、冻结财产、禁止交易等。国家为了保障这些措施的合法性,可以构建一个事前合法性审查制度,以此核校反制措施是否于法有据,是否符合对等性原则,是否与习惯国际法和国际道义相一致。①

---

① 参见张春良、侯之帅:《论美国国际制裁新模式与中国特色反制体系》,载《国际观察》2023年第5期。

二是增设申请豁免制度。国家在执行制裁措施时，需充分考虑被制裁方的特殊情况，以平衡国家安全利益与国际经贸利益、人道主义保护义务，且不损害《反外国制裁法》的立法宗旨，因此设置一个合理的豁免机制显得尤为重要。在《反外国制裁法》中，国家立法机关可以考虑设置“酌定豁免”和“法定豁免”两种类型的条款：酌定豁免可以只授权申请人从事特定的活动，以确保合法的交易得以正常进行；法定豁免可以起到普遍授权的作用，以提高豁免效率。如此，相关法律条文既能赋予企业、组织或个人申请豁免的权利，又能由国务院有关部门根据具体情况施行逐案审批。在程序规范方面，立法必须对豁免机制的程序进行精细设计，明确豁免申请的主体资格、条件以及审批流程等，为申请者和审批机关提供清晰的操作指引，尤其是豁免申请条件的设计应严格，以此保证豁免作为例外情况的适用，避免其被泛用。①

在构建中国特色社会主义法治体系的宏伟蓝图中，对外制裁直接关系到我国法治建设成果在国际社会的展现与认可。因此，反外国制裁法的实施必须紧密围绕我国整体国家安全观的核心理念，精心策划并推出一系列完善的配套措施，以加强国内法律体系之间的衔接与协调，推动我国尽快构建起以经济安全为坚实基础的反制裁法律体系。

① 参见陈喆：《〈反外国制裁法〉豁免机制的体系构建》，载《学海》2023年第4期。

第八条

条文内容

第8条　采取反制措施所依据的情形发生变化的,国务院有关部门可以暂停、变更或者取消有关反制措施。

关联立法

《国家对国际不法行为的责任条款草案》

第52条　与采取反措施有关的条件

1. 一受害国在采取反措施以前应:

(a)根据第43条要求责任国按照第二部分的规定履行其义务;

(b)将采取反措施的任何决定通知责任国并提议与该国进行谈判。

2. 虽有第1款(b)项的规定,受害国可采取必要的紧急反措施以维护其权利。

3. 在下列情况下不得采取反措施,如已采取,务必停止,不得无理拖延:

(a)国际不法行为已经停止,并且

(b)已将争端提交有权作出对当事国具有约束力之决定的法院或法庭。

4. 若责任国不秉诚履行解决争端程序,第3款即不适用。

第53条　终止反措施

一旦责任国按照第二部分履行其与国际不法行为有关的义务,即应尽快终止反措施。

条文释义

《反外国制裁法》第8条赋予了国务院相关部门根据国际制裁的最新发展动态,对反制措施进行适时调整的职权,包括决定、暂停、变更或撤销反制措施,并及时更新制裁清单。该条款为国务院相关部门应对国际形势的复杂多变性提供了坚实的法律基础,同时有助于维护被制裁方的合法权益,并促进国际关系的和谐与稳定。

"采取反制措施所依据的情形发生变化的"指的是,如果外国国家对中国实施的制裁或限制措施的情况有所改变,或者原先导致中国采取反制措施的条件不再存在或者情况得到缓解,那么中国国务院的相关部门可以根据实际情况的变化,对已经采取的反制措施进行相应的调整。这一规定可能涉及对外交政策、经济影响、法律后果等多个方面的考量,意在确保反制措施与实际的国际关系状况保持一致,体现了中国《反外国制裁法》的灵活性和对实际情况的适应性。

这里涉及的"暂停、变更或者取消"三种不同调整方式:暂停,意味着临时中止某些反制措施的执行,同时保留将来根据形势变化恢复这些措施的可能性;变更,涉及对现行反制措施的修改,这可能包括调整其适用范围、力度或执行方法;取消,是彻底终止某项反制措施的实施。

这一立法设计不仅保证了国家利益的最大化，而且展现了国家在特定情况下愿意表现出的善意和开放性，为改善双边或多边关系创造了有利条件。

“国务院有关部门”一词在该条款所规定之框架内仍指依据其职责与任务分工，参与制定并执行反制措施的中央政府机构，通常包括外交部、商务部、公安部、财政部以及中国人民银行等。它们将依据《反外国制裁法》的授权及各自的职能范围，基于实际情况进行综合评估，协同合作以实现“后发制人”的战略目标。

《反外国制裁法》第 7 条指出，由国务院相关部门作出的反制措施具有终局效力，并未明确指定法律救济的途径，然而，第 8 条为利害关系人提供了一种机制作为潜在的法律救济途径，允许其在必要时，依据法律规范向相关部门提出审查申请，以请求重新评估其被制裁的状态和寻求对制裁措施的调整或解除。第 9 条强调了外交部或国务院相关部门需通过正式发布命令的方式，将制裁措施的变更或解除公之于众，确保透明度和公众的知情权。综合审视，《反外国制裁法》第 7、8、9 条共同构建了一个既具刚性约束又含灵活调整空间的反制裁法律框架。

总之，面对国际政治经济局势的变动，中国国务院相关部门在执行反制措施的过程中，通过迅速调整或解除制裁措施，展现出高度的警觉性和迅速的反应能力以确保制裁机制的灵敏度和适应性。

法律适用

前文已经阐明，我国的《反外国制裁法》所规定的反制措施，与《国家责任条款草案》中的合法性标准一致。其中包括，单边制裁应当是可撤销的，并且不应以惩罚为目的。[①] 在执行与《反外国制裁法》相关的决策时，国务院相关部门还需考虑其对社会的影响，以实现法律效果与社会效果的和谐统一。此外，在司法实践中，应当充分考虑到《反外国制裁法》的国际示范作用，坚持公正和合理的原则，同时兼顾实体和个体的合法权益，灵活调整反制措施，以提升法律的完善度和公正性。

据此，建议在该法中增设更为详尽的程序启动条款，界定国务院相关部门在何种特定情况下，拥有主动暂停、调整或废止反制措施的权限，涵盖当反制措施的原始依据发生重大变化，或者现有措施已不再适应当前形势的情况。未来构建的反制裁工作协调机制可以建立适用该法第 8 条的"双通道"制度，即对于如何认定"采取反制措施所依据的情形发生变化的"，既可以由我国有关部门直接作出裁定，也允许作为反制措施实施对象的组织或个人提出申请，再由我国有关部门进行审查认定。[②]

综上所述，《反外国制裁法》第 8 条的制定和实施，体现了法律规范对现实政治经济形势变化的敏感性和应变能力，是维护国家利益的坚固盾牌，也是成为引导和塑造国际法律秩序的积极力量。

---

① 参见《国家责任条款草案》第 52 条、第 53 条规定。

② 参见霍政欣：《〈反外国制裁法〉的国际法意涵》，载《比较法研究》2021 年第 4 期。

第九条

条文内容

第9条　反制清单和反制措施的确定、暂停、变更或者取消，由外交部或者国务院其他有关部门发布命令予以公布。

关联立法

《不可靠实体清单规定》

第2条　国家建立不可靠实体清单制度，对外国实体在国际经贸及相关活动中的下列行为采取相应措施：

（一）危害中国国家主权、安全、发展利益；

（二）违反正常的市场交易原则，中断与中国企业、其他组织或者个人的正常交易，或者对中国企业、其他组织或者个人采取歧视性措施，严重损害中国企业、其他组织或者个人合法权益。

本规定所称外国实体，包括外国企业、其他组织或者个人。

第4条　国家建立中央国家机关有关部门参加的工作机制（以下简称工作机制），负责不可靠实体清单制度的组织实施。工作机制办公室设在国务院商务主管部门。

第10条　对列入不可靠实体清单的外国实体，工作机制根据实际情况，可以决定采取下列一项或者多项措施（以下称处理措施），并予以公告：

（一）限制或者禁止其从事与中国有关的进出口活动；

（二）限制或者禁止其在中国境内投资；

（三）限制或者禁止其相关人员、交通运输工具等入境；

（四）限制或者取消其相关人员在中国境内工作许可、停留或者居留资格；

（五）根据情节轻重给予相应数额的罚款；

（六）其他必要的措施。

前款规定的处理措施，由有关部门按照职责分工依法实施，其他有关单位和个人应当配合实施。

第13条　工作机制根据实际情况，可以决定将有关外国实体移出不可靠实体清单；有关外国实体在公告明确的改正期限内改正其行为并采取措施消除行为后果的，工作机制应当作出决定，将其移出不可靠实体清单。

有关外国实体可以申请将其移出不可靠实体清单，工作机制根据实际情况决定是否将其移出。

将有关外国实体移出不可靠实体清单的决定应当公告；自公告发布之日起，依照本规定第十条规定采取的处理措施停止实施。

《国家对国际不法行为的责任条款草案》

第8条　受到国家指挥或控制的行为

如果一人或一群人实际上是在按照国家的指示或在其指挥或控制下行事，其行为应视为国际法所指的一国的行为。

《中华人民共和国香港特别行政区基本法》

第18条　在香港特别行政区实行的法律为本法以及本法第八条规定的香港原有法律和香港特别行政区立法机关制定的法律。

全国性法律除列于本法附件三者外,不在香港特别行政区实施。凡列于本法附件三之法律,由香港特别行政区在当地公布或立法实施。

全国人民代表大会常务委员会在征询其所属的香港特别行政区基本法委员会和香港特别行政区政府的意见后,可对列于本法附件三的法律作出增减,任何列入附件三的法律,限于有关国防、外交和其他按本法规定不属于香港特别行政区自治范围的法律。

全国人民代表大会常务委员会决定宣布战争状态或因香港特别行政区内发生香港特别行政区政府不能控制的危及国家统一或安全的动乱而决定香港特别行政区进入紧急状态,中央人民政府可发布命令将有关全国性法律在香港特别行政区实施。

《中华人民共和国澳门特别行政区基本法》

第18条　在澳门特别行政区实行的法律为本法以及本法第八条规定的澳门原有法律和澳门特别行政区立法机关制定的法律。

全国性法律除列于本法附件三者外,不在澳门特别行政区实施。凡列于本法附件三的法律,由澳门特别行政区在当地公布或立法实施。

全国人民代表大会常务委员会在征询其所属的澳门特别行政区基本法委员会和澳门特别行政区政府的意见后,可对列于本法附件三的法律作出增减。列入附件三的法律应限于有关国防、外交和其他依照本法规定不属于澳门特别行政区自治范围的法律。

在全国人民代表大会常务委员会决定宣布战争状态或因澳门特别行政区内发生澳门特别行政区政府不能控制的危及国家统一或安全的

动乱而决定澳门特别行政区进入紧急状态时,中央人民政府可发布命令将有关全国性法律在澳门特别行政区实施。

条文释义

鉴于单边制裁可能对国家的持续竞争力和恢复力产生深远影响,严重破坏其进出口贸易结构,阻碍新投资的流入,并限制其参与国际科技发展的能力,[①]《反外国制裁法》第 9 条所规定的"确定、暂停、变更或取消"等灵活条款,赋予了政府在应对复杂国际局势时广泛的操作空间,使我国能够根据具体情况,综合运用多种法律手段进行适时调整。

另外,该法第 9 条的核心在于确立反制清单制度以及其措施的管理和发布规程。据此,在需要对反制清单或反制措施进行调整的情形下,无论是确定、暂停、变更还是取消,所有决策均由外交部或国务院其他有关部门通过发布正式命令的形式予以公告。同时,该条还隐含着,外国受制裁方提出的移出制裁清单的申请是否获准,完全取决于中国政府的自主裁量权。此条反映了中国在国际法律斗争中的策略深度,也展现了中国法治在国际关系中的成熟与自信。

同样地,《反外国制裁法》第 3 条、第 4 条、第 5 条、第 7 条、第 8 条也与"反制清单"制度相关:该法第 3 条确立了中国采取反制措施的法律基础,即针对违反国际法和国际关系基本原则,对我国公民、组织实施歧视性限制措施并干涉内政的外国国家。第 4 条和第 5 条进一步明确了可被列入反制清单的个人和组织的范畴,为国务院有关部门提供了明确指

---

① See Tianjie Gu & Jun Zhao, *Beyond Sanctions and Anti-Sanctions*: *Examining the Impact on Sustainable Competition and China's Responses*, International Journal of Legal Discourse, Vol. 8: 1, p. 107 (2023).

导。第6条授权国务院有关部门根据实际情况,对列入反制清单的个人和组织实施包括限制入境、冻结财产、禁止交易等在内的一种或多种反制措施。第7条强化了反制措施的权威性,规定国务院有关部门作出的决定为最终决定,确保了措施的不可更改性。第8条为反制措施提供了灵活性,允许在情况发生变化时对措施进行相应调整。

综上所述,《反外国制裁法》中的第9条与其他条款紧密相连,共同构成了一个严谨、精确、逻辑性强的法律体系。该法第9条所设立的反制清单制度框架,旨在规范反外国制裁的法律程序,明确反制措施的法律依据和执行机制,同时为全球范围内抵抗霸权主义和强权政治的国家提供了法治反制的范例。

法律适用

自2020年7月起,中国外交部陆续实施了多项针对性的反制措施,以回应一些外国实体和人士在"涉港"、"涉台"以及"涉疆"等中国核心利益问题上的不当行为。2020年9月19日,中国商务部依据《中华人民共和国对外贸易法》和《国家安全法》,发布了《不可靠实体清单规定》,标志着中国在国际贸易和投资领域面对日益增长的保护主义压力时,采取的反制和反歧视行动。2021年7月16日,美国国务院、美国财政部、美国商务部、美国国土安全部发布所谓"香港商业警告"(Hong Kong Business Advisory),美国OFAC将7名中央人民政府驻香港特别行政区联络办公室副主任列入SDN名单,实施金融制裁。美方炮制所谓"香港商业警告"是无端抹黑香港营商环境,非法制裁多名中国中央人民政府驻港机构官员,更是严重违反国际法和国际关系基本准则,严重干涉中国内政的行径。作为回应,我国外交部发言人在2021年7月23日宣布，根据《反外国制裁法》，中方决定对包括美国商务部前部长罗斯在内的7个美方人员和实体实施对等反制，[①]明确传达了我国根据《反外国制裁法》采取对等反制措施的坚定决心。这一立场直接回应了美国的相关举措，标志着《反外国制裁法》首次被付诸实施。同时，《反外国制裁法》第9条的制定，正式确立了系统化的“反制清单”制度。中国逐步在应对外国不当制裁的斗争中，迈入了更为规范化和制度化的轨道。

目前，我国针对外国制裁的法律体系主要由《不可靠实体清单规定》《阻断外国法律与措施不当域外适用办法》《反外国制裁法》构成，它们是涉外法治体系的关键部分。其中，“反制清单”作为一种关键执行工具，旨在对参与制定、决定、实施歧视性限制措施的外国个人和组织进行有效的反制。《反外国制裁法》中的“反制清单”与《不可靠实体清单规定》均属于清单式规范，它们在功能、工作机制和实施方面具有相似性。

其一，功能。《不可靠实体清单规定》与《反外国制裁法》中的“反制清单”在中国的对外经济法律体系中都扮演着维护国家核心利益的关键角色。依据《不可靠实体清单规定》和《反外国制裁法》，中国政府构建了清晰的法律框架和程序，用于调查和评估外国实体的行为，并在适当的情况下将其纳入清单或实施相应的反制措施。例如，《不可靠实体清单规定》第10条详细阐述了具体的处理措施，而《反外国制裁法》第6条也具体列出了反制措施的种类。这些内容均赋予了中国对外国实体实施限制或禁止交易、投资、入境等措施的能力，彰显了中国在面对外部压力时维护自身合法权益方面的决心和立场。

---

① 参见《中方决定对美有关人员和实体实施制裁》，载中华人民共和国中央人民政府网，https://www.gov.cn/xinwen/2021-07/24/content_5627039.htm。

其二,工作机制。《不可靠实体清单规定》和《反外国制裁法》中的“反制清单”在实施过程中均由中央国家机关有关部门组成,负责具体实施和协调工作。例如,根据《不可靠实体清单规定》第 4 条的规定,不可靠实体清单将由国家建立的中央国家机关有关部门参加的工作机制负责组织实施,工作机制办公室设在国务院商务主管部门。与此同时,《反外国制裁法》第 9 条规定了反制措施的法律实施程序,指出反制清单和反制措施的确定、暂停、变更或取消,由外交部或国务院其他有关部门通过发布命令的形式予以公布。此外,为了加强不同部门间的协调和信息共享,《反外国制裁法》第 10 条设立了反外国制裁工作的协调机制,以统筹相关工作,确保反制措施的有效实施。《不可靠实体清单规定》虽然未明确提及类似的协调机制,但其执行过程中也必然涉及多部门的协作与配合。总之,二者都强调了中央国家机关在应对外部挑战中的主导作用,通过跨部门合作与协调,确保政策执行的统一性和有效性。这种高度集中的决策与执行机制,能够提升反外国制裁工作的效率,进而快速适应国际形势变化和响应外部威胁。

其三,实施。《不可靠实体清单规定》和《反外国制裁法》中的“反制清单”在设计上都考虑了动态管理和改正机会,即允许被列入清单的外国实体在满足一定条件后申请移出清单。通过综合考虑多方面因素,如对中国国家利益的危害程度、对国内企业合法权益的损害程度、是否符合国际通行经贸规则等,中国政府能够审慎地作出决策。此外,这些规定还为被列入清单的外国实体提供了改正期限和申请移出清单的机会,如《不可靠实体清单规定》第 13 条规定和《反外国制裁法》第 8 条规定,这都体现了我国法律制度的开放包容、灵活与人性化关怀。

综上所述,《不可靠实体清单规定》与《反外国制裁法》中的“反制清单”相互配合、相互补充,实现了协同效应,使整体效果大于各自单独作用之和。

但是,《不可靠实体清单规定》和《反外国制裁法》中的“反制清单”在法律位阶、定位、适用范围等方面存在明显区分:

首先,二者法律位阶不同。在中国法律体系中,法律位阶决定了不同法律规范之间的效力关系。宪法具有最高的法律效力;法律由全国人民代表大会及其常务委员会制定和修改,效力仅次于宪法;行政法规由国务院制定,用以规范国家行政管理活动中的某些问题,其效力低于法律但高于地方性法规、部门规章和政府规章。由此,《不可靠实体清单规定》是商务部颁布的部门规章,通常用于规范特定领域的具体事务,其位阶较低,效力受到特定部门职能的限制。相比之下,《反外国制裁法》是由全国人民代表大会常务委员会审议通过的,属于法律范畴,其法律效力仅次于宪法,处于较高层级。因此在法律位阶上,《反外国制裁法》是《不可靠实体清单规定》的上位法,具有更高的法律效力和更强的法律约束力。

其次,二者定位不同。《不可靠实体清单规定》目的在于规范国际贸易与经济活动中的外国实体行为,特别是损害中国国家主权、安全和发展利益,或违背市场交易原则的实体。由此,该规定着重于维护国际贸易的公正与自由,并且特别突出了对中国企业合法权益的保护,反映了其在贸易及出口管制领域的明确针对性。值得注意的是,尽管学术界普遍认为《不可靠实体清单规定》是中国反制体系的一部分,[①]但在《不可靠实体清单规定》命名和表述上并未直接使用“反制”这一术语。这是因为“反制”并非国际法的规范术语,且从国际社会的实践来看,以“反制”名义采取的措施与单边制裁在本质上并无明显区别。此外,《不可靠实体清单规定》第 2 条虽然与反制清单的列入前提具有相似性,但

---

① 参见马光:《论反制裁措施的国际合法性及我国反制裁立法的完善》,载《法治研究》2022 年第 1 期。

是采取了宽泛表述使该规定在形式上避免了与单边制裁规则的直接冲突,同时保持了对外国实体行为的灵活应对能力。

反观《反外国制裁法》,其显著特征在于一个“反”字。《反外国制裁法》主要针对外国国家违背国际法和国际关系基本准则,对中国施加遏制和打压,对中国公民和组织实施歧视性限制措施,以及干涉中国内政的行为。该法律规定的反制措施,包括财产的查封、扣押、冻结等,是在外国单边制裁存在或对中国造成损害的基础上实施的,其目的并非仅仅追求经济上的损失,而是以更为明确和直接的政治立场向世界宣告中国不会被动接受无理打压。

最后,二者适用范围不同。《不可靠实体清单规定》仅针对外国实体在国际经贸及相关活动中的特定行为,可能涉及对中国的国家主权、安全和发展利益构成威胁,或可能涉及违反正常的市场交易原则。在《不可靠实体清单规定》的框架下,中国政府能够精准识别并应对那些直接威胁到我国核心利益的外国实体行为,既能够有效遏制潜在威胁,又能避免误伤无辜,维护了国际经贸合作的稳定与秩序。与此规定相对照,《反外国制裁法》中的“反制清单”则具有更为广泛的适用性:第一,将外国个人或组织纳入反制清单,并据此执行相应的反制措施,体现了对外国母国行为的具体反制。第二,外国组织或个人实施的所谓“违法行为”,实质上是其作为本国政府的代理人,直接或间接参与对中国实施的歧视性限制措施。根据《国家责任条款草案》第 8 条的规定,此类个人行为可以被视为“事实上代表国家行事”,从而构成“国际不法行为”,并要求相关国家承担相应的国家责任。第三,纳入反制清单不局限于那些直接参与制裁活动的外国个人和组织,还可能涵盖在制裁决策和执行过程中提供支持的各方。总之,《反外国制裁法》中的“反制清单”则更像是一把利剑,悬挂在那些肆意干涉中国内政、实施单边制裁的国家头上。它不仅是对外国个人或组织的直接回应,更是对背后操纵者的有力震慑。

尽管如此，当前《反外国制裁法》的实施仍面临一定挑战。

其一，《反外国制裁法》等高级别的反制法律规范已经奠定了反制法律体系的基础架构，但其条款主要以原则性和概括性为主。这要求经济和贸易领域的参与者必须持续关注我国针对不同实体的制裁措施，以及我国公布的反制对象清单。参与者需要对可能被视为歧视性限制的措施进行初步评估，并对交易对象进行深入审查和筛选，适时调整自身的合规管理体系，避免违反相关法规。然而，鉴于制裁措施的复杂性，参与者在交易前自行甄别并识别可能被纳入反制清单主体，以及预先制定行之有效的风险规避策略上存在难度。无论是实体性规范还是程序性规范，当前的法律体系亟须进一步明确化和完善，以增强法律的可操作性和预测性，从而更好地服务于我国经济和贸易的健康发展。

其二，尽管外交部及国务院相关部门被授权以发布命令的方式设立反制清单与措施，但在实际操作中，相关部门可能会采取利用新闻发布会发言人回答记者提问的方式来公布反制对象及措施，有必要予以优化。无论是反制清单还是不可靠实体清单，其作为反制措施需要考量列入清单的执行部门、具体程序流程、公开内容、标准、管制措施与范围、权利救济以及是否符合国际法等因素，以实现反制效能。①

其三，《反外国制裁法》第 8 条和第 9 条的规定，赋予了国务院相关部门权力，使其能够在反制措施所依据的情况发生改变时，对反制清单及其措施进行动态调整。然而，“国务院有关部门”在指代那些负责决定哪些外国实体或个人应被纳入反制清单，以及决定实施哪些反制措施的机构时，存在一定的不明确性。在实践中，主管部门的不明确以及相应制裁机制的缺失，可能会导致不利的国际法后果。

---

① 参见沈伟：《中美贸易摩擦中的法律战——从不可靠实体清单制度到阻断办法》，载《比较法研究》2021 年第 1 期。

其四,将反制裁法律纳入特别行政区以应对外国的非法行为尤其重要。以我国香港特区为例,作为国际金融和贸易的中心,它与中国出口商及其在叙利亚、伊朗、委内瑞拉、俄罗斯及其他地区的买家通过离岸银行账户进行复杂的跨境交易。这些账户通常与中国内地的离岸银行账户有所联系。与此同时,香港特区的全球性银行机构必须遵守美国和欧盟实施的强制性单边及域外制裁措施。但是,这些措施往往导致法律冲突,继而中断或阻碍在岸与离岸账户间的某些支付活动。① 2021 年 8 月,香港特区行政长官林郑月娥表示,支持通过本地立法程序实施《反外国制裁法》,并期望能够进一步澄清和明确该法在香港实施的法律框架及程序。② 这表明香港特区适用《反外国制裁法》中的阻断规则不仅具有可行性,也是对现有法律体系的一种补充和完善。考虑到香港曾有制定阻断法制度以应对外部单边制裁的先例,根据《中华人民共和国香港特别行政区基本法》第 18 条的规定,可以将阻断法纳入附件三,实现法律的适用。此外,也可以通过特别行政区的本地立法程序来实施这些措施,以确保法律的适应性和有效性。

总之,在"一国两制"方针政策下,如何将港澳特区的阻断实践与国家现行的阻断法律制度有效衔接,是一个需要深入研究的问题。这不仅需要综合考虑法律的本地化实施、历史法律基础以及与国家整体法律体系的协调,也要确保法律的严肃性和权威性,更要兼顾特别行政区的特殊性和实际需要。

---

① See Jin Sun, *International Bank Settlement in China and Unilateral Sanctions-Related Disputes: Sources, Remedies, and Procedures*, in Charlotte Beaucillon ed., Research Handbook on Unilateral and Extraterritorial Sanctions, Edward Elgar Publishing, 2021, p. 338.

② 参见《林郑月娥:支持将〈反外国制裁法〉列入〈香港基本法〉附件三》,载中央人民政府驻香港特别行政区联络办公室网,http://www.locpg.gov.cn/jsdt/2021-08/11/c_1211327244.htm。

第十条

条文内容

第 10 条　国家设立反外国制裁工作协调机制，负责统筹协调相关工作。

国务院有关部门应当加强协同配合和信息共享，按照各自职责和任务分工确定和实施有关反制措施。

关联立法

《阻断外国法律与措施不当域外适用办法》

第 4 条　国家建立由中央国家机关有关部门参加的工作机制(以下简称工作机制)，负责外国法律与措施不当域外适用的应对工作。工作机制由国务院商务主管部门牵头，具体事宜由国务院商务主管部门、发展改革部门会同其他有关部门负责。

第 5 条　中国公民、法人或者其他组织遇到外国法律与措施禁止或者限制其与第三国(地区)及其公民、法人或者其他组织正常的经贸及相关活动情形的，应当在 30 日内向国务院商务主管部门如实报告有关情况。报告人要求保密的,国务院商务主管部门及其工作人员应当为其保密。

第7条　工作机制经评估,确认有关外国法律与措施存在不当域外适用情形的,可以决定由国务院商务主管部门发布不得承认、不得执行、不得遵守有关外国法律与措施的禁令(以下简称禁令)。

工作机制可以根据实际情况,决定中止或者撤销禁令。

第13条　中国公民、法人或者其他组织未按照规定如实报告有关情况或者不遵守禁令的,国务院商务主管部门可以给予警告,责令限期改正,并可以根据情节轻重处以罚款。

《不可靠实体清单规定》

第4条　国家建立中央国家机关有关部门参加的工作机制(以下简称工作机制),负责不可靠实体清单制度的组织实施。工作机制办公室设在国务院商务主管部门。

条文释义

《反外国制裁法》第10条规定的国家反外国制裁工作协调机制,核心在于实现跨部门与跨机构间的协同与整合,确保在执行反制措施时能够统一步调,避免政策执行的分散性和潜在冲突。

国务院相关部门将加强合作与信息共享,确保行动上的相互支持与无缝对接,消除信息不对称,构建起统一反制阵线。各部门需根据职责,明确其在反制工作中的具体角色,依据自身专业领域精确制定并执行反制措施。这将集聚多方力量,形成强大的反制合力,建立中国应对外部制裁的完备法律机制。

此外,《反外国制裁法》第 10 条与该法的其他条款共同构成了一个相互补充的法律架构,特别是第 11 条和第 12 条——第 11 条明确规定了国家相关部门在应对外国制裁时的职责与权限,确保了反制措施的迅速与有效执行;而第 12 条则进一步细化了对受外国制裁影响的个人和实体的保护措施,确保他们在法律体系内得到必要的支持与援助。这些条款的综合应用,强化了中国境内组织和个人遵守反制措施的法律责任,并禁止了协助外国实施歧视性限制措施的行为,从而增强了法律的执行力度。

综上所述,该法第 10 条通过设立系统化、协调化的管理平台,展现了中国在制定与执行反外国制裁法律时的严谨态度与科学方法。该条款通过构建国家层面的协调机制,促进了部门间协同与信息共享,而且还明确了职责分工,形成了一套全面、系统的反制措施执行框架。

法律适用

在执法层面,《反外国制裁法》第 10 条强调了建立国家层面的反外国制裁工作协调机制的必要性,这一机制也是确保反制措施有效执行的关键。另外,如上文提及的《反外国制裁法》第 6 条所列举的三项具体反制措施,包括“不予签发签证、不准入境、注销签证或者驱逐出境”,“查封、扣押、冻结在我国境内的动产、不动产和其他各类财产”,以及“禁止或者限制我国境内的组织、个人与其进行有关交易、合作等活动”,这些措施涉及范围广,且与《行政强制法》《出境入境管理法》等法律存在衔接需求,需要以跨部门合作实现合法、合程序的执行目标。然而,《反外国制裁法》第 10 条规定对于反外国制裁工作协调机制的牵头单位及具体运作方式并未作出明确阐述。确立清晰的反外国制裁工作协调机制的组织架构、运作规范和决策流程,以保障不同部门之间的协调统一和信息共享是应有之义。

首先,应由国家设立具有“中枢”地位的牵头单位,并负责全面统筹和协调相关工作。

从实际执行层面看,反制措施的实施跨越海关、行政管理、经济贸易等多个专业领域,各领域间具有高度的专业性和不可替代性,难以相互转移执法权限。因此,设立专门的反制裁机构,对于确保反制措施的有效实施、提升应对外部制裁的能力而言,既具有必要性,也显得尤为迫切。在此领域,我国反洗钱领域的“反洗钱工作部际联席会议”机制已经积累了丰富的实践经验。① 该机制由中国人民银行、最高人民法院、最高人民检察院等共计23个部门联合组建,并经由国务院批准,明确中国人民银行为反洗钱工作部际联席会议的牵头单位。此联席会议下设有办公室,具体负责该会议的日常运作与管理。该办公室直接设于中国人民银行反洗钱局内,并由反洗钱局长兼任办公室主任一职,同时,各成员单位均指派一名联络员作为办公室成员。“反洗钱工作部际联席会议”肩负着统筹全国反洗钱工作的重任,负责制定并执行国家层面的反洗钱重大战略与政策,同时促进各部门间的协同合作,并广泛动员社会力量,共同参与反洗钱斗争。② 这一既有的跨部门协作机制,为构建及运行反外国制裁工作协调机制提供了极具价值的经验与借鉴。

外交部是中国政府的外交机关,其主要职责包括“贯彻执行国家外交方针政策和有关法律法规,代表国家维护国家主权、安全和利益,代表

---

① 参见李卓伦:《企业人权尽责实施的模式、取向及启示》,载《社会科学论坛》2022年第3期。

② 参见《反洗钱工作部际联席会议制度》,载中国人民银行反洗钱局网2005年1月8日,http://www.pbc.gov.cn/fanxiqianju/135153/135173/2832890/index.html;《落实人民银行“三反意见”,强化受益所有人识别》,载南洋商业银行网2017年9月13日,www.ncbchina.cn/website/html/news-in_185.html。

国家和政府办理外交事务，承办党和国家领导人与外国领导人的外交往来事务。调查研究国际形势和国际关系中全局性、战略性问题，研究分析政治、经济、文化、安全等领域外交工作的重大问题，为党中央、国务院制定外交战略和方针政策提出建议。”①由此，在反制措施的具体实施过程中，外交部承担了核心领导的角色。根据《反外国制裁法》第 8 条的规定，外交部或国务院其他有关部门负责发布反制清单和反制措施的确定、暂停、变更或者取消。2024 年 10 月 10 日，外交部宣布依据《反外国制裁法》对美国边缘自治运营公司、亨廷顿·英格尔斯工业公司等企业采取反制措施，包括冻结在我国境内的动产、不动产和其他各类财产；禁止我国境内的组织、个人与其进行有关交易、合作等活动。② 这展现了外交部在应对制裁时所展现的关键权力与执行力度。

综上所述，在《反外国制裁法》的总体框架下，为了确保反制裁工作的高效与统一，未来应当明确外交部在反外国制裁工作协调机制中的主导地位，使其承担统筹协调相关工作的牵头重任。并且，外交部可以通过制定部门规章等规范性文件，详细规定跨部门协调工作的具体步骤与流程，进而构建起跨部门间的联席沟通机制与协调体系。

其次，中国有必要建立一个专门的反制裁机构，确保各部门之间能够有效协同，避免职责重叠或遗漏。

当前，外交部、商务部、国家发展和改革委员会、公安部以及中国人民银行等多部门协同合作，尤其是前三个部门，外交部主要负责对外宣布反制措施；商务部负责拟定贸易政策、制定进出口商品管理政策、指导外商投资等工作；而国家发展和改革委员会，与商务部合作，负责制定外

---

① 参见外交部“中华人民共和国外交部主要职责”，https://www.mfa.gov.cn/web/wjb_673085/zyzz_673087/。

② 参见《关于对美国军工企业及高级管理人员采取反制措施的决定》，载外交部网，https://www.fmprc.gov.cn/wjbxw_new/202410/t20241010_11504846.shtml。

商投资准入负面清单等，同时负责对外经贸政策的分析工作，是参与建议、决策、评估、监测反制清单及措施的关键部门。① 基于此，在实施反制措施时，我国可组建专门的“反外国制裁部际联席委员会”。该委员会以外交部为核心，负责统筹和协调反外国制裁工作，并全面审视及宏观调控各行政机关内部的反制裁职能配置，以制度化手段确保反制措施的系统性和连贯性。除基本的信息处理与命令下达职责外，该委员会还需清晰界定各部门的具体职责范围与权力界限，严格遵守其职责范围和任务分工，以规避职责重叠与缺失的风险。

值得注意的是，我国需正视并解决现行制裁法律工具的虚化风险。在当前中国面临的外部环境日趋严峻复杂、风险挑战积累叠加的背景下，我国应对外国单边制裁的能力正逐渐受到广泛关注。此种能力既展现在反制措施的规模和强度上，也体现在制裁法律体系的实用性和有效性中。然而，现行反制裁法律工具存在的虚化风险不容忽视，具体表现之一在于：我国目前仅依据《反外国制裁法》第 9 条对阻断规则作出了明确规定，而作为部门规章，《阻断外国法律与措施不当域外适用办法》与《不可靠实体清单规定》的法律地位相对较低。这导致了相关法律在实际运用中遭遇包括法律的不确定性和执行力度待加强在内的诸多挑战。

为了增强经济制裁法律的可操作性，我国需在更高级别的立法层面上完善和修订阻断法律规范，并进一步细化阻断规则，包括阻断措施的具体适用范围、启动条件、实施和执行程序以及监督机制等，全面强化阻断域外单边制裁的核心规则，确保阻断规则的权威性和执行力。在这过程中，国务院相关部门必须相互协作、共享信息、联动协调，依据各自的职责和任务分工来确定并执行相应的反制措施，以充分施展各机构的职

① 参见陈喆、韦绮珊：《〈反外国制裁法〉实施中的执法问题》，载《国际商务研究》2023 年第 3 期。

能和作用,避免决策的碎片化现象。①

第十一条

条文内容

第11条　我国境内的组织和个人应当执行国务院有关部门采取的反制措施。

对违反前款规定的组织和个人,国务院有关部门依法予以处理,限制或者禁止其从事相关活动。

关联立法

《阻断外国法律与措施不当域外适用办法》

第13条　中国公民、法人或者其他组织未按照规定如实报告有关情况或者不遵守禁令的,国务院商务主管部门可以给予警告,责令限期改正,并可以根据情节轻重处以罚款。

① 参见陈喆、韦绮珊:《〈反外国制裁法〉实施中的执法问题》,载《国际商务研究》2023年第3期。

条文释义

《反外国制裁法》第11条不仅明确了在中国领土范围内的所有主体，无论国籍，均需遵循的反制措施框架，更是向世界宣告了中国坚持独立自主的外交政策，以及不容侵犯的国家尊严和利益的深入贯彻。这一法律条款标志着中国法治建设在应对外部挑战、保障国内秩序方面迈出了坚实的一步。

《反外国制裁法》第11条所涉及的“我国境内的组织和个人”，其定义范围广泛，涵盖了中国公民、法人及其他组织，亦包括在中国领土内的外国自然人和企业，意在确保所有在中国领土内的实体，不论其国籍及法律地位，均须遵守中国法律及国务院相关部门依据该法所采取的反制措施。此规定的法理源于国际公法中的“属地管辖”原则，其侧重于法律事实或法律行为的地域性质或属地性质，强调一国法院对其领域内的一切人和物以及法律事件和行为都具有管辖权。这种管辖权的基础通常就是被告在法院国境内设有住所或经常居所，或者是物之所在地或法律事件和行为发生地位于该国领域内。①

依据《反外国制裁法》第6条的规定，国务院有权采取的反制措施有限制入境、冻结资产、限制交易等多种必要手段，这些均为当前国际社会普遍采纳的经济制裁措施。而该法第11条中的“违反前款规定”具体表现形式结合《反外国制裁法》其他条款之规定，可能包括但不限于以下情形：(1)未遵循国内反制措施，即境内组织及个人未执行国务院相关部门根据《反外国制裁法》所采取的反制行动，例如持续与列入反制清

① 参见霍政欣：《国际私法学》(第3版)，中国政法大学出版社2024年版，第293页。

单的外国实体或个人进行交易或合作;(2)执行外国歧视性限制措施,即任何组织及个人在中国境内实施或协助实施外国对中国公民、组织采取的歧视性限制措施;(3)不配合反制措施的执行;(4)不配合或拒绝参与国家相关部门为执行反制措施所要求的行动或报告义务。对于违反规定的组织或个人,法律将根据相关规定追究其责任,并可能对其实施限制或禁止参与特定活动的处罚。例如,若某外国企业协助其母国对中国实施不公正制裁行径,我国有权禁止该外国企业参与政府采购项目,并取消或暂停其享受我国国家如税收优惠、补贴支持以及市场准入许可等在内的优惠政策。这凸显了中国法律的普遍约束力,并为违反法律的行为设定了明确的法律责任,确保了反制措施得以有效执行。

此外,《反外国制裁法》第11条及其后续条款构成了递进式的立法逻辑。第11条着重强调了中国境内的组织和个人必须遵守的法律义务,要求他们遵循并执行国务院有关部门实施的反制措施,从而提升了法律的执行力度。紧接着,第12条进一步阐明了任何组织和个人协助执行歧视性限制措施的行为将承担的法律后果,这凸显了在中外法律冲突的情形下,优先遵循中国法律的重要性。第14条则针对那些不执行或不配合实施反制措施的组织和个人,规定了相应的法律责任,为法律的执行提供了坚实的保障。

综上所述,如果外国政府对中国公民或组织实施了制裁,中国国务院有关部门可能会采取相应的反制措施,而在执行这些反制措施过程中,中国境内的组织和个人必须严格遵守相关规定。这是因为这些反制措施是中国依法行使属地管辖权的体现,是中国对于维护国家主权、安全和发展利益所采取的必要且正当的法律手段,也是国际社会中负责任国家的应有之举。

法律适用

《反外国制裁法》第 11 条明确规定,中国境内的所有组织和个人均须严格遵循国务院有关部门所实施的反制措施。此处的“境内个人和组织”遵循属地管辖原则,意味着所有位于中国境内的个人和组织,无论其国籍或属性,都应当无条件遵守我国法律以及国务院相关部门根据法律授权所采取的反制措施。申言之,即便是在中国境内注册并运营的外资企业,亦需执行这些反制措施。需要注意的是,那些在海外设立的中国子公司可能不受此直接约束。

所谓“长臂管辖”,是指依托国内法规的触角延伸到境外,管辖境外实体的做法。[①] 尽管在某些特定情况下,国际社会已经承认或正在讨论超越严格适用属地原则的合法管辖权原则,但在以下情形中,美国的管辖权主张却缺乏充分的依据:当事件既未发生在美国境内,也未在美国境内产生任何“实质性”影响,且不符合“主观属地原则”的要求,同时不涉及美国公民,也没有证据表明存在重大国际犯罪,普遍性原则亦无法为此提供正当理由。因此,美国的行为被视为“长臂管辖”。[②] 而中国构建的法域外适用体系与作为美式法律霸凌行径的“长臂管辖”存在本质区别。

研究表明,面对母国对贸易伙伴施加的经济制裁,投资者往往利用

---

① 参见《关于中美经贸摩擦的事实与中方立场》,载中华人民共和国中央人民政府网,https://www.gov.cn/zhengce/2018-09/24/content_5324957.htm。

② See Patrick CR Terry, *Letter to the Journal: Unilateral Economic Sanctions and Their Extraterritorial Impact: One Foreign Policy For All?*, Chinese Journal of International Law, Vol. 18: 2, p. 428 (2019).

第三国子公司进行间接贸易,以规避直接的贸易限制。例如,企业可以选择在第三国市场购买来自受制裁国家的商品,或者将原计划直接出口至受制裁国家的商品先转移到第三国,再由第三国转口至受制裁国家。这种策略有助于降低企业与受制裁国家直接交易时面临的风险和不确定性。① 《反外国制裁法》的适用范围明确限定于我国境内的组织和个人,未将外国实体或个人以及与外国推动方的交易或合作行为纳入禁止或限制之列,且其法律效力不延伸至境外。这一做法充分尊重了我国境外实体所遵循的外国法律和交易惯例,为我国境外企业的未来运营提供了必要的便利条件。同时,我国主张和行使域外管辖权,应以与规制的域外行为或事项存在合理、密切的联系为前提,以得到国际法认可的管辖原则为确立域外管辖权的法律依据,并以不违反国际法的禁止性规定为底线。② 这也充分展示了我国在制定该法时,已经深入考虑了域外管辖的复杂法理问题及其执行难度,体现了一种自我约束与审慎立法的态度。

在国家层面,反制裁取得成效的一个关键因素在于,实施反制裁的一方必须展现出坚定不移的决心,并且对目标国家可能最终让步持有信心。③ 在国家立法的架构下,将《反外国制裁法》第 11 条与《阻断外国法律与措施不当域外适用办法》第 13 条结合来看,国务院商务主管部门被赋予了对违反禁令的实体发出警告的权力,并可责令其在指定的期限内

---

① See Colin M. Barry & Katja B. Kleinberg, *Profiting from Sanctions: Economic Coercion and US Foreign Direct Investment in Third-Party States*, Cambridge University Press, 2015, p. 885 – 886.

② 参见霍政欣:《域外管辖、"长臂管辖"与我国法域外适用:概念厘定与体系构建》,载《新疆师范大学学报(哲学社会科学版)》2023 年第 2 期。

③ See Dean Lacy & Emerson MS Niou, *A Theory of Economic Sanctions and Issue Linkage: The Roles of Preferences, Information, and Threats*, The Journal of Politics, Vol. 66: 1, p. 36 (2004).

进行整改。并且,根据违规行为的严重程度,主管部门有权施加相应的经济处罚。

现行国际上的处罚标准普遍被认为过于宽缓,未能提供足够的威慑效果。以制裁未能达到预期效果的案例为鉴。欧盟于1996年颁布的欧盟《阻断条例》旨在防止美国的次级制裁。然而,该条例的实施却较为罕见。1997年,法国跨国能源巨头道达尔公司与伊朗国家石油公司签订了一项价值20亿美元的天然气合同。此举立即引发了美国的反对——美国认为该合同违反了对伊朗的制裁法规,并威胁要对道达尔公司展开调查,然而,欧盟则支持了道达尔公司。[①] 最终,双方以政治手段解决了这一争议。批评者指出,欧盟《阻断条例》主要承载着象征性意义,而非实质性的法律效力,其核心目的在于彰显政治立场,法律上的影响力相对较小。[②] 此外,一旦欧盟实体选择遵循欧盟《阻断条例》以违背美国的制裁法规,将可能遭受更为惨重的经济损失,甚至被彻底排斥在美国市场之外。与之相比,欧盟企业违反欧盟《阻断条例》所可能承担的代价,似乎显得微不足道。[③] 这进一步证明了,轻微的反制裁惩罚措施难以发挥预期的约束作用,也不足以保证法人或自然人遵循本国阻断法,尤其对于大型跨国公司而言,遵守美国制裁法规所能规避的风险,通常远超过本国法律可能施加的惩罚。

因此,为了提升国内企业和个人对反制裁指令的遵从意识,并对外国法人和自然人施加集体压力,促使他们改变行为,我国有必要建立更

① See Request for Consultations by the European Communities (WT/DS38/1).

② See Tom Ruys & Cedric Ryngaert, *Secondary Sanctions: A Weapon Out of Control? The International Legality of, and European Responses to, US Secondary Sanctions*, British Yearbook of International Law, p. 81 – 82 (2020).

③ See Alexandr Svetlicinii, *China's Defense against Secondary Sanctions: Lessons from the EU Blocking Statute*, Journal of International Trade Law and Policy, Vol. 21: 3, 2022, p. 226.

为严格和多样化的惩罚体系。例如，对违反反制措施的个人或实体实施没收非法收益、没收非法资产、限制或禁止其商业活动、命令其停止生产与营业、关闭企业以及限制从业资格等行政处罚。这样的措施不仅可以有效增强反制措施的实施效果，而且有助于更好地保护国家利益，使国内企业和个人不受外国歧视性制裁的不利影响。同时，这将加强国家在国际经济交往中的法治基础，提升企业自我合规的主动性和意识，从而实现国家安全与经济利益的双重保障。

在企业层面，遵守国家法律法规体系是企业的首要职责。根据《反外国制裁法》第 11 条的规定，企业在中国境内的所有商业活动都必须遵循国务院有关部门实施的反制措施。基于此，在中外法律出现冲突的情形下，企业应优先遵守《反外国制裁法》的相关规定。同时，面对潜在的国际法律风险，企业在进行海外投资或贸易时，一是必须密切关注国家的立法动向，及时掌握《反外国制裁法》的详细执行细则及其相关案例；二是进行详尽的风险评估，结合自身的合规风险承受能力，明确合规的界限；三是拟定一套科学且合理的应急计划，这可能包括更新合规文件、调整合同模板，并在面临复杂法律问题时，向中国或外国的主管机构寻求专业意见，确保在风险出现时能够迅速激活协商退出机制，以有效减少法律风险和潜在的经济损失。

总之，相较于通过特定行为或事项作为连接点来设定域外效力的其他法律条款，《反外国制裁法》的制定是在特定的历史背景下进行的，即中国面临极为严峻的外部挑战。因此，该法采取的是对特定行为作一个描述性的界定，未来，我国需要通过制定配套规则明确该法适用的具体事项以确保法律的实施效果。①

---

① 参见廖诗评：《中国法中的域外效力条款及其完善：基本理念与思路》，载《中国法律评论》2022 年第 1 期。

第十二条

条文内容

第 12 条　任何组织和个人均不得执行或者协助执行外国国家对我国公民、组织采取的歧视性限制措施。

组织和个人违反前款规定，侵害我国公民、组织合法权益的，我国公民、组织可以依法向人民法院提起诉讼，要求其停止侵害、赔偿损失。

关联立法

《阻断外国法律与措施不当域外适用办法》

第 7 条　工作机制经评估，确认有关外国法律与措施存在不当域外适用情形的，可以决定由国务院商务主管部门发布不得承认、不得执行、不得遵守有关外国法律与措施的禁令(以下简称禁令)。

工作机制可以根据实际情况，决定中止或者撤销禁令。

第 9 条　当事人遵守禁令范围内的外国法律与措施，侵害中国公民、法人或者其他组织合法权益的，中国公民、法人或者其他组织可以依法向人民法院提起诉讼，要求该当事人赔偿损失；但是，当事人依照本办法第八条规定获得豁免的除外。

根据禁令范围内的外国法律作出的判决、裁定致使中国公民、法人或者其他组织遭受损失的，中国公民、法人或者其他组织可以依法向人民法院提起诉讼，要求在该判决、裁定中获益的当事人赔偿损失。

本条第一款、第二款规定的当事人拒绝履行人民法院生效的判决、裁定的，中国公民、法人或者其他组织可以依法申请人民法院强制执行。

条文释义

《反外国制裁法》第 12 条以两款规定，分别设定了禁止执行或协助执行外国国家对我国公民、组织采取的歧视性限制措施（以下简称外国歧视性限制措施）的义务，以及我国公民、组织在因其他组织和个人执行外国歧视性限制措施导致其合法权益受到侵害情形下的司法救济权利。

1.《反外国制裁法》第 12 条第 1 款

《反外国制裁法》第 12 条第 1 款是一条具有域外适用效力的禁止性义务条款。

首先，《反外国制裁法》第 12 条第 1 款是为相关组织和公民设定禁止性义务的条款，即规定任何组织和个人均不得执行或者协助执行外国国家对我国公民、组织采取的歧视性限制措施。在域外阻断立法中，类似条款常被称为禁止遵守条款。比如，欧盟《阻断条例》第 5 条第 1 款规定："（本法）第 11 条所规定的任何人，均不得直接或通过子公司或其他中间人，主动或有意遵守附件规定的或者由其直接或间接产生的任何要求或禁止性命令，包括基于此或由其产生的行动的任何要求或禁止性命令,包括外国法院的要求。"①

其次,《反外国制裁法》第 12 条第 1 款是一款具有域外适用效力的条款。该条款的规定采取了与欧盟《阻断条例》不同的立法模式。欧盟《阻断条例》第 11 条明确了条例的适用范围,即"本条例应适用于:(1)任何欧盟内的自然人以及成员国国民;(2)任何在欧盟注册成立的法人;(3)欧洲经济共同体理事会第 4055/86 号条例第 1 条第 2 款所指的任何自然人或法人;(4)欧盟境内居住的其他自然人,除非该自然人在其国籍国境内;(5)在欧盟以专业身份行事的任何其他自然人,包括在成员国管辖或控制下的领水、领空、飞机或船舶上的人"②。换言之,欧盟采取国籍和属地原则确定了该条例的适用范围。《反外国制裁法》第 12 条第 1 款则使用了"任何组织和个人"的表述,未就"不得执行或者协助执行"外国歧视性限制措施的主体设置任何限制,使该条款具有了国内法域外适用的效力。

对该条款的制度设计,应着眼《反外国制裁法》的立法意旨予以理解。习近平总书记强调,"要坚持统筹推进国内法治和涉外法治,加强涉外领域立法,推动我国法域外适用的法律体系建设"。③ 我国法域外适用的前提,是要对相关法律法规赋予域外适用的效力。《反外国制裁法》的首要立法目的是反制、反击外国对我国采取的非法单边制裁。《反外国制裁法》第 2 条和第 3 条重申了我国基本外交政策和原则立场,

① Council Regulation (EC) No. 2271/96 of 22 November 1996 Protecting Against the Effects of the Extra-territorial Application of Legislation Adopted by a Third Country, and Actions Based Thereon or Resulting Therefrom, Article 5.

② Council Regulation (EC) No. 2271/96 of 22 November 1996 Protecting Against the Effects of the Extra-territorial Application of Legislation Adopted by a Third Country, and Actions Based Thereon or Resulting Therefrom, Article 11.

③ 参见《习近平在中共中央政治局第三十五次集体学习时强调 坚定不移走中国特色社会主义法治道路 更好推进中国特色社会主义法治体系建设》,载求是网,http://www.qstheory.cn/yaowen/2021-12/07/c_1128140421.htm。

规定了我国采取反制措施的情形和反制措施适用的对象。因此,在明确我国反对霸权主义和强权政治,反对任何国家以任何借口、任何方式干涉中国内政,有权针对外国歧视性限制措施采取反制措施的前提下,《反外国制裁法》第12条第1款规定任何组织和个人不得执行或者协助执行外国歧视性限制措施,自是题中应有之义。这样的原则性规定有利于提升《反外国制裁法》的警示和震慑作用,同时可能因主体范围不明确产生适用中的实践问题,对此下文将在该条款法律适用部分详述。

2.《反外国制裁法》第12条第2款

《反外国制裁法》第12条第2款为反制裁追偿诉讼条款。追偿诉讼起源于英国,在晚近欧盟立法中发展成阻断和反制外国制裁的重要法律制度。[①] 随着制裁与反制裁博弈的日益激烈,国家通常在其反制裁或阻断立法中规定,当事人因违反外国制裁受到处罚,或因他人配合实施外国制裁而遭受损失的,可以依据"追偿条款"提起损害赔偿之诉,追偿诉讼条款逐步发展成反外国制裁机制下的重要司法救济途径。[②] 比如,欧盟《阻断条例》第6条即设立了旨在阻断美国次级制裁效力的追偿诉讼制度,允许受禁令清单内外国法律域外适用影响的欧盟相关主体向对其造成损害的自然人、法人以及任何其他实体追偿损失。[③]

反制裁追偿诉讼条款的设立目的不仅在于对因外国歧视性限制措

---

① 参见霍政欣、陈静:《论司法对国际商事仲裁的介入限度——以〈反外国制裁法〉第12条为中心》,载《商业经济与管理》2024年第7期。

② 参见霍政欣、陈锐达:《反外国制裁的司法维度展开》,载《世界社会科学》2023年第2期。

③ See Council Regulation (EC) No 2271/96 of 22 November 1996, Protecting against the Effects of the Extra-territorial Application of Legislation Adopted by a Third Country, and Actions Based Thereon or Resulting Therefrom, Article 6.

施导致合法权益受损的我国公民、组织提供获得民事救济的机会，更主要的是对外国国家对我国采取单边制裁的行为形成震慑，警示相关组织、个人在执行或协助执行外国歧视性限制措施时，需要考虑自身利益和可能面临的诉讼风险，三思而后行。

为充分发挥警示和震慑作用，《反外国制裁法》第12条第2款在立法设计上也采取了较为原则、宽泛的方式。在侵害行为主体界定上，该条款使用了“组织和个人”的表述，即外国组织和个人如果执行或者协助执行了外国歧视性限制措施，无论其是否位于中国领域内、相关行为或损害是否发生在中国领域内，均可能成为追偿诉讼案件中的被告。因而，该条款同样具有域外适用效力。在案件定性上，该款规定因任何组织和个人执行或者协助执行外国歧视性限制措施导致合法权益受到侵害的，我国公民、组织可以向人民法院提起追偿诉讼，要求侵害人停止侵害、赔偿损失。换言之，《反外国制裁法》第12条第2款所规定的反制裁追偿诉讼被定性为侵权之诉，无须以当事人之间存在契约关系为前提条件，这有利于我国当事人依法行使诉权，进而实现对我国国家利益和公民、组织合法权益的充分保护。①

赋予因外国制裁而受到不利影响的本国主体在法院启动损害赔偿之诉的权利，事实上是将国家发起的报复性反制措施的权利向私人主体转移和让渡，循沿和激活了国内公法域外适用的私人执行机制。②在当前一些国家以各种借口通过非法单边经济制裁极限施压我国的外部形势下，《反外国制裁法》第12条赋予私人提起追偿诉讼的权利，有助于调动中国私主体依法积极主张权益、增加抗辩筹码、共同反制

---

① 参见霍政欣、陈静：《论司法对国际商事仲裁的介入限度——以〈反外国制裁法〉第12条为中心》，载《商业经济与管理》2024年第7期。

② 参见沈伟、邵辉：《论阻断诉讼的法律风险及其司法控制》，载《中国应用法学》2022年第2期。

外国制裁,也是对外国法律不当域外适用的警示、威慑和制约,是我国统筹推进国内法治和涉外法治,丰富和充实对外斗争法律"工具箱"的重要举措。

此外,在《反外国制裁法》公布施行之前,《阻断外国法律与措施不当域外适用办法》第 9 条以部门规章形式,首次规定了反制裁追偿诉讼条款。该条款为我国公民和组织创设了一项特别的私法救济权利,即在"当事人遵守禁令范围内的外国法律与措施,侵害中国公民、法人或者其他组织合法权益"和"根据禁令范围内的外国法律作出的判决、裁定致使中国公民、法人或者其他组织遭受损失"两种情形下,赋权中国公民、法人或者其他组织可以依法向人民法院提起诉讼,向有关当事人追偿损失。然而,根据《中华人民共和国立法法》(以下简称《立法法》)第 91 条的规定,①部门规章规定的事项限于执行法律或者国务院的行政法规、决定、命令的事项。因此,不少专家学者呼吁从国家层面出台更高层级的阻断法或反制裁法,提高我国反制裁立法层级,同时推进我国涉外法治体系建设中法律法规、部门规章之间的有效衔接。《反外国制裁法》第 12 条第 2 款在法律层面对反制裁追偿诉讼作出规定,完善了我国反制裁追偿诉讼制度的法律依据,我国反制裁追偿诉讼制度建设逐步形成体系。

---

① 《立法法》第 91 条规定:国务院各部、委员会、中国人民银行、审计署和具有行政管理职能的直属机构以及法律规定的机构,可以根据法律和国务院的行政法规、决定、命令,在本部门的权限范围内,制定规章。部门规章规定的事项应当属于执行法律或者国务院的行政法规、决定、命令的事项。没有法律或者国务院的行政法规、决定、命令的依据,部门规章不得设定减损公民、法人和其他组织权利或者增加其义务的规范,不得增加本部门的权力或者减少本部门的法定职责。

法律适用

《反外国制裁法》第12条的法律适用应当注意以下问题。

第一,禁止遵守的范围。

《反外国制裁法》和《阻断外国法律与措施不当域外适用办法》均为我国涉外法治体系的组成部分,但两部法律文件对禁止遵守义务以及相关配套措施的规定存在一定差别。

一是关于禁止遵守条款的设计。《阻断外国法律与措施不当域外适用办法》未就外国法律与措施不当域外适用的情形,规定专门的禁止遵守义务条款。但是,依据《阻断外国法律与措施不当域外适用办法》第7条,国务院商务主管部门可以发布不得承认、不得执行、不得遵守有关外国法律与措施的禁令。换言之,相关部门依据《阻断外国法律与措施不当域外适用办法》发布禁令即意味着对中国公民、法人或者其他组织施加了不得承认、不得执行、不得遵守禁令内有关外国法律与措施的义务。在这一问题上,《反外国制裁法》和《阻断外国法律与措施不当域外适用办法》的立场是一致的。《反外国制裁法》作为位阶更高的法律,进一步明确规定公民和组织禁止执行或协助执行外国歧视性限制措施的义务,为我国采取相应的反制和追责措施提供了更明确的法律依据。

二是关于禁止遵守条款的义务主体范围。《阻断外国法律与措施不当域外适用办法》第7条规定,国务院商务主管部门可经一定程序发布不得承认、不得执行、不得遵守有关外国法律与措施的禁令。《阻断外国法律与措施不当域外适用办法》第8条第1款规定:“中国公民、法人或者其他组织可以向国务院商务主管部门申请豁免遵守禁令。”①由此可以看出,应当遵守依据《阻断外国法律与措施不当域外适用办法》发布的禁令的义务主体为中国公民、法人或者其他组织。《反外国制裁法》第12条则使用了“任何组织和个人”的表述,即禁止遵守义务的主体范围不仅限于我国组织和个人,也包括境外组织和个人。换言之,外国组织、个人也可能因执行或协助执行外国歧视性限制措施而违反《反外国制裁法》,因此侵害我国公民、组织合法权益的,还可能被提起追偿诉讼。《反外国制裁法》可能适用的范围更广。

三是关于禁止遵守的客体范围。《阻断外国法律与措施不当域外适用办法》作为部门规章,较为细化地设置了禁令清单制度,将禁止遵守的外国法律与措施限定于相关部门发布的禁令内。《反外国制裁法》禁止遵守义务指向“外国国家对我国公民、组织采取的歧视性限制措施”,但该法除在第3条作出“外国国家违反国际法和国际关系基本准则,以各种借口或者依据其本国法律对我国进行遏制、打压”,“干涉我国内政的”等原则性表述外,未就认定和公布相关“歧视性限制措施”的标准和程序以及“执行或协助执行”的具体含义等问题作出明确规定,亦未设置禁令清单制度。这样较为概括性、原则性的规定在阻断立法和反制裁立法中具有合理性,但亦可能使该条款的具体适用出现实践困难。

四是关于禁令豁免制度的设计。《阻断外国法律与措施不当域外适

① 《阻断外国法律与措施不当域外适用办法》第7条规定:工作机制经评估,确认有关外国法律与措施存在不当域外适用情形的,可以决定由国务院商务主管部门发布不得承认、不得执行、不得遵守有关外国法律与措施的禁令(以下简称禁令)。工作机制可以根据实际情况,决定中止或者撤销禁令。第8条规定:中国公民、法人或者其他组织可以向国务院商务主管部门申请豁免遵守禁令申请豁免遵守禁令的,申请人应当向国务院商务主管部门提交书面申请,书面申请应当包括申请豁免的理由以及申请豁免的范围等内容。国务院商务主管部门应当自受理申请之日起30日内作出是否批准的决定;情况紧急时应当及时作出决定。

用办法》第8条第1款规定了禁令豁免制度。《反外国制裁法》则并未设立类似禁令豁免制度，同时该法第12条又以“不得执行或者协助执行外国国家对我国公民、组织采取的歧视性限制措施”的宽泛表述规定了相关义务，可能使该条款的适用范围较广。

此外，虽然阻断法或反制裁法的目的之一是通过反制外国单边制裁保护本国国家和公民、组织合法权益，但在实践中，国际商事交易主体还可能面临遵守制裁法被反制裁国认为违法，遵守反制裁法又被制裁国认为违法的两难困境。这是各国阻断法或反制裁法适用中具有普遍共性的问题。

我国《反外国制裁法》第12条的规定较为原则，禁止遵守义务主体范围扩大。当前，我国涉外法律斗争形势严峻，《反外国制裁法》第12条采用较为宽泛的表述作出更强烈的政治宣示，展现了国家在反外国制裁问题上的坚定立场，保持了对反外国制裁法律斗争的主动权，为我国反制裁预留了更大空间，整体上符合我国反制裁、反干涉、反“长臂管辖”的迫切需求。但是，《反外国制裁法》第12条如何实现有效和合理适用，还有待综合考量国际、国内形势及个案情节，通过后续司法实践和《反外国制裁法》的实施细则予以进一步释明，提供更明确的司法指引，以便法院在个案处理中把握适当的司法尺度。

第二，反制裁追偿诉讼条款的管辖权依据。

作为一项民事诉讼权利，追偿诉讼的具体实施还涉及管辖权、案件定性等问题。在国际民事诉讼中，管辖权的确定是一国法院受理和审理涉外民商事纠纷的前提。① 如前所述，《反外国制裁法》第12条具有域外适用效力。《反外国制裁法》公布施行时，当时有效的《民事诉讼法》

---

① 参见李双元、欧福永主编：《国际私法》（第6版），北京大学出版社2022年版，第367页。

(2022年1月1日起施行)第272条规定:“因合同纠纷或者其他财产权益纠纷,对在中华人民共和国领域内没有住所的被告提起的诉讼,如果合同在中华人民共和国领域内签订或者履行,或者诉讼标的物在中华人民共和国领域内,或者被告在中华人民共和国领域内有可供扣押的财产,或者被告在中华人民共和国领域内设有代表机构,可以由合同签订地、合同履行地、诉讼标的物所在地、可供扣押财产所在地、侵权行为地或者代表机构住所地人民法院管辖”。换言之,如果追偿诉讼中的被告在我国领域内没有住所,可由合同签订地、合同履行地、诉讼标的物所在地、可供扣押财产所在地、侵权行为地或者代表机构住所地人民法院管辖。然而,就涉及外国歧视性限制措施或外国单边经济制裁的案件而言,极有可能不仅被告在我国领域内没有住所,而且案涉争议各环节均发生在我国领域外。在这种情况下,上述六种管辖权依据都无法适用,由此产生了《反外国制裁法》第12条追偿诉讼条款的执行与《民事诉讼法》关于管辖权依据的规定相衔接的迫切需求。

2023年9月1日,全国人大常委会第五次会议通过了《关于修改〈中华人民共和国民事诉讼法〉的决定》(2024年1月1日起施行),对我国涉外民商事管辖权制度进行了修改和完善。最新修订的《民事诉讼法》第276条在原有六种涉外民商事管辖权依据基础上增加了“适当联系原则”,①显著扩大了人民法院对涉外民商事案件的管辖范围,完备了人民法院受理包括追偿诉讼案件等涉及外国制裁案件的法律依据,实现了《反外国制裁法》第12条与《民事诉讼法》在管辖权依据问题上的衔接。我国涉外法律法规体系建设进一步完善。

---

① 《民事诉讼法》第276条第2款规定:除前款规定外,涉外民事纠纷与中华人民共和国存在其他适当联系的,可以由人民法院管辖。

第三,反制裁追偿诉讼的性质。

因经济制裁导致的商事争议通常包括两种类型:一是因经济制裁的实施导致当事人无法履约而产生的违约纠纷;二是因经济制裁的实施导致当事人合法权益受损而产生的侵权纠纷。《民法典》第 186 条规定:"因当事人一方的违约行为,损害对方人身权益、财产权益的,受损害方有权选择请求其承担违约责任或者侵权责任。"因此,在一般的民商事纠纷中,当违约责任与侵权责任竞合时,受损害方可以选择提起违约之诉或者侵权之诉。

根据《反外国制裁法》第 12 条的规定,我国法律将违反该条第 1 款规定的行为明确定性为侵权行为,由此产生的反制裁追偿诉讼案件则应定性为侵权案件。这样的立法设计与追偿诉讼的特殊性和反制裁的立法目的紧密相关。从侵权责任和违约责任的主要区别来看,违约之诉的成立以当事人之间存在特定合同关系为前提,违约人违反的是当事人之间约定的特定的合同义务,赔偿范围通常依据合同约定确定直接损失;侵权之诉的成立则无须以当事人之间存在合同关系为前提,侵权人违反的是一般性的"民事主体的人身权利、财产权利以及其他合法权益受法律保护,任何组织或者个人不得侵犯"的法定义务,[①]赔偿范围通常无法事先约定而是根据实际发生的损害确定,可能包括直接损失和间接损失。可见,将反制裁追偿诉讼定性为侵权之诉,在《反外国制裁法》第 12 条的适用上涵盖更广、限制更少,更有利于保护我国当事人的合法权益,也能够对外国国家针对我国公民组织采取或企图采取制裁措施的行为形成更强有力的警示和威慑,进而更加充分地发挥反制裁追偿诉讼的制度功能。

---

① 《民法典》第 3 条规定:民事主体的人身权利、财产权利以及其他合法权益受法律保护,任何组织或者个人不得侵犯。

第四,反制裁追偿诉讼可能涉及的国家豁免问题。

中国改革开放以来长期坚持绝对豁免原则,即中国法院不管辖以外国国家为被告或针对外国国家财产的案件,中国也不接受外国法院对以中国为被告或针对中国国家财产的案件享有管辖权。[①] 随着时代的发展,国家或国有企业参与市场交易甚至国际经贸活动的情形越来越普遍,限制豁免原则成为国家豁免立法主流趋势。所谓限制豁免原则,就是根据国家行为的性质,将外国国家行为区分为"主权行为"和"非主权行为",相应地将外国国家财产区分为"主权财产"和"商业财产",据此明确对外国国家的主权行为和主权财产给予管辖豁免,对非主权行为和国家商业财产不再给予管辖豁免。[②] 2023 年 9 月 1 日,我国通过《中华人民共和国外国国家豁免法》(以下简称《外国国家豁免法》,2024 年 1 月 1 日起施行),规定我国法院在特定情形下可以对外国国家及其财产行使管辖权,[③]完成了从绝对豁免的外交政策到限制豁免的法律制度的转变。[④]

依据《反外国制裁法》第 12 条的规定,我国公民、组织在一定情况下,可以向执行或者协助执行外国歧视性限制措施的任何组织、个人提起追偿诉讼。对于该条规定中的"任何组织"是否包括外国国家、国家集团(如欧盟)或国家机关,法律并没有明确规定。然而,在实践中,外国单边制裁或外国歧视性限制措施通常由外国国家机关公布和实施(如美国 OFAC)。根据《外国国家豁免法》第 2 条的规定,外国主权国家、外

---

① 参见李飞:《关于〈全国人民代表大会常务委员会关于《中华人民共和国香港特别行政区基本法》第十三条第一款和第十九条的解释(草案)〉的说明》,载《全国人民代表大会常务委员会公报》2011 年第 6 期。

② 参见《全国人大常委会法工委负责人就外国国家豁免法答记者问》,载新华网,http://www.xinhuanet.com/politics/2023-09/02/c_1129841470.htm。

③ 参见《外国国家豁免法》第 3 ~ 12 条规定。

④ 参见李庆明:《论中国〈外国国家豁免法〉的限制豁免制度》,载《国际法研究》2023 年第 5 期。

国主权国家的国家机关或者组成部分,以及外国主权国家授权行使主权权力且基于该项授权从事活动的组织或者个人均属于该法所称"外国国家"的范畴。因而,如果我国公民、组织对相关外国国家、国家集团(如欧盟)或国家机关提起追偿诉讼,则会首先面临国家豁免的问题。《外国国家豁免法》的施行,解决了在我国原有坚持国家绝对豁免立场下《反外国制裁法》第12条无法针对外国国家、国家机关等适用的问题,完善了反制裁追偿诉讼制度的管辖权依据,丰富了我国反制外国非法单边制裁的法律"工具箱",实现了《外国国家豁免法》《反外国制裁法》等法律法规的有效协同。

需要注意的是,反制裁追偿诉讼制度具有明显的政治意涵,其本质上是对抗外国单边经济制裁的法律工具。因而,追偿诉讼条款的适用,可能对国家间外交和经贸关系的发展产生复杂而敏感的影响,应当秉持谦抑原则,谨慎、合理适用。特别是,国家豁免和反制裁兼具政治和法律、外交和司法等多重复杂因素,当反制裁"遇上"国家豁免时,更应慎之又慎、通盘考虑,避免对我国发展对外关系大局造成负面影响。

第十三条

条文内容

第13条　对于危害我国主权、安全、发展利益的行为,除本法规定外,有关法律、行政法规、部门规章可以规定采取其他必要的反制措施。

关联立法

《中华人民共和国对外贸易法》

第7条　任何国家或者地区在贸易方面对中华人民共和国采取歧视性的禁止、限制或者其他类似措施的,中华人民共和国可以根据实际情况对该国家或者该地区采取相应的措施。

《中华人民共和国国家安全法》

第15条　国家坚持中国共产党的领导,维护中国特色社会主义制度,发展社会主义民主政治,健全社会主义法治,强化权力运行制约和监督机制,保障人民当家作主的各项权利。

国家防范、制止和依法惩治任何叛国、分裂国家、煽动叛乱、颠覆或者煽动颠覆人民民主专政政权的行为;防范、制止和依法惩治窃取、泄露国家秘密等危害国家安全的行为;防范、制止和依法惩治境外势力的渗透、破坏、颠覆、分裂活动。

《中华人民共和国外商投资法》

第40条　任何国家或者地区在投资方面对中华人民共和国采取歧视性的禁止、限制或者其他类似措施的,中华人民共和国可以根据实际情况对该国家或者该地区采取相应的措施。

《中华人民共和国出口管制法》

第48条　任何国家或者地区滥用出口管制措施危害中华人民共和

国国家安全和利益的，中华人民共和国可以根据实际情况对该国家或者地区对等采取措施。

《中华人民共和国数据安全法》

第26条　任何国家或者地区在与数据和数据开发利用技术等有关的投资、贸易等方面对中华人民共和国采取歧视性的禁止、限制或者其他类似措施的，中华人民共和国可以根据实际情况对该国家或者地区对等采取措施。

《中华人民共和国个人信息保护法》

第43条　任何国家或者地区在个人信息保护方面对中华人民共和国采取歧视性的禁止、限制或者其他类似措施的，中华人民共和国可以根据实际情况对该国家或者地区对等采取措施。

《中华人民共和国对外关系法》

第33条　对于违反国际法和国际关系基本准则，危害中华人民共和国主权、安全、发展利益的行为，中华人民共和国有权采取相应反制和限制措施。

国务院及其部门制定必要的行政法规、部门规章，建立相应工作制度和机制，加强部门协同配合，确定和实施有关反制和限制措施。

依据本条第一款、第二款作出的决定为最终决定。

《中华人民共和国保障措施条例》

第31条　任何国家（地区）对中华人民共和国的出口产品采取歧视性保障措施的，中华人民共和国可以根据实际情况对该国家（地区）采取相应的措施。

《中华人民共和国反倾销条例》

第 56 条　任何国家(地区)对中华人民共和国的出口产品采取歧视性反倾销措施的,中华人民共和国可以根据实际情况对该国家(地区)采取相应的措施。

《中华人民共和国反补贴条例》

第 55 条　任何国家(地区)对中华人民共和国的出口产品采取歧视性反补贴措施的,中华人民共和国可以根据实际情况对该国家(地区)采取相应的措施。

《中华人民共和国国际海运条例》

第 46 条　任何国家或者地区对中华人民共和国国际海上运输经营者、船舶或者船员采取歧视性的禁止、限制或者其他类似措施的,中华人民共和国政府根据对等原则采取相应措施。

《中华人民共和国货物进出口管理条例》

第 6 条　任何国家或者地区在货物进出口贸易方面对中华人民共和国采取歧视性的禁止、限制或者其他类似措施的,中华人民共和国可以根据实际情况对该国家或者地区采取相应的措施。

《不可靠实体清单规定》

第 2 条　国家建立不可靠实体清单制度,对外国实体在国际经贸及相关活动中的下列行为采取相应措施:

(一)危害中国国家主权、安全、发展利益;

(二)违反正常的市场交易原则,中断与中国企业、其他组织或者个人的正常交易，或者对中国企业、其他组织或者个人采取歧视性措施，严重损害中国企业、其他组织或者个人合法权益。

本规定所称外国实体，包括外国企业、其他组织或者个人。

《阻断外国法律与措施不当域外适用办法》

第7条　工作机制经评估，确认有关外国法律与措施存在不当域外适用情形的，可以决定由国务院商务主管部门发布不得承认、不得执行、不得遵守有关外国法律与措施的禁令（以下简称禁令）。

工作机制可以根据实际情况，决定中止或者撤销禁令。

第12条　对外国法律与措施不当域外适用，中国政府可以根据实际情况和需要，采取必要的反制措施。

条文释义

《反外国制裁法》第13条为一条具有授权性质的条款，即明确规定除《反外国制裁法》外，有关法律、行政法规、部门规章等均可针对任何危害我国主权、安全、发展利益的行为采取必要反制措施。这一条款补足了我国此前通过多种形式所采取的反制措施的法律依据，也在国家立法层面为我国未来不断丰富和完善对外斗争法律“工具箱”奠定了基础。

由前述关联立法部分所列举条文可以看出，《反外国制裁法》公布施行之前，关于针对外国歧视性限制措施或外国非法单边制裁采取相应或对等反制措施的法律规定，散见于我国不同领域、不同层级的法律文件中。如商务部因应我国反制裁、反干涉、反“长臂管辖”法律斗争需要，先后出台《不可靠实体清单规定》《阻断外国法律与措施不当域外适用办法》等法律文件，对一些国家、国家集团违反国际法基本原则对我国采取单边经济制裁的行为予以回击。但是，商务部等部门出台的法律文件仅为部门规章，法律效力层级较低，对外国歧视性限制措施的威慑力不足。此外，《立法法》第 91 条第 2 款规定，“没有法律或者国务院的行政法规、决定、命令的依据，部门规章不得设定减损公民、法人和其他组织权利或增加其义务的规范……”①尽管《阻断外国法律与措施不当域外适用办法》第 1 条即规定，“……根据《中华人民共和国国家安全法》等有关法律，制定本办法”，但《国家安全法》中的相关规定较为原则。因而，与前述我国公民、组织的追偿诉讼权利由《阻断外国法律与措施不当域外适用办法》规定类似，《阻断外国法律与措施不当域外适用办法》等部门规章采取反制措施也应在我国涉外法治体系建设中尽快予以完善。

全国人大常委会法制工作委员会负责人就《反外国制裁法》制度设计指出，“鉴于某些西方国家对我遏制打压的情形较为复杂，需要相机应对和反制。应对挑战、防范风险的法律‘工具箱’应当是全方位、多种工具齐备的，我国目前在金融、投资、进出口贸易、出入境、国家安全等领域还有许多已有规定，因此，需要做好本法与其他法律、行政法规规定的反制措施的衔接”②。“考虑到上述情况并为今后类似情况在法律上预留空间，《反外国制裁法》专门作出一个衔接性、兼容性规定，即第十三条

① 《立法法》第 91 条规定：国务院各部、委员会、中国人民银行、审计署和具有行政管理职能的直属机构以及法律规定的机构，可以根据法律和国务院的行政法规、决定、命令，在本部门的权限范围内，制定规章。部门规章规定的事项应当属于执行法律或者国务院的行政法规、决定、命令的事项。没有法律或者国务院的行政法规、决定、命令的依据，部门规章不得设定减损公民、法人和其他组织权利或者增加其义务的规范，不得增加本部门的权力或者减少本部门的法定职责。

② 沈春耀：《关于〈中华人民共和国反外国制裁法(草案)〉的说明——2021 年 4 月 26 日在第十三届全国人民代表大会常务委员会第二十八次会议上》，载中国人大网，http://www.npc.gov.cn/npc//c2/c30834/202106/t20210611_311958.html。

规定。”①

正如相关主管部门指出，我国“涉外立法形式越来越丰富。既有‘大块头’的基础性涉外法律，又有‘小快灵’为特点的小切口涉外法律”。②《反外国制裁法》第13条从国家立法层面为我国构建体系完备、层级和形态多样的反外国制裁法律体系提供了法律依据，解决了此前部分涉及反制措施的法规效力层级不足的问题，减少了我国在反外国制裁时可能存在的法律法规适用障碍。这一规定符合我国反制裁立法现状和未来发展需要，也进一步增强了我国反外国制裁法律措施的协同性和反外国制裁法律斗争的灵活性。

法律适用

反制裁法律斗争情况复杂、敏感，常常具有紧迫性。《反外国制裁法》第13条针对这一实际情况和需求，赋予国家和国家机关以其他法律、行政法规、部门规章形式采取必要反制措施的权力。有关部门可依据上述授权，通过发布反制清单（如外交部公布的反制措施决定）或具有反制作用的清单（如商务部公布的不可靠实体清单、出口管制清单）等多种方式，灵活、快速采取反制措施。这一立法符合我国涉外法治体系建设急用先行的原则和特点，有助于弥补法律难以及时跟进涉外法治实践需求的不足，丰富我国涉外法律斗争“工具箱”，多措并举把握反制

---

① 《全国人大常委会法工委负责人就反外国制裁法答记者问》，载中华人民共和国中央人民政府网，https://www.gov.cn/zhengce/2021-06/11/content_5616932.htm。

② 《全国人大常委会法制工作委员会研究室：加强涉外领域立法加快构建系统完备、衔接配套的涉外法律规范体系》，载中国人大网，http://www.npc.gov.cn/npc/////c2/c30834/202306/t20230601_429815.html。

裁主动权。

在法律适用方面,《反外国制裁法》第13条需要通过与其他法律、行政法规、部门规章的协同适用实现立法目的。如2021年7月16日,美国国务院、美国财政部、美国商务部、美国国土安全部发布所谓"香港商业警告",美国OFAC将7名中央人民政府驻香港特别行政区联络办公室副主任列入SDN名单,实施金融制裁。对此,中方迅速予以坚决回击。7月23日,中国外交部宣布,"采取对等反制,根据《反外国制裁法》对前美商务部长罗斯、美国会'美中经济与安全评估委员会'(USCC)主席卡罗琳·巴塞洛缪、'国会—行政部门中国委员会'(CECC)前办公室主任乔纳森·斯迪沃斯、'美国国际事务民主协会'金度允、'美国国际共和研究所'在港授权代表亚当·金、'人权观察'中国部主任索菲·理查森及'香港民主委员会'等7个美方人员和实体实施制裁"。[①] 这是《反外国制裁法》施行后的首次适用。

此后,我国行政部门在出台反制措施时,进一步完善反制形式和手段,体现了依法行事的理念。如2022年12月23日,外交部以发布"外交部令"的方式公布《关于对余茂春、托德·斯坦恩采取反制裁措施的决定》,同时列明采取反制措施所依据的法律条款(《反外国制裁法》第4~6条)、具体措施、反制裁清单以及决定施行日期。[②] 这是《反外国制裁法》公布施行后,国家机关首次在《反外国制裁法》第13条的授权下,以发布部门命令形式对外国有关主体采取必要反制措施。

公开信息显示,《反外国制裁法》公布施行后至本书稿完成时,外交

---

① 《外交部发言人就中方决定对美有关人员和实体实施制裁答记者问》,载外交部网,https://www.mfa.gov.cn/web/wjdt_674879/fyrbt_674889/202107/t20210723_9177406.shtml。

② 参见《关于对余茂春、托德·斯坦恩采取反制裁措施的决定》,载外交部网,https://www.mfa.gov.cn/web/wjb_673085/zfxxgk_674865/gknrlb/fzcqdcs/202212/t20221222_10993979.shtml。

部已发布10批反制裁措施和清单，针对有关国家相关企业、机构、人员“危害我国主权、安全、发展利益的行为”，开展了及时有效的反制裁法律斗争。[①] 此外，2023年2月16日，商务部也依据有关法律规定，将多次对台出售武器的两家美国军工企业列入不可靠实体清单。[②] 可见，赋权有关国家机关视需制定不同层级的法律文件，采取必要的反制措施，有助于增强《反外国制裁法》与其他法规、规章之间的衔接联动，有效推进《反外国制裁法》的落地实施，也是落实“加强涉外领域立法加快构建系统完备、衔接配套的涉外法律规范体系”要求的具体举措。

《反外国制裁法》公布施行后，我国于2023年颁布了《中华人民共和国对外关系法》。作为涉外领域的基本法，《中华人民共和国对外关系法》第33条第1款（具体内容详见前文“关联立法”部分）再次强调：“对于违反国际法和国际关系基本准则，危害中华人民共和国主权、安全、发展利益的行为，中华人民共和国有权采取相应反制和限制措施。”同时，该条第2款规定了国务院及其部门制定行政法规、部门规章采取反制措施的工作机制和要求，实际上对《反外国制裁法》第13条授权条款的实施进行了明确和完善，进一步实现了我国涉外法治体系内部的协同配合。

---

① 参见外交部网站“政府信息公开”专栏，https://www.mfa.gov.cn/web/wjb_673085/zfxxgk_674865/gknrlb/fzcqdcs/。另外，此处仅以外交部网站“政府信息公开”专栏之“反制裁清单和措施”栏下列明的制裁清单为示例，实际上还有一些反制措施和制裁清单是通过外交部发言人发表谈话等方式公布，这类情况在后文中介绍。

② 参见《不可靠实体清单工作机制关于将洛克希德·马丁公司、雷神导弹与防务公司列入不可靠实体清单的公告》，载商务部网，https://aqygzj.mofcom.gov.cn/flzc/gzjgfxwj/art/2023/art_37761ceb51764e7095bfe3d0214f1d4e.html。

第十四条

条文内容

第 14 条　任何组织和个人不执行、不配合实施反制措施的，依法追究法律责任。

关联立法

《中华人民共和国国家安全法》

第 13 条　国家机关工作人员在国家安全工作和涉及国家安全活动中，滥用职权、玩忽职守、徇私舞弊的，依法追究法律责任。

任何个人和组织违反本法和有关法律，不履行维护国家安全义务或者从事危害国家安全活动的，依法追究法律责任。

《中华人民共和国对外关系法》

第 8 条　任何组织和个人违反本法和有关法律，在对外交往中从事损害国家利益活动的，依法追究法律责任。

《中华人民共和国出口管制法》

第43条　违反本法有关出口管制管理规定，危害国家安全和利益的，除依照本法规定处罚外，还应当依照有关法律、行政法规的规定进行处理和处罚。

违反本法规定，出口国家禁止出口的管制物项或者未经许可出口管制物项的，依法追究刑事责任。

第44条　中华人民共和国境外的组织和个人，违反本法有关出口管制管理规定，危害中华人民共和国国家安全和利益，妨碍履行防扩散等国际义务的，依法处理并追究其法律责任。

《阻断外国法律与措施不当域外适用办法》

第13条　中国公民、法人或者其他组织未按照规定如实报告有关情况或者不遵守禁令的，国务院商务主管部门可以给予警告，责令限期改正，并可以根据情节轻重处以罚款。

条文释义

《反外国制裁法》第11、12、14条从三个方面对有关组织和个人的义务和违法行为的后果作出了规定。其中，《反外国制裁法》第12条规定的是禁止执行或协助执行外国歧视性限制措施的义务，以及一定条件下赋予我国公民、组织提起追偿诉讼的司法救济权利；第11条和第14条则是针对我国反制措施规定的遵守义务以及不同情形下违反相关义务可能产生的法律后果。尽管《反外国制裁法》第11条和第14条都是针对我国反制措施的执行规定相关法律义务和违法责任，但二者的具体适用范围各有侧重。

从义务主体看,《反外国制裁法》第11条采取属地管辖原则,规定“我国境内的组织和个人应当执行国务院有关部门采取的反制措施。对违反前款规定的组织和个人,国务院有关部门依法予以处理,限制或者禁止其从事相关活动”。该条款所规定的法律义务和相关法律责任,明确针对我国境内的组织和个人,因而没有域外适用效力。第14条的规定则未附加属地、属人等管辖原则限制,将该条中的义务主体规定为“任何组织和个人”。这就意味着,《反外国制裁法》第14条具有域外适用的效力,其适用范围非常广泛,既包括我国境内的组织和个人,也包括境外的组织和个人;境内组织和个人除我国公民、组织外,也包括在我国境内开展经营等业务的外商投资企业、外国组织在华代表机构以及外国国籍或无国籍人士等;境外组织和个人除外国公民、组织外,也包括我国企业、组织在境外设立的公司等分支机构以及位于境外的我国公民。

从责任类型看,《反外国制裁法》第11条是义务性规范,即为我国境内的组织和个人设定“应当”执行反制措施的义务,违反该项义务的由“国务院有关部门依法予以处理,限制或者禁止其从事相关活动”。该条法律规定的责任,主要应为有关部门采取的行政措施,即对相关主体从事某些行为所采取的限制性或禁止性措施(如禁止特定交易行为、管制某些产品出口等)。基于单边制裁通常以限制交易、产品进出口和金融管制等为主要手段,反制措施通常也对等采用类似限制或禁止性管制措施,因而《反外国制裁法》第11条对我国境内组织和个人未遵守我国反制措施的行为施加相应管制措施,符合反制裁实践,也与《反外国制裁法》施行之前,各相关部门依据其他法律、行政法规或部门规章采取的对等反制措施保持了一致。《反外国制裁法》第14条则是针对“不执行、不配合实施反制措施”的情形,规定了更严厉的“依法追究法律责任”的惩罚机制。虽然该条款未明确相关法律责任的内涵,但一般而言,法律责任是指公民、法人或其他组织实施违法行为而受到的相应法律制裁，由国家强制力保障实施，包括行政责任、民事责任和刑事责任。[①] 显然，违反《反外国制裁法》第 14 条可能面临的法律责任范围更广。

总体而言，《反外国制裁法》第 14 条将义务主体范围规定得更广，违法后果设置得更严，是实现反外国制裁立法意旨的必然要求：

第一，我国采取反制措施的目的是维护国家主权、安全和发展利益，相关反制措施如不能被遵守和执行，不仅将有损我国司法主权权威和法律的严肃性，也将对国家重大利益构成直接伤害。“不执行、不配合实施反制措施”的行为，暗含了相关当事人属于“应当执行而不执行”“应当配合而不配合”的情形，即其主观上存有故意违反或拒不履行《反外国制裁法》法定义务，拒绝执行和配合我国反制措施的意图，是对关乎我国重大利益的国家反制措施的刻意违反或规避，显然应通过设定严厉的法律惩罚，予以强烈的法律震慑。

第二，该条款将义务主体（或称追责主体）范围扩大，有其合理性。例如，我国企业可在境外投资设立企业，该境外投资企业依照当地法律设立，可能依其注册地被定性为外国或境外企业。但是，根据国家发展和改革委员会公布的《企业境外投资管理办法》，我国企业境外投资首先应当履行核准、备案等手续（第 4 条），同时该办法第 5 条规定：“投资主体开展境外投资，不得违反我国法律法规，不得威胁或损害我国国家利益和国家安全。”[②]可见，如果不将《反外国制裁法》第 14 条的义务主体扩大至任何组织和个人，对我国境外投资企业不执行、不配合实施反制措施的行为就无法实现有效监管。同时，《反外国制裁法》第 14 条的

---

① 参见《什么是法律责任?》，载中国人大网，http://www.npc.gov.cn/zgrdw/npc/flsyywd/flwd/2002-04/28/content_294405.htm。

② 《企业境外投资管理办法》（2017 年 12 月 26 日公布，自 2018 年 3 月 1 日起施行）。

宽泛规定,并不意味着该条可以随意针对任何境外组织和个人适用。这一问题将在下文法律适用部分详述。

第三,《阻断外国法律与措施不当域外适用办法》是我国反制裁法律体系重要组成部分,但其第13条对我国公民、法人和组织不遵守禁令的行为,仅规定了限期改正、罚款等行政责任。[①] 这一法律责任后果相对较轻,可能导致我国组织和个人在遵守或不遵守我国禁令之间进行利益评估,进而选择不遵守我国禁令以换取更大的经济利益。如此,会严重影响我国反制裁法律立法目标的实现。因而,对于不遵守我国禁令或反制措施的行为,《反外国制裁法》将义务主体扩大至任何组织和个人,将相应的法律后果升级为包括行政责任、刑事责任等在内的法律责任,保留了我国针对不执行、不配合我国反制措施的行为给予严厉法律惩罚的主动权和一定的灵活空间。

法律适用

制裁和反制裁都关乎国家主权、安全和发展利益,因而需对有关主体施加遵守国家阻断或反制裁立法的义务,对违反国家反制措施的行为规定相应的法律责任。就《反外国制裁法》第14条的法律适用,需要关注以下问题:

第一,域外适用中的管辖权问题。实现国内法域外效力的过程,即

① 《阻断外国法律与措施不当域外适用办法》第13条规定:中国公民、法人或者其他组织未按照规定如实报告有关情况或者不遵守禁令的,国务院商务主管部门可以给予警告,责令限期改正,并可以根据情节轻重处以罚款。

为国内法的域外适用。① 如前所述,《反外国制裁法》第 14 条赋予了该法域外适用的效力。任何组织和个人,包括境外组织和个人不执行、不配合实施反制措施的,都可能被依法追究法律责任。为使该条款的立法和适用兼具震慑性和灵活性,该条款采取原则性表述,未对追责主体设定范围,亦未明确具体的法律责任。然而,法律规定赋予国内法域外效力,并不意味国内法可当然地实现其域外适用。《反外国制裁法》第 14 条的有效适用首先要求人民法院依法享有适当的管辖权,特别是当行为人位于境外时,我国法的域外适用涉及他国主权,涉外执法司法应当具有相应的管辖权基础。

如前所述,《反外国制裁法》公布施行之时,我国《民事诉讼法》尚未修正。根据当时有效的《民事诉讼法》第 272 条的规定,因合同纠纷或者其他财产权益纠纷,对在中华人民共和国领域内没有住所的被告提起的诉讼,人民法院有六种管辖权依据,包括合同签订地、合同履行地、诉讼标的物所在地、可供扣押财产所在地、侵权行为地或者代表机构住所地。但是,随着经济全球化以及国际民商事争端的复杂化,实践中可能出现我国当事人的海外利益在我国境外受到侵害,而上述六种管辖权依据均不在我国领域内的情形,导致我国人民法院无法行使管辖权。② 这也是《反外国制裁法》公布施行之初,第 14 条法律适用面临的局限。2023 年 9 月 1 日最新修正的《民事诉讼法》第 276 条,对人民法院的涉外民商事案件管辖地确立增加的"适当联系原则",有效地解决了《反外国制裁法》第 14 条域外适用的管辖权依据问题。

第二,"反制措施"的范围。《反外国制裁法》各条文是有机联系的

---

① 参见廖诗评:《国内法域外适用及其应对——以美国法域外适用措施为例》,载《环球法律评论》2019 年第 3 期。

② 参见沈红雨:《我国法的域外适用法律体系构建与涉外民商事诉讼管辖权制度的改革——兼论不方便法院原则和禁诉令机制的构建》,载《中国应用法学》2020 年第 5 期。

整体,对法律某一条款的适用应考虑其与其他条文之间的逻辑联系。《反外国制裁法》第3条至第10条规定了国务院有关部门依据《反外国制裁法》采取反制措施的情形、具体措施和工作机制等。《反外国制裁法》第13条也授权有关法律、行政法规、部门规章可以针对危害我国主权、安全、发展利益的行为,采取其他必要反制措施。因此,人民法院适用《反外国制裁法》第14条对不执行、不配合实施反制措施的组织和个人追责时,对其中涉及的"反制措施"的理解不应当仅限于国务院有关部门直接依据《反外国制裁法》采取的反制措施,还应当包括有关法律法规、部门规章规定采取的反制措施。

第三,"法律责任"的明确以及相关条文的配套落实问题。《反外国制裁法》第14条未就有关法律责任作出明确的范围限定,在保持该条款灵活性的同时,存在责任不明确、违法后果可预期性降低等实际问题。因而,有必要在后续《反外国制裁法》配套实施细则中,对不执行、不配合实施反制措施的法律责任类型和具体的执行标准作更明确的规定。鉴于反制措施的实施涉及国家主权、安全和发展利益,应当明确规定相关法律责任包括行政责任和刑事责任,以形成确定的行为指引,增强该条款的震慑作用和可预测性。这也是域外阻断立法的通行做法。同时,应建立相关配套实施机制,形成由《反外国制裁法》作出原则性规定,再根据其他专项法律法规、规章明确相关"法律责任"具体范围和罚则的机制,实现我国涉外法律体系之间的有效协同。

涉及制裁和反制裁的案件与国家利益、外交关系密切相关,在《反外国制裁法》第14条的司法适用,特别是域外适用中,人民法院应当保持谨慎态度,综合考虑国际法基本原则、国际礼让、《反外国制裁法》立法意旨、个案具体情况、可能产生的国际国内影响等因素,依法审慎司法,避免对我国发展外交关系和营造有利的外部环境形成负面影响。

第十五条

条文内容

第 15 条　对于外国国家、组织或者个人实施、协助、支持危害我国主权、安全、发展利益的行为，需要采取必要反制措施的，参照本法有关规定执行。

关联立法

《中华人民共和国对外关系法》

第 33 条　对于违反国际法和国际关系基本准则，危害中华人民共和国主权、安全、发展利益的行为，中华人民共和国有权采取相应反制和限制措施。

国务院及其部门制定必要的行政法规、部门规章，建立相应工作制度和机制，加强部门协同配合，确定和实施有关反制和限制措施。

依据本条第一款、第二款作出的决定为最终决定。

《全国人民代表大会关于建立健全香港特别行政区维护国家安全的法律制度和执行机制的决定》

第 2 条　国家坚决反对任何外国和境外势力以任何方式干预香港

特别行政区事务，采取必要措施予以反制，依法防范、制止和惩治外国和境外势力利用香港进行分裂、颠覆、渗透、破坏活动。

条文释义

《反外国制裁法》针对两类情形规定我国有权采取反制措施，从而构建起反外国制裁的总体法律框架。[①] 具体而言，《反外国制裁法》主要针对外国干涉中国内政的所谓“单边制裁”，为我国采取相应反制措施提供法治支撑和法治保障；同时，这部法律为我国在一定情况下主动采取反制措施应对打击外国反华势力、敌对势力的活动提供了法治依据。[②] 上述两种我国采取反制措施的情形，分别由《反外国制裁法》第 3 条和第 15 条作出规定，即应对性的反制条款和主动性的制裁条款。

对《反外国制裁法》第 15 条的理解，应当注意以下问题。

第一，关于采取反制措施的情形。制定《反外国制裁法》，主要目的是反制、反击、反对外国对中国搞的所谓“单边制裁”，维护我国的主权、安全、发展利益，保护我国公民、组织的合法权益，[③]突出的是“反”字，即以应对、反制外国非法单边制裁为首要立法目标。因而，《反外国制裁法》第 3 条作为一条概括性条款，规定了我国采取反制措施的主要情形，即我国反制措施针对的是外国国家违反国际法和国际关系基本准则对

---

① 参见《全国人大常委会法制工作委员会研究室：加强涉外领域立法加快构建系统完备、衔接配套的涉外法律规范体系》，载中国人大网，http://www.npc.gov.cn/npc/////c2/c30834/202306/t20230601_429815.html。

② 参见《全国人大常委会法工委负责人就反外国制裁法答记者问》，载中华人民共和国中央人民政府网，https://www.gov.cn/zhengce/2021-06/11/content_5616932.htm。

③ 参见《全国人大常委会法工委负责人就反外国制裁法答记者问》，载中华人民共和国中央人民政府网，https://www.gov.cn/zhengce/2021-06/11/content_5616932.htm。

我国国家或公民、组织采取的歧视性限制措施。《反外国制裁法》第 15 条则是我国涉外法治立法中的首条自由裁量反制条款。该条款授权国家及国家机关可以针对外国国家、组织或者个人实施、协助、支持危害我国主权、安全、发展利益的行为,参照该法规定,采取必要反制措施。这是因应我国所面临的国际形势,为维护我国国家利益而采取的必要举措。

实践证明,除外国国家外,外国组织和个人同样可能从事危害我国主权、安全、发展利益的行为。近年来,随着国际形势的复杂变化,一些外国组织和个人,常常利用涉疆、涉藏、涉港、涉台、涉海、涉疫等议题和借口,歪曲、诋毁我国,粗暴干涉我国内政。比如,美国政府和洛克希德·马丁、波音防务、雷神等美国企业不顾中国政府强烈反对,多次对台军售。美国得克萨斯州共和党联邦众议员迈克·麦考尔作为政治人物,频繁发表干涉中国内政、损害中方利益的言行,率团窜访中国台湾地区。这些行为严重违反一个中国原则和中美三个联合公报规定,严重损害中国主权和领土完整,向"台独"分裂势力发出严重错误信号。[①] 这些行为并非《反外国制裁法》第 3 条规定的外国歧视性限制措施,但其同样挑战了我国底线,危害了国家主权、安全和发展利益,有必要采取有效措施予以反制。我国以国家立法形式,通过《反外国制裁法》第 15 条设立主动制裁条款,符合我国反制裁、反干涉、反制"长臂管辖"的涉外法律斗争需求,体现了我国采取一切必要措施维护自身正当权益的坚定立场,具有相当的必要性。

第二,关于我国采取反制措施的国际合法性问题。《反外国制裁法》第 3 条针对的是外国国家对我国采取歧视性限制措施的行为。根据联合国国际法委员会《国家责任条款草案》第 49 条的规定,受害国可以

---

① 参见《关于对美国反华议员迈克·麦考尔采取反制措施的决定》,载外交部网,https://www.mfa.gov.cn/web/wjb_673085/zfxxgk_674865/gknrlb/fzcqdcs/202304/t20230413_11058780.shtml。

针对某国的国际不法行为采取对抗措施，以达到督促后者履行自身义务之目的，因此，这种措施构成国际法下一种直接、有针对性的制约手段。① 同时，根据《国家责任条款草案》第22条的规定，如果相关反措施满足《国家责任条款草案》第三部分第二章规定的限制条件，则反措施的不法性可被解除，构成合法行为。② 因而，针对外国国家对我国采取的歧视性限制措施，根据《反外国制裁法》第3条予以反制，构成《国家责任条款草案》定义的反措施，是符合国际法的行为。

《反外国制裁法》第15条扩大了适用主体范围，除针对外国国家特定行为外，还包括针对外国组织或者个人的特定行为采取反制措施。这样的规定同样需要考虑国际合法性的问题。根据国际法上的保护性管辖权原则，国家对于域外影响本国主权、安全或重大利益的行为享有管辖权。外国国家、组织或者个人实施、协助、支持危害我国主权、安全、发展利益的行为，显然与我国国家利益有重大关系。因而，与某些国家采取的非法单边制裁不同，我国依据《反外国制裁法》第15条自由裁量反制条款所采取的必要反制措施，本质上仍然为在我国主权、安全和发展利益受到侵害时采取的应对措施，具有国际合法性，也是我国维护自身合法权益的必要举措。这与我国一贯坚决反对非法单边制裁的立场一致。

法律适用

《反外国制裁法》第15条为我国及时因应和反制外国国家、组织或

---

① 参见贾兵兵：《国际公法：和平时期的解释与适用》（第2版），清华大学出版社2022年版，第330页。

② 参见《国家责任条款草案》第22条。

者个人实施、协助、支持危害我国主权、安全、发展利益的行为，维护国家主权、安全和发展利益提供了重要的法律依据，保留了更加灵活的法律适用空间。《反外国制裁法》公布施行后，相关国家机关已多次依据该法第15条，公告对实施、协助、支持危害我国主权、安全、发展利益行为的外国国家、组织或者个人采取反制措施。

外交部官方网站“政府信息公开”专栏的“反制裁措施和清单”栏公布了《反外国制裁法》施行后至本书稿完成时，外交部依据该法发布的10次关于对美国相关组织、个人采取反制措施的决定（以下简称反制决定）。信息显示，其中9次反制决定所列举的法律依据均包括《反外国制裁法》第15条，主要涉及相关组织和个人为中国台湾地区有关人员在美从事“台独”分裂活动提供平台和便利，或向中国台湾地区出售武器，或频繁发布干涉中国内政的言行，严重违反一个中国原则和中美三个联合公报规定，严重损害中方主权和领土完整等情形。① 比如，2024年9月18日，针对美国“再次宣布向中国台湾地区出售武器，严重违反一个中国原则和中美三个联合公报，严重干涉中国内政，严重损害中国主权和

① 参见《关于对美国军工企业采取反制措施的决定》(2024年9月18日中华人民共和国外交部令第12号公布)、《关于对美国哈德逊研究所、里根图书馆及其负责人采取反制措施的决定》(2023年4月7日中华人民共和国外交部令第1号公布)、《关于对美国反华议员迈克·麦考尔采取反制措施的决定》(2023年4月13日起施行)、《关于对美国通用原子航空系统公司、通用动力陆地系统公司采取反制措施的决定》(2024年4月11日中华人民共和国外交部令第5号公布)、《关于对美国国会前议员加拉格尔采取反制措施的决定》(2024年5月21日中华人民共和国外交部令第6号公布)、《关于对美国军工企业及高级管理人员采取反制措施的决定》(2024年5月22日中华人民共和国外交部令第7号公布)、《关于对洛克希德·马丁公司实体和高级管理人员采取反制措施的决定》(2024年6月21日中华人民共和国外交部令第8号公布)、《关于对美国军工企业及高级管理人员采取反制措施的决定》(2024年7月12日中华人民共和国外交部令第10号公布)、《关于对美国国会议员麦戈文采取反制措施的决定》(2024年7月31日中华人民共和国外交部令第11号公布)，载外交部网，https://www.mfa.gov.cn/web/wjb_673085/zfxxgk_674865/gknrlb/fzcqdcs/。

领土完整”的行为，外交部以发布外交部令形式公告《关于对美国军工企业采取反制措施的决定》，依据《反外国制裁法》第3、4、6、9、15条规定，对美国内华达山脉公司、摇杆舵公司、立方公司、S3航空防务公司、特科姆公司、文本矿公司、扁平地球管理公司、ACT1联邦公司、埃克索维拉公司等9家企业采取冻结在我国境内的动产、不动产和其他各类财产，禁止我国境内的组织、个人与其进行有关交易、合作等活动。① 另外1次反制决定，系针对美方借口所谓“西藏人权”问题非法制裁两名中方官员采取的对等反制措施，故未以《反外国制裁法》第15条为法律依据。②

此外，我国还以外交部发言人表态形式，多次发布反制决定。如2023年12月26日，外交部发言人宣布，中方将根据《反外国制裁法》，对长期搜集涉疆敏感信息、为美方涉疆非法制裁提供“依据”的美国情报数据公司卡隆（Kharon）等机构和个人采取反制措施。③ 从提高我国反制裁法治水平的角度看，根据《反外国制裁法》第9条的规定，即“反制清单和反制措施的确定、暂停、变更或者取消，由外交部或者国务院其他有关部门发布命令予以公布”，在《反外国制裁法》公布施行后，相关主管部门应当逐步统一发布反制清单的形式，形成较为明确、一致的处理模式。

《反外国制裁法》第15条的适用实践证明，通过立法方式赋予我国国家机关针对外国主体危害我国主权、安全、发展利益的行为主动采取反制措施的职权，殊为必要。我国主动出手反制，给予美国有关组织、个

---

① 参见《关于对美国军工企业采取反制措施的决定》（2024年9月18日起施行，中华人民共和国外交部令第12号），载外交部网，https://www.mfa.gov.cn/web/wjb_673085/zfxxgk_674865/gknrlb/fzcqdcs/202409/t20240918_11492303.shtml。

② 参见《关于对余茂春、托德·斯坦恩采取反制裁措施的决定》（2022年12月23日起施行，中华人民共和国外交部令第4号），载外交部网，https://www.mfa.gov.cn/web/wjb_673085/zfxxgk_674865/gknrlb/fzcqdcs/202212/t20221222_10993979.shtml。

③ 参见《2023年12月26日外交部发言人毛宁主持例行记者会》，载外交部网，https://www.mfa.gov.cn/web/wjdt_674879/zcjd/202312/t20231226_11213135.shtml。

人沉重打击,也迫使部分外国主体基于现实考量主动修正原有的错误言行,以争取被我国解除制裁。美国卫讯公司(ViaSat)被我国列入制裁清单半年后,又被移出制裁清单的例子清晰地展示了我国主动采取反制措施的必要性、重要性和有效性。

2024 年 1 月 7 日,外交部发言人宣布,针对美国对中国台湾地区出售武器等错误行径,决定对美国卫讯公司等 5 家美国军工企业实施制裁,制裁措施包括“冻结在我国境内的动产、不动产和其他各类财产,禁止我国境内组织、个人与其进行交易、合作等活动”。① 美国卫讯公司主要从事卫星运营业务。据媒体公开报道,2021 年年末,美国卫讯公司与中国卫通签订战略合作协议,通过在中国建设移动卫星网络等技术,与中国卫通合作为民航飞机提供大容量机载通信服务。此外,中国与被美国卫讯公司收购的国际海事卫星组织(International Maritime Satellite Organization, Inmarsat)长期合作,Inmarsat 是唯一在中国设有卫星接入站的全球卫星通信运营商。美国卫讯公司商业航空副总裁兼总经理唐·布奇曼曾表示,中国是非常重要的机载通信市场,中国市场预计将在 2030 年左右超过美国成为全球最大航空市场。② 可见,美国卫讯公司在中国有巨大的经济利益,如美国卫讯公司拒不纠正其错误行径,我国制裁措施必将对其发展造成重创。

2024 年 7 月 22 日,外交部发言人宣布:“依据《反外国制裁法》等相关法律,鉴于采取反制措施所依据的情形发生变化,决定取消对卫讯公司的反制措施。”③这是我国首次取消对受制裁对象的反制措施。虽然

---

① 参见《中方决定对 5 家美国军工企业实施制裁》,载新华网,http://www.news.cn/world/20240107/13cfacf7332841118e67ab6f8059a93f/c.html。

② 参见《取消对美国卫讯公司制裁,背后发生了什么?》,载腾讯网 2024 年 7 月 28 日,https://new.qq.com/rain/a/20240728A06EES00。

③ 《外交部:中方决定取消对美国卫讯公司的反制措施》,载人民网,http://usa.people.com.cn/n1/2024/0723/c241376-40283396.html。

相关部门并未公开对美国卫讯公司采取反制措施所依据的情形发生了哪些变化,但可以推断,美国卫讯公司已经采取切实举措纠正了其此前干涉中国内政的错误行为。《反外国制裁法》第15条的法律适用实现了立法目标。

当然,《反外国制裁法》第15条作为自由裁量反制条款,意味着从法律层面赋予我国国家和相关主管机关更大的反制裁主动权。在其具体法律适用中,我国同样将坚持审慎立场,充分考虑依据该条款采取主动制裁措施是否符合国际法体系规则以及是否有足够的正当性、必要性和相称性,以避免因其过度扩张适用而授人以柄。因此,有必要在反制裁工作协调机制内建立反制措施的合法性审查制度,在我国行政部门拟实施反制措施之前,对其是否违反国际法进行审查,这是确保该法在国际法轨道上实施的制度性保障。①

第十六条

条文内容

第16条　本法自公布之日起施行。

① 参见霍政欣:《〈反外国制裁法〉的国际法意涵》,载《比较法研究》2021年第4期。

条文释义

该条是关于《反外国制裁法》施行日期的规定。

第三部分

法律实施实践分析

当下，通过制裁手段展开国际博弈与竞争，已成为主权国家实现其政治目标和外交政策的重要工具。① 近年来，随着中国综合国力及全球地位的提升，美国将中国视为对以西方为中心的国际治理体系的直接威胁，②加紧实施对华遏制战略，愈加频繁地依据其国内法对中国实体和个人实施“长臂管辖”和单边制裁，③制裁理由也愈加宽泛，尤其是针对中国香港和新疆人权问题、中国军事和科技进步、信息网络安全等，涵盖贸易、能源、金融、技术、航空航天等诸多领域，对我国主权、安全和发展利益构成严峻挑战。在此背景下，加快涉外法治建设，运用法治手段反制裁、反干涉、反制“长臂管辖”，已成为推进中国特色社会主义法治体系建设的重大任务。

作为我国在涉外领域维护国家主权和利益的重要立法，《反外国制裁法》自颁布实施以来，不仅对跨国企业从事国际商事活动提出了新的合规要求，也给反制裁执法和司法部门依据该法维护我国国家利益和公民合法权益带来了新的任务和挑战。因此，如何在实践中适用该法，充分发挥该法的核心功能，真正实现维护国家主权、安全和发展利益的目标，成为各方关注的焦点。随着我国涉外法治体系的持续完善，《中华人民共和国对外关系法》和《外国国家豁免法》的出台以及《民事诉讼法》涉外编的修改等均为《反外国制裁法》的有序实施提供了法律支撑，以外交部为主导的反制裁实践也正不断积累，反外国制裁工作模式进入规

---

① See Masahiko Asada, *Definition and Legal Justification of Sanctions*, in Masahiko Asada ed., Economic Sanctions in International Law Practice, Routledge, 2020, p. 3.

② See *Renewing America's Advantages*, *Interim National Security Strategic Guidance*, The White House (Mar. 2021), p. 8, https://bidenwhitehouse.archives.gov/wp-content/uploads/2021/03/NSC-1v2.pdf.

③ 例如，美国 OFAC 根据“香港民主与人权法”“香港自治法”等国内法将中国香港特区政府官员列入特别指定国民名单（SDN 名单）。See *Hong Kong-related Sanctions*, Office of Foreign Assets Control, https://ofac.treasury.gov/faqs/topic/5571.

范化运行阶段。对这些实践加以考察和分析,从实证角度总结《反外国制裁法》的实施特征、效果及其局限,可以为提升该法适用的可预见性并促进其发展完善提供经验支撑。

2024 年 5 月 6 日至 17 日,联合国人权理事会单边强制措施特别报告员(Special Rapporteur on unilateral coercive measures)埃琳娜·窦涵(Alena Douhan)对中国进行了正式国别访问,①就美国等国家对中国实施的单边制裁措施对经济和人权的影响及其合法性进行评估。其初步调查结果已注意到直接制裁和限制措施对中国企业海外市场交易带来的显著影响,如因企业经营受损导致的用工缩减使平等的工作权利无法得到保障等。特别报告员同时注意到:"鉴于中国强大而多样化的经济及其不断扩大的全球经济影响力,从单边制裁及其执行手段的影响来看,中国是一个特殊的案例。"②换言之,相较于其他大多数受到美国单边制裁的国家,中国的反制裁实践既是国家实力的体现,也为反制裁国际法理论的发展提供了独特的国家实践。对这些实践加以总结和研究,可以更直观地把握单边制裁在当代国际关系中的运用,认识和理解制裁与反制裁背后的国际法理和国家立场。

鉴于此,本部分通过对我国反制外国制裁的实践予以系统的梳理和总结,归纳反制裁实践的主要特征,对其实施效果加以评估,并为推进我国反制裁法律体系的实施和完善提出理论和制度建议。

---

① See China: *UN Expert Says Unilateral Sanctions Must not be Used as Foreign Policy Tool and Means of Economic Coercion*, United Nations Human Rights Office of the High Commissioner (May 17, 2024), https://www.ohchr.org/en/press-releases/2024/05/china-un-expert-says-unilateral-sanctions-must-not-be-used-foreign-policy.

② *Preliminary Findings of the Visit to the People's Republic of China by the Special Rapporteur on the Negative Impact of Unilateral Coercive Measures on the Enjoyment of Human Rights Prof. Dr. Alena Douhan*, https://www.ohchr.org/sites/default/files/documents/issues/ucm/statements/20240517 – eom-statement-sr-ucm-china.pdf.

第一节 法律实施实践概况

近年来,针对美国对我国经贸各领域实施的制裁措施,我国采取了一系列对等措施(reciprocal measures)予以回应。随着《反外国制裁法》的出台,我国反制裁实践也日益丰富,并不断朝着体系化和规范化的方向发展。自该法实施以来,我国已多次依据该法作出反制决定,有力回击外国对我国实施的遏制和打压,有效维护国家主权、安全和发展利益。本节对《反外国制裁法》的实施实践予以考察,在统计相关数据的基础上,就反制裁实践的主要特征进行归纳和总结,并结合具体案例展开讨论。

一、案例统计与数据

关于制裁,国际法上尚未达成统一的定义,尤其是近年来随着单边制裁的运用日益广泛,制裁的理由、对象和手段也日益多元化。因此,为科学反映《反外国制裁法》的实施情况,有必要先厘清制裁与反制裁的相关概念,确定数据统计的基本范畴。

(一)外国制裁

国际法上的制裁通常可以定义为"国家或国家集团通过采取非武力强制措施,迫使被制裁国改变其政策,或至少表明对被制裁对象的某种意见或立场”。[①] 其中,以联合国安理会为代表的多边制裁是在多边条约机制明确授权下实施的,具有国际法上明确的合法性。而就单边制裁而言,其合法与非法之间却没有明确界限,通常需要在个案中根据国际条约和习惯国际法来对其合法性作出评价。《反外国制裁法》第 3 条第 2 款对其调整范围进行了精确的设计,即该法反制的外国制裁,系外国国家在“违反国际法和国际关系基本准则”的前提下实施的,具体措施包括“以各种借口或者依据其本国法律对我国进行遏制、打压,对我国公民、组织采取歧视性限制措施,干涉我国内政”等。换言之,《反外国制裁法》反制的外国制裁,是外国国家实施的非法单边制裁。除以“制裁”的名义实施外,与之相关的表述还有“限制性措施”等。[②]《反外国制裁法》第 3 条第 2 款并未使用统一的术语界定外国制裁,其不仅指歧视性限制措施,还包括遏制、打压或干涉我国内政等行为。因此,只要满足第 3 条第 2 款规定条件的外国立法、决定或措施,就可能成为该法反制的“外国制裁”。

制裁的种类多种多样,除联合国安理会授权的多边制裁外,单边制裁越来越为各国采纳并成为实现其政治、经济目的的工具。进入 21 世纪以来,“聪明制裁”(或称“定向制裁”)被广泛应用。相较于全面制裁,聪明制裁针对特定的个人、组织或部门实施精准打击,[③]包括“行业制裁”(sectoral sanctions)和“个人制裁”(individual sanctions)两种形式。其中,行业制裁首先针对受制裁国的核心经济部门,进而扩展到金融和银行等领域的限制性措施。行业制裁中还包含大量的非经济手段,如限

---

① 参见霍政欣:《〈反外国制裁法〉的国际法意涵》,载《比较法研究》2021 年第 4 期。

② See General Assembly, Human Rights Council, *Unilateral Coercive Measures: Notion, Types and Qualification Report of the Special Rapporteur on the Negative Impact of Unilateral Coercive Measures on the Enjoyment of Human Rights*, *Alena Douhan*, A/HRC/48/59.

③ 参见霍政欣:《〈反外国制裁法〉的国际法意涵》,载《比较法研究》2021 年第 4 期。

制空中交通、降低外交关系等级以及抵制文化和体育活动等。个人制裁则是将受制裁国国家领导人、政府官员甚至商人列入制裁黑名单等。①无论是行业制裁还是个人制裁,均属于《反外国制裁法》反制的“外国制裁”范畴。由联合国安理会授权的多边制裁若合法性得到国际法的认可,则不属于该法反制的“外国制裁”。

(二)反制裁依据

受制裁国的反制裁措施通常依据本国的反制裁法直接作出。从当前各国和地区的实践来看,反制裁立法主要采取“阻断”和“制裁”两种模式。前一种模式通过发布禁令和设置追偿条款以达到阻遏外国制裁法域外适用的效果;后一种模式则更进一步,通过对制裁发起国实施针锋相对的制裁,达到“转守为攻”的效果。尽管在制度设计上存在明显差异,但两种立法模式均是直接针对外国制裁提出的,是反制裁最主要的法律依据。针对我国实施的反制裁,就“制裁”模式而言,其主要依据是《反外国制裁法》;就“阻断”模式而言,其主要依据则为商务部发布的《阻断外国法律与措施不当域外适用办法》和《不可靠实体清单规定》,上述法律文件共同构成我国反外国制裁法律实践最重要的法律依据。

值得注意的是,在《反外国制裁法》颁布之初,全国人大常委会法工委负责人在答记者问中指出,针对一些西方国家出于各种目的对我国公民、企业或者其他组织采取的其他形式的、与国际法和国际关系基本准则相背离的限制性措施,我国现行法律中已有一些法律文件作出了类似反制措施的规定,②如《中华人民共和国出口管制法》第 48 条、《外商投

① See Charlotte Beaucillon ed., *Research Handbook on Unilateral and Extraterritorial Sanctions*, Edward Elgar, 2021, p. 5.

② 参见《全国人大常委会法工委负责人就反外国制裁法答记者问》,载《新华每日电讯》2021 年 6 月 11 日,第 3 版。

资法》第40条、《阻断外国法律与措施不当域外适用办法》和《不可靠实体清单规定》等。其中,商务部的阻断规定适用于商事活动的各个领域,《反外国制裁法》作为其上位法,同样构成商务部阻断命令和不可靠实体清单制定的法律依据,属于反制裁领域的一般性法规。而《中华人民共和国出口管制法》和《外商投资法》则主要适用于其所调整的对外贸易或外资准入等特殊领域,并非专门针对外国制裁或其他歧视性限制措施而实施的立法。此外,依据《中华人民共和国出口管制法》和《外商投资法》采取"对等措施"所针对的外国措施是各国行使其在经贸领域主权管辖权的体现,并不必然违反国际法或国际关系基本准则,相关外国措施的实施目的也并不必然是遏制或打压中国,我国采取的应对措施一般是在对等或互惠基础上作出的,而非必然出于反制或对外斗争的目的。因此,依据《中华人民共和国出口管制法》和《外商投资法》等法律法规采取的对等措施不一定为反制措施。相比之下,依据《反外国制裁法》和商务部阻断规定采取的措施则是典型的反制措施。职是之故,本书统计的反制措施,主要包括直接依据《反外国制裁法》、商务部《阻断外国法律与措施不当域外适用办法》和《不可靠实体清单规定》作出的反制决定,不包括出口管制和外商投资等专门领域的对等措施。

(三)反制裁对象

根据《反外国制裁法》第4条和第5条的规定,该法反制的对象主要为直接或者间接参与制定、决定或实施歧视性限制措施的个人或组织,包括被列入反制清单个人的配偶、直系亲属及其担任高级管理人员的组织,以及列入反制清单组织的高级管理人员或者实际控制人等特定关系人。需要指出,由于"制裁"一词同样在国内法语境中使用,即针对特定行为主体的刑事或行政违法行为实施处罚等,其与反制外国制裁无关,后者的适用对象仅包括中华人民共和国领域外的实体和个人。在此前提下,中央人民政府有关部门对我国香港特区、澳门特区和台湾地区的相关实体或个人实施的“制裁”或“惩戒”并不属于国际法上的反制裁范畴,而是一个国内法问题。例如,2023 年 4 月 7 日,中共中央台办发言人宣布对“台独”顽固分子萧美琴实施制裁,严禁萧美琴及其家属进入大陆和香港特区、澳门特区,禁止其“金主”和关联企业与大陆组织、个人合作,并采取其他一切必要的惩戒措施,依法终身追责。① 上述措施虽与《反外国制裁法》规定的制裁措施相似,且与相关外国干涉中国内政的行为紧密相关,但由于其制裁对象为中国公民,并不属于《反外国制裁法》对反制裁对象的规定,不属于该法实施实践的表现。②

(四)反制裁实践

从《反外国制裁法》的规定来看,制定反制清单和实施反制裁的主体为国务院行政部门,因此,反制裁实践也主要为行政执法实践。根据该法第 9 条,反制清单和反制措施的确定、暂停、变更或取消由外交部或国务院其他有关部门以发布命令的形式公布。本书统计的反制裁实践将主要围绕外交部等行政部门作出的反制决定或命令展开。此外,该法第 12 条还同时规定了反制裁的追偿诉讼制度,可见人民法院亦是实施《反外国制裁法》的重要主体。不过,从既有公开信息来看,涉及《反外国制裁法》的司法案例仍较为少见,故本书统计的反制裁实践相关数据,

---

① 参见《中共中央台办发言人受权宣布对“台独”顽固分子萧美琴实施制裁》,载中共中央台湾工作办公室、国务院台湾事务办公室网,http://www.gwytb.gov.cn/m/news/202304/t20230407_12524424.htm。

② 在 2023 年 11 月 20 日举行的外交部例行记者会上,有记者提问:“台湾地区‘总统选举’候选人赖清德宣布台湾前‘驻美代表’萧美琴为他的‘副总统’人选。外交部对此有何回应?如果萧成为台湾‘副总统’,大陆是否计划宣布对她实施更多制裁?”外交部发言人毛宁回答:“这不是一个外交问题。”参见《2023 年 11 月 20 日外交部发言人毛宁主持例行记者会》,载外交部网,https://www.mfa.gov.cn/web/fyrbt_673021/jzhsl_673025/202311/t20231120_11183598.shtml。

主要针对反制裁的行政执法实践，与之有关的司法实践将在案例分析中另行讨论。

根据前述确定的研究范畴，通过检索外交部网站政府信息公开平台“反制裁清单和措施”一栏发布的反制决定、①外交部发言人表态、商务部网站政府信息公开平台发布的不可靠实体清单公告②和商务部新闻发布等公开信息，可以获取自2021年1月至2024年9月，③我国实施的反制措施共计33例。其中，由外交部作出的反制裁决定有30例，其中1例为取消反制措施的决定，④由商务部作出的反制裁决定有3例，详见附件2“《反外国制裁法》实施实践案例统计表(2021年1月至2024年9月)”。

二、反制裁实践的主要特征

整体而言，自2021年以来，我国反制裁法治体系逐步完善，反制裁工作运行逐步常态化、规范化，透明度不断提高。《反外国制裁法》的实施效果日益显著，相关法条的适用实现了从无到有的突破，为反制外国

---

① 参见外交部网站政府信息公开平台“反制裁清单和措施”，https://www.mfa.gov.cn/web/wjb_673085/zfxxgk_674865/gknrlb/fzcqdcs/。

② 参见商务部网站政府信息公开平台，https://www.mofcom.gov.cn/zfxxgk/index.html。

③ 自2021年1月拜登就任美国总统以来，美国对华制裁进入新阶段，对华制裁措施全面升级，系统性的反制裁正式成为对美法律斗争的重要组成部分。在《反外国制裁法》颁布之前，外交部已针对相关外国制裁开展了相应的反制实践，相关案件与《反外国制裁法》颁布后的案件具有一定关联性，故本书将反制裁实践的统计范围溯及到2021年1月。参见霍政欣、鄢雨虹：《美国对华制裁的演化趋势、国际法检视及中国因应》，载《浙江大学学报(人文社会科学版)》2024年第7期。

④ 2024年7月22日，外交部发言人在例行记者会上表示：“中方依据《反外国制裁法》等相关法律，鉴于采取反制措施所依据的情形发生变化，决定取消对卫讯公司的反制措施。”参见《2024年7月22日外交部发言人毛宁主持例行记者会》，载外交部网，https://www.mfa.gov.cn/web/wjdt_674879/fyrbt_674889/202407/t20240722_11457963.shtml。

单边制裁,维护我国主权、安全和发展利益提供了强有力的法律支撑。本部分结合附件2“《反外国制裁法》实施实践案例统计表(2021年1月至2024年9月)”,就我国反外国制裁实践的主要特征进行归纳和分析,通过反制裁决定的形式、法律依据、反制理由、反制措施等内容厘清反制裁制度运行的内在逻辑。

(一)决定作出的形式

反制措施的适用对象虽为我国领域外的实体和个人,但其本质上仍属于依据国内法开展的行政执法活动,所以依据《反外国制裁法》作出的制裁决定为行政决定。根据《反外国制裁法》第4条的规定,国务院有关部门均为有权决定采取反制措施的行政主体。根据该法第9条的规定,反制决定由外交部或国务院其他有关部门作出。从已有实践来看,除商务部在其职权范围内发布阻断命令或不可靠实体清单外,其余反制决定均由外交部发布。

不过,外交部发布的反制清单和反制措施并非完全依照《反外国制裁法》第9条的规定通过外交部令的形式发布,而是既包括外交部命令和决定,也包括外交部发言人表态,通过答记者问的方式宣布实施反制裁及相关措施。在排除《反外国制裁法》颁布前,相关法律法规尚未就反制裁决定的形式作出明确规定的情形后,在2021年6月至2024年9月,外交部以“发言人表态”的方式作出的反制决定有13例;以“外交部令”的方式作出的反制决定共9例;以“外交部决定”的方式作出的反制决定有1例。值得注意的是,外交部以“发言人表态”的形式发布制裁决定的实践主要集中在《反外国制裁法》生效之初,彼时该法实施的配套措施和内部工作规范尚未完备,仍处于该法实施的合理过渡期,因而对反制决定的形式并未完全按照第9条的规定以外交部令的形式发布。自2024年1月以后,外交部发布制裁决定的形式均以“外交部令”为载体,其核心内容包括制裁背景、制裁依据、制裁对象、制裁措施以及生效时间等,并以附件形式发布“反制清单”,执法活动逐渐标准化、规范化。

除外交部作出的反制决定外,商务部在作出反制裁决定时主要依据《阻断外国法律与措施不当域外适用办法》和《不可靠实体清单规定》。不过,截至本书书稿完成时,商务部尚未依据《阻断外国法律与措施不当域外适用办法》公开发布不得承认、执行或遵守有关外国法律与措施的禁令。《不可靠实体清单规定》于 2020 年 9 月 19 日实施,但直到 2023 年,商务部不可靠实体清单工作机制才首次决定将特定主体列入不可靠实体清单。截至 2024 年 9 月,该工作机制已正式发布 3 份不可靠实体清单,均以公告形式公布。

(二)决定作出的法律依据

作为行政执法的范畴,反外国制裁应坚持有法可依,确保具体行政行为的合法性和正当性。《反外国制裁法》为反制裁决定的作出提供了明确的法律依据,是国务院等部门尤其是外交部作出制裁决定的法律基础。不过,在现行反制裁实践中,对反制裁决定所依据法律的阐明尚未形成统一做法。自该法颁布实施以来,在外交部与商务部的反制决定中,明确指明以《反外国制裁法》为反制依据的有 16 例,其中“仅指明适用《反外国制裁法》”但未列举具体条款的共 6 例,“列明《反外国制裁法》具体条款”的共 10 例,但所援引的条款不完全统一,其中较为常见的条款为该法第 3 条至第 6 条、第 9 条和第 15 条;“无指明依据”的共 8 例;适用“其他”法律依据的共 2 例。

需要指出的是,在本书统计的案例中,无指明法律适用依据的案件均为外交部作出的制裁决定,而援引其他反制依据的案件均源于商务部发布的不可靠实体清单,其依据除《不可靠实体清单规定》外,还包括

《中华人民共和国对外贸易法》《国家安全法》等,后者就特定领域的反制裁作出规定。值得注意的是,在商务部发布的 3 份不可靠实体清单公告的官方文本中,均未正式援引《反外国制裁法》作为清单颁布的法律依据,仅在新闻发布中援引该法。例如,2023 年 2 月 16 日,商务部不可靠实体清单工作机制发布首个不可靠实体清单,即《不可靠实体清单工作机制关于将洛克希德·马丁公司、雷神导弹与防务公司列入不可靠实体清单的公告》。2023 年 4 月 18 日,在商务部举行的新闻发布会上,商务部新闻发言人指出该不可靠实体清单决定是依据《反外国制裁法》《中华人民共和国对外贸易法》《国家安全法》等有关法律作出的。① 可见,尽管在正式公告中未列明《反外国制裁法》,但从该法的适用范围和效力位阶以及不可靠实体清单的实施目的来看,其作为不可靠实体清单颁布的法律依据之一,应无疑义。

(三)反制理由

由前述分析可知,《反外国制裁法》第 3 条第 2 款是国务院等有关部门采取反制措施的主要依据,其规定了实施反制裁须满足的前提和核心条件,即外国国家实施了违反国际法和国际关系基本准则、对我国构成歧视性限制措施的行为。细言之,反制措施所针对的外国歧视性限制措施是由该外国国家作出的,如美国 OFAC 发布的 SDN 名单等制裁名单和措施,或外国国家以各种理由发布的对我国进行遏制和打压,抑或干涉中国内政,危害我国主权、安全和发展利益的政策和报告等,这些均构成我国实施反制措施的理由。因此,根据《反外国制裁法》第 4 条的规定,直接或者间接参与制定、决定、实施歧视性限制措施的个人或组织均

---

① 参见《商务部新闻发言人就不可靠实体清单实施有关问题答记者问》,载商务部网 2023 年 4 月 18 日,https://m. mofcom. gov. cn/article/xwfb/xwfyrth/202304/20230403404866. shtml。

可成为反制对象。此外,即使不存在第 3 条第 2 款规定的外国国家政策或措施,如果相关外国国家、组织或者个人实施、协助实施或支持的相关活动危害我国主权、安全和发展利益,我国还可依据《反外国制裁法》第 15 条采取反制措施。

在既有的反制裁实践中,反制裁的理由均涉及《反外国制裁法》第 3 条或第 15 条规定的情形。从反制裁的主题来看,除取消制裁措施的 1 例外,在其他 32 例反制裁案件中,"涉港制裁"共出现 3 次,"涉台制裁、政策或行为"共出现 17 次(其中对向我国台湾地区出售武器问题共制裁了 12 次),"涉疆制裁"共出现 5 次,"涉藏制裁"共出现 2 次,涉及"宗教、人权等其他政策或行为"的反制裁共出现 5 次,详见图 1。

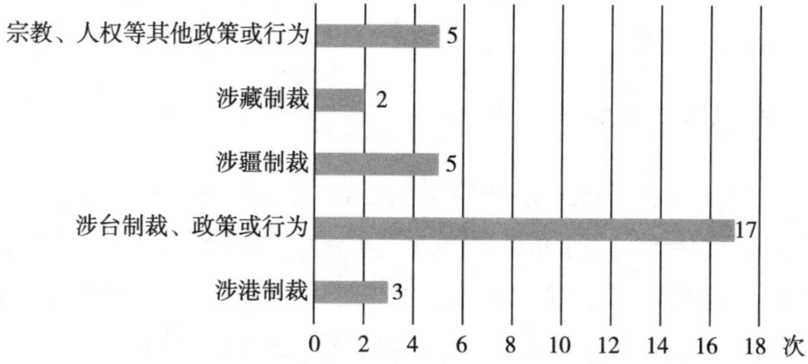

图 1　反制理由分布(2021 年 1 月至 2024 年 9 月)

从制裁对象国的国别来看,已有实践中共有 30 例涉及美国,其他国家或国际组织各 1 例(分别是英国、加拿大、立陶宛、欧盟),详见图 2。可见,美国是对中国实施单边制裁最频繁的国家,也是中国最主要的反制对象国。

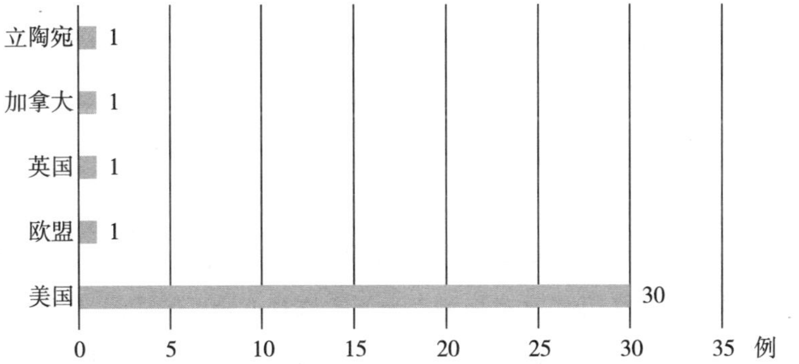

图 2 反制对象国分布(2021 年 1 月至 2024 年 9 月)

从既有实践来看,无论是外国将中国实体或个人列入制裁清单,还是颁布干涉中国内政的立法、政策或文件,抑或实施了相关行动,其触发反制裁的核心原因均在于上述措施、政策或行为违反了国际法与国际关系基本准则,危害我国主权、安全和发展利益,这体现了我国反制裁的被动性和防御性,而非主动或任意为之。相关实践亦反映了我国反制裁坚持对等原则,如通常情况下被列入反制清单的实体或个人的数量与外国制裁中国实体或个人的数量基本一致,制裁措施具有相似性等。

值得注意的是,在外交部发布的反制决定中,触发反制措施的外国制裁往往针对的是中国官员,而外国针对我国个别企业或私人实施的制裁措施通常不会直接触发《反外国制裁法》下的反制机制。这一现状与《反外国制裁法》颁布的背景相契合。在该法颁布之初,全国人大常委会法工委负责人在答记者问时指出:"近年来,某些西方国家和组织不愿看到、不愿承认、不愿接受中国巨大发展进步的现实,出于政治操弄需要和意识形态偏见,利用涉疆涉藏涉港涉台涉海涉疫等各种议题和借口,对中国内外政策和有关立法修法议程横加指责、抹黑、攻击,对中国发展进行歪曲、诋毁、遏制和打压,特别是违反国际法和国际关系基本准则,依据其本国法律对中国有关国家机关、组织和国家工作人员实施所谓

'制裁',粗暴干涉中国内政。"[①]可见,外国对我国国家机关、组织和国家工作人员实施制裁或其他干涉中国内政的行为是反制裁最直接的原因。如果外国对企业等私主体的歧视性限制措施没有达到危害国家主权、安全和发展利益的严重程度,则不会轻易触发《反外国制裁法》的相关措施。

不过,尽管针对危害国家主权、安全和发展利益或干涉我国内政的制裁措施或政策,我国已对相关行为人实施对等的反制措施,但该外国制裁或歧视性限制措施的实际结果已然发生,并有可能已对国内企业或个人的合法权益造成损害,反制措施似乎无法挽回国内实体和个人因承担外国制裁导致的实际损失。对此,《反外国制裁法》第12条赋予受制裁影响的当事人通过民事追偿程序寻求救济的权利,从司法维度促进反制裁目标的实现。

(四)反制措施

针对反制对象采取的具体制裁措施,由国务院有关部门按照其职责和任务分工来确定。根据《反外国制裁法》第6条的规定,可采取的反制措施包括不予签发签证、不准入境、注销签证或者驱逐出境;查封、扣押、冻结在我国境内的动产、不动产和其他各类财产;禁止或者限制我国境内的组织、个人与其进行有关交易、合作等活动;以及其他必要措施。这些措施是对受制裁对象外国人待遇、财产和交易活动所采取的具有可逆性的限制措施,符合国际法上关于反措施的要求。从外交部作出的反制决定来看,采取"不予签发签证、不准入境、注销签证或者驱逐出境"措施的共18例,采取"查封、扣押、冻结在我国境内的动产、不动产和其他

① 《人大常委会法工委负责人就反外国制裁法答记者问》,载《新华每日电讯》2021年6月11日,第3版。

各类财产”措施的共 15 例;采取“禁止或者限制我国境内的组织、个人与其进行有关交易、合作等活动”措施的共 16 例;采取“其他必要措施”的共 1 例,另有 8 例未公布具体的制裁措施,详见图 3。

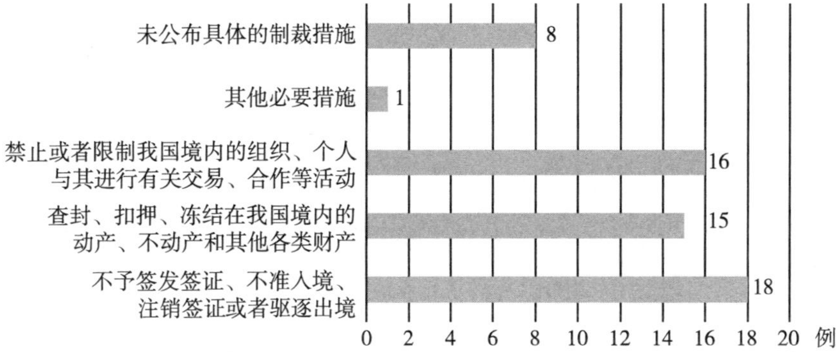

图 3 外交部反措施分布(2021 年 1 月至 2024 年 9 月)

从公布的具体反制清单和反制措施来看,外交部通常会根据受制裁对象为实体或个人采取相对应的反制措施,《反外国制裁法》第 6 条第 1 项至第 3 项的几种措施通常会同时使用,并与反制的外国制裁措施相对应,强调反制裁的对等性。从反制裁的内容来看,我国实施的制裁为定向制裁,而非行业制裁,从而可以减轻制裁对不特定范围的实体或个人产生的潜在影响。在对关联人员和实体的制裁方面,外交部在其制裁决定中通常会对受制裁个人的直系亲属,以及受制裁实体的高级管理人员采取连带制裁措施。不过,仍有相当数量的案件在其反制裁决定中并未公布具体的制裁措施,而仅以“采取制裁措施”或实施“对等制裁”等宽泛的表述替代,难以确保执法的透明度和确定性,有待在实践中不断完善。

在商务部发布的 3 项不可靠实体清单公告中,依据《不可靠实体清单规定》第 10 条的规定,针对被列入不可靠实体清单的实体和个人,除禁止其从事与中国有关的进出口和在中国境内投资等商事活动,并对相关人员的入境和居留实施限制外，还可以对受制裁对象处以罚款。此外，根据《不可靠实体清单规定》第 9 条的规定，不可靠实体清单机制还可以在公告中提示与被列入不可靠清单的实体进行交易的风险，并要求相关实体予以改正，如商务部 2024 年 5 月 20 日不可靠实体清单机制第 1 号公告中即有相应指令。

三、典型案例分析

在对上述统计数据进行总结并归纳《反外国制裁法》实施特征的基础上，可以看出，我国反外国制裁实践随着反制裁法治体系的不断完善日益体系化和规范化，如制裁决定是在外国对我国实施制裁或干涉我国内政等危害国家主权、安全和发展利益行为的前提下作出的，具有显著的被动性和反制性，相关制裁措施具有对等性和可逆性等。除反制裁的执法活动外，司法机关在《反外国制裁法》实施中亦发挥日益重要的作用。尽管现阶段与反制裁有关的司法实践仍较少见，但不排除随着反制措施的实施和反制裁效果的逐渐显现，制裁与反制裁引发的司法案件将日益复杂，尤其值得关注。本部分选取反制裁执法和司法实践中的典型案例，对我国反外国制裁法律体系的实施情况予以具体考察。

(一)执法实践案例分析

1. 因涉港制裁而触发的反制裁

近年来，美国政府持续以我国香港特区民主和人权为由，出台了一系列针对我国香港特区的法律或总统行政令，将中国中央人民政府和香港特区政府官员列入制裁名单，企图实施“长臂管辖”和单边制裁，粗暴干涉中国内政。美国国会于 2019 年通过“香港人权与民主法”，并于 2020 年通过“香港自治法”。特朗普政府在“香港自治法”通过当天发布第 13936 号行政命令，终止了我国香港特区享有的差别待遇，并与“香港自治法”一起，授权对任何被认定为“实质上有助于”（materially contributing）削弱1985年中英联合声明和《中华人民共和国香港特别行政区基本法》所保障的香港自治的个人或实体实施制裁，对其实行资产冻结和发布交易禁令等。虽然“香港自治法”与第13936号行政命令在很大程度上有所重叠，但前者还特别增加了次级制裁，以惩罚故意与第13936号行政命令指定人员开展重大交易的外国金融机构。依据“香港自治法”和第13936号行政命令，2020年8月，美国宣布制裁我国香港特区行政长官林郑月娥等10名香港特区官员，将其纳入SDN名单。①

针对美国对我国人员实施的单边制裁，我国对参与制定制裁措施的美国政府官员采取了一系列反制措施。2021年1月15日，美国国务卿蓬佩奥发表声明称，为回应中国香港警方近日逮捕50多名民主派人士，美国国务院根据有关总统行政令，决定对6名中国中央人民政府和香港特区政府官员实施制裁。2021年1月18日，外交部发言人在例行记者会上作出回应，决定实施对等制裁，发言人表态内容如下：②

> 美方有关行径公然插手香港事务，粗暴干涉中国内政和中国司法主权，严重违反国际法和国际关系基本准则，中方对此坚决反对、强烈谴责。
>
> 香港是法治社会，法律面前人人平等。有法必依，违法必究，是法治的基本要求。我们坚定支持香港特区有关部门依法打击违法犯罪活动，维护法律权威，捍卫国家安全。

---

① 详细的制裁名单参见美国OFAC网，*Sanctions List Search*，OFAC，https://sanctionssearch.ofac.treas.gov/。

② 参见《2021年1月18日外交部发言人华春莹主持例行记者会》，载外交部网，https://www.mfa.gov.cn/web/fyrbt_673021/jzhsl_673025/202101/t20210118_5419749.shtml。

针对美方错误行径,中方已经决定对在涉港问题上表现恶劣、负有主要责任的美国行政部门官员、国会人员、非政府组织人员及其直系亲属实施对等制裁。

我要再次强调,香港是中国的香港,香港事务纯属中国内政。美方必须立即停止插手香港事务,立即停止打着各种幌子干涉中国内政、危害中国国家安全,不要在错误和危险的道路上越走越远。

该次制裁系以外交部发言人答记者问的方式作出,其反制对象是“在涉港问题上表现恶劣、负有主要责任的美国行政部门官员、国会人员、非政府组织人员及其直系亲属”,其范围主要包括美国对我国香港特区制裁项目的直接参与人员,但并未列明具体对象姓名,也没有明确具体的制裁措施。

面对美国国务院等部门联合发布的所谓“香港商业警告”和美国OFAC对7名中央人民政府驻香港特别行政区联络办公室副主任的制裁措施,外交部发言人于2021年7月23日发布反制决定,其答问内容如下:①

美方炮制所谓“香港商业警告”,无端抹黑香港营商环境,非法制裁多名中国中央政府驻港机构官员,有关行径严重违反国际法和国际关系基本准则,严重干涉中国内政,中方对此坚决反对,予以强烈谴责。

针对美方错误行径,中方决定采取对等反制,根据《反外国

① 参见《外交部发言人就中方决定对美有关人员和实体实施制裁答记者问》,载外交部网,https://www.mfa.gov.cn/web/fyrbt_673021/dhdw_673027/202107/t20210723_9171353.shtml。

制裁法》对前美商务部长罗斯、美国会“美中经济与安全评估委员会”(USCC)主席卡罗琳·巴塞洛缪、“国会—行政部门中国委员会”(CECC)前办公室主任乔纳森·斯迪沃斯、“美国国际事务民主协会”金度允、“美国国际共和研究所”在港授权代表亚当·金、“人权观察”中国部主任索菲·理查森及“香港民主委员会”等7个美方人员和实体实施制裁。

我要再次强调,香港是中国的香港,香港事务纯属中国内政。任何外部势力企图干涉香港事务,都是蚍蜉撼树自不量力。

这是《反外国制裁法》颁布后我国反制裁实践的首例,该制裁决定明确以《反外国制裁法》为依据,为反制措施的作出提供了充分的法律依据。该决定首先阐明了实施反制裁的理由,即美国政府的相关制裁行为违反国际法和国际关系基本准则,严重干涉我国内政,这是触发反制措施的理由和前提条件,体现了我国反制裁的被动性和防御特征。反制的对象为7个美方人员和实体,在性质上为直接或间接参与美国相关制裁政策的国会成员、政府官员和非政府组织,在数量上与被列入SDN名单的7名中央人民政府驻香港特别行政区联络办公室官员相一致,体现了行政行为的合比例性。该制裁决定是以外交部发言人表态的方式作出,未说明对反制裁人员采取《反外国制裁法》第6条规定的哪些反制措施。作为《反外国制裁法》实施后的首例反制案件,其标志性意义依然不容忽视。

2021年12月20日,美国国务院、美国财政部继续更新其制裁名单,依据“香港自治法”对5名中央人民政府驻香港特别行政区联络办公室副主任实施制裁,①制裁对象与2021年7月16日发布的制裁对象重合。2021年12月30日,外交部发言人在例行记者会上表示:②

> 我日前已经就此表明中方严正立场。中方对美方依据美国内法制裁中方人员、干涉中国内政的行径坚决反对、强烈谴责。
>
> 今年7月,美方借发布所谓"香港商业警告",已经宣布对包括上述5名香港中联办副主任在内的7名中方官员进行制裁。中方根据《反外国制裁法》对美方有关人员进行了对等反制。美方这次重复宣布是翻旧账、炒冷饭,无非是借炒作涉港问题服务遏制中国的政治图谋。这彻底暴露了美方关心香港人权是假,破坏香港繁荣稳定是真。
>
> 针对美方错误行径,中方决定采取对等反制,根据《反外国制裁法》对美国前商务部长罗斯、美国国会"美中经济与安全评估委员会"(USCC)主席卡罗琳·巴塞洛缪、"国会—行政部门中国委员会"(CECC)前办公室主任乔纳森·斯迪沃斯、"美国国际事务民主协会"金度允、"美国国际共和研究所"在港授权代表亚当·金等5名美方人员实施制裁。制裁措施包括禁止上述人员入境(包括香港、澳门)、冻结其在华财产、禁止中国公民及机构与其交易。此前中方针对美国其他涉港错误行径作出的反制决定,包括制裁对象和措施依然有效。

---

① See *Hong Kong-related Designations Updates*; *Counter Terrorism Designation Update*; *Iran-related Designation Update*; *Global Magnitsky Designation Removal*, Office of Foreign Assets Control (Dec. 20, 2021), https://ofac.treasury.gov/recent-actions/20211220.

② 参见《2021年12月30日外交部发言人赵立坚主持例行记者会》,载外交部网, https://www.mfa.gov.cn/web/fyrbt_673021/jzhsl_673025/202112/t20211230_10477521.shtml。

该反制决定旨在回应美国财政部继续实施的涉港制裁，被反制人员同样与2021年7月23日的反制裁名单重合，但人数由原来的7名调整为5名，与美国财政部发布的制裁人员数量相同。此次制裁决定虽依旧以发言人表态的方式作出，但显著的进步是明确了制裁措施的具体内容，包括禁止上述人员入境（包括中国香港特区、澳门特区），冻结其在华财产，禁止中国公民及机构与其交易。外交部发言人同时强调，此前针对美方涉港制裁人员的反制决定继续有效。

2. 因涉台言论和活动而触发的反制裁

近年来，美国等国政府官员及相关实体和人员肆意干涉我国台湾问题，开展危害祖国和平统一的活动或发布的涉台不当言论，成为触发我国反制措施的另一重要事由。此类行为通常无视一个中国原则，企图干涉中国内政，为"台独"分裂活动提供帮助，严重损害了我国主权独立和领土完整。对此，《反外国制裁法》实施以来，外交部依据该法相继作出反制决定。

2022年8月2日，美国国会众议长佩洛西窜访中国台湾地区，与台湾当局勾连，支持"台独"势力，侵犯中国主权和领土完整。外交部于2022年8月5日宣布采取包括取消安排中美两军战区领导通话；取消中美国防部工作会晤；取消中美海上军事安全磋商机制会议；暂停中美非法移民遣返合作；暂停中美刑事司法协助合作；暂停中美打击跨国犯罪合作；暂停中美禁毒合作；暂停中美气候变化商谈在内的8项制裁措施，并宣布对佩洛西本人及其直系亲属实施制裁。不过，针对佩洛西的制裁决定并未就制裁措施的具体内容作出规定，亦未阐明制裁的法律依据：①

① 参见《外交部发言人宣布中方对美国国会众议长佩洛西实施制裁》，载外交部网，https://www.mfa.gov.cn/web/fyrbt_673021/dhdw_673027/202208/t20220805_10735491.shtml。

美国国会众议长佩洛西不顾中方严重关切和坚决反对执意窜台，严重干涉中国内政，严重损害中国主权和领土完整，严重践踏一个中国原则，严重威胁台海和平稳定。针对佩洛西恶劣挑衅行径，中方决定，根据中华人民共和国有关法律，对佩洛西及其直系亲属采取制裁措施。

该制裁决定作出后不久，2022 年 8 月 7 日，立陶宛交通与通讯部副部长瓦伊丘凯维丘特即窜访我国台湾地区，同样遭到外交部的强烈反制。2022 年 8 月 12 日，外交部以发言人表态的方式宣布对立陶宛的制裁决定。该决定未阐明制裁作出的依据和制裁的具体措施，但其不仅涉及瓦伊丘凯维丘特本人，还包括暂停中国与立陶宛两国政府部门之间和特定领域的交流合作，将制裁上升至受制裁对象任职的政府部门及国家层面：①

立陶宛交通与通讯部副部长瓦伊丘凯维丘特窜访中国台湾地区，践踏一个中国原则，严重干涉中国内政，损害中国主权和领土完整。针对瓦伊丘凯维丘特恶劣挑衅行径，中方决定：对瓦伊丘凯维丘特采取制裁措施；暂停同立交通与通讯部任何形式的交往，暂停同立国际道路运输领域交流合作。

2023 年 3 月 29 日至 31 日和 4 月 4 日至 6 日，我国台湾地区领导人蔡英文以“过境”为名窜访美国并与美国众议长麦卡锡见面，从事相关

① 参见《外交部发言人宣布中方针对立陶宛交通与通讯部副部长瓦伊丘凯维丘特实施制裁》，载外交部网，https://www. mfa. gov. cn/web/fyrbt_673021/dhdw_673027/202208/t20220812_10742446. shtml。

政治活动。2023 年 4 月 7 日，外交部以命令的方式发布《关于对美国哈德逊研究所、里根图书馆及其负责人采取反制措施的决定》，对为蔡英文窜美提供便利的美国实体和个人实施制裁。这是《反外国制裁法》实施以来，外交部第 2 次以命令的方式作出制裁决定，该命令详细指明了制裁的理由、法律依据和制裁措施，并以附件的形式公布反制清单，详见附件 2。[①]

2023 年 4 月 7 日，针对蔡英文窜美的有关行为，中共中央台办宣布对在该活动中扮演重要角色的“台独”顽固分子萧美琴实施制裁，禁止萧美琴及其家属进入大陆和香港特区、澳门特区，禁止其“金主”和关联企业与大陆组织、个人合作，并采取其他一切必要的惩戒措施，依法终身追责；[②]对台湾“远景基金会”“亚洲自由民主联盟”采取惩戒措施，禁止其负责人进入大陆和香港特区、澳门特区，禁止大陆有关组织和个人与其进行合作。[③] 不过，如前所述，尽管中共中央台办在发言人表态中使用了“制裁”的表述，且针对相关责任人采取的措施与《反外国制裁法》第 6 条规定的制裁措施属于相同类型，但其并不属于我国反制裁实践的一部分。

值得注意的是，在上述三个案件中，外交部的制裁决定均源于实体或个人实施的特定行为，即窜访中国台湾地区或为台湾地区领导人窜访本国提供帮助等活动，相关行为违反了国际法和国际关系基本准则，尤

---

① 参见《关于对美国哈德逊研究所、里根图书馆及其负责人采取反制措施的决定》（中华人民共和国外交部令第 1 号）。

② 参见《中共中央台办发言人受权宣布对“台独”顽固分子萧美琴实施制裁》，载中共中央台湾工作办公室、国务院台湾事务办公室网，http://www.gwytb.gov.cn/m/news/202304/t20230407_12524424.htm。

③ 参见《国台办宣布对宣扬“台独”的有关机构予以惩戒》，载中共中央台湾工作办公室、国务院台湾事务办公室网，http://www.gwytb.gov.cn/m/fyrbt/202304/t20230407_12524481.htm。

其是国际社会公认的一个中国原则，对国家主权、安全和发展利益构成损害，进而触发我国制裁反应，有别于因外国对中国实施单边制裁而引发的对等反制措施。

《反外国制裁法》第 15 条为反制此类行为提供了法律依据。该条规定，对于外国国家、组织或者个人实施、协助、支持危害我国主权、安全、发展利益的行为，需要采取必要反制措施的，参照该法有关规定执行。可见，只要相关实体或个人实施或协助实施危害国家主权、安全和发展利益的行为，我国就有权参照《反外国制裁法》的相关规定采取制裁措施。外交部《关于对美国哈德逊研究所、里根图书馆及其负责人采取反制措施的决定》首次在其制裁决定中将《反外国制裁法》第 15 条列为决定作出的法律依据，亦说明了此点。此外，2023 年 4 月 13 日，外交部发布《关于对美国反华议员迈克 · 麦考尔采取反制措施的决定》，针对其近年来频繁采取干涉中国内政、损害中方利益的言行，并于近期率团窜访中国台湾地区，对其采取反制措施。① 该反制决定同样列举了《反外国制裁法》第 15 条作为决定作出的法律依据之一。

（二）司法实践案例分析

1. 麦格里银行有限公司申请承认与执行新加坡国际仲裁中心仲裁裁决案②

该案为某院审理的（2021）沪 74 协外认 1 号案件，是我国法院在承

---

① 参见《关于对美国反华议员迈克 · 麦考尔采取反制措施的决定》，载外交部网，https://www.mfa.gov.cn/web/wjb_673085/zfxxgk_674865/gknrlb/fzcqdcs/202304/t20230413_11058780.shtml。

② 参见何云、张鑫：《我国承认与执行程序涉阻断审查的理论证成和规则构建——以全国首例处理阻断法适用案为切入点》，载《人民法院服务中国特色社会主义法治体系建设与刑事法律适用问题研究——全国法院第 34 届学术讨论会获奖论文集（中）》，人民法院出版社 2023 年版，第 1427 ~ 1438 页。

认和执行仲裁裁决案件中处理反制裁措施的首例,被称为“1 号裁定”。[①]如前所述,某院以申请人约定仲裁和选任仲裁员的程序并无不当,且在制裁决定作出时,以该案所涉仲裁裁决已完成为由,认定该仲裁裁决不存在《纽约公约》第 5 条规定的不予承认和执行的情形。

该案不仅涉及《反外国制裁法》第 5 条对反制对象范围的讨论,还对我国法院在未来司法实践中提升司法反制裁能力特具启示意义。细言之,由于法院地国反制裁法律或措施通常具有公共秩序的属性,《纽约公约》第 5 条关于公共秩序保留的规定实际上为法院拒绝承认和执行有违法院地国反制裁法律或措施的外国裁决预留了足够的空间。[②] 因此,法院在审理与制裁相关的案件中,决定是否承认和执行相关仲裁裁决,除审查仲裁约定的效力及仲裁程序的合法性等事项外,还应对外国仲裁裁决可能涉及的中国反制裁措施及其牵涉的公共秩序予以必要考察,并通过内部报告程序请求最高人民法院裁定,避免国家反制裁的目的受到不当减损。其原因在于,地方法院一般不熟悉外交事务,加之外交事务属于中央事权,在未与相关中央机构进行必要沟通的情况下,地方法院对国家反制裁法律和措施进行独立解释,不仅有可能超越司法权的合理边界,而且容易减损此类法律和措施的统一性、权威性和威慑力。

2. 青岛金海链国际贸易有限公司与广州发展碧辟油品有限公司买卖合同纠纷案[③]

2020 年 10 月 21 日,青岛金海链国际贸易有限公司(以下简称金海

---

① 参见何云、张鑫:《我国承认与执行程序涉阻断审查的理论证成和规则构建——以全国首例处理阻断法适用案为切入点》,载刘贵祥主编:《人民法院服务中国特色社会主义法治体系建设与刑事法律适用问题研究——全国法院第 34 届学术讨论会获奖论文集(中)》,人民法院出版社 2023 年版,第 1427 页。

② 根据《纽约公约》第 5 条第 2 款(乙)项的规定,申请承认及执行地所在国之主管机关认定承认或执行裁决有违该国公共政策者,可拒不承认及执行仲裁裁决。

③ 参见广东省广州市中级人民法院民事判决书,(2021)粤 01 民初 1365 号。

链公司)与广州发展碧辟油品有限公司(以下简称碧辟公司)签订了一份《货物采购合同》,约定购销货物名称为甲醇。金海链公司同时签署一份“关于贸易制裁的声明和保证”作为合同附件,其主要内容为:

> 本公司在与碧辟公司开展货物买卖以及其他业务合作中,郑重声明、保证和承诺如下,并及时主动向碧辟公司提供相关最新信息……本公司所提供的货物不属于来自……的石油、石油产品或石化产品……本公司违反本条上述声明或保证事项中的一项或几项的:(1)应自行承担全部法律责任以及货物风险;(2)本合同应赔偿碧辟公司因此而遭受的损失和支出的费用;(3)碧辟公司有权立即终止本合同,且有权拒绝向本公司付款,或不向本公司退还已收款项,不承担任何赔偿责任;(4)本公司有意隐瞒相关管制货物的,应赔偿碧辟公司因此而遭受的损失和支出的费用。

货物到港后,碧辟公司要求金海链公司提供货物的原产地证明作为付款条件,以证明其非源于被制裁的国家和地区,否则将拒收货物并解除合同,双方随即就合同效力问题向法院起诉。

该案为国际货物买卖合同纠纷,《中华人民共和国涉外民事关系法律适用法》第41条规定:“当事人可以协议选择合同适用的法律。当事人没有选择的,适用履行义务最能体现该合同特征的一方当事人经常居所地法律或者其他与该合同有最密切联系的法律。”该案中,双方当事人均是在中国境内设立的公司,约定货物的交付地点亦在中国境内,且在一审开庭时均表示同意适用中国法作为准据法,故法院认定该案应适用中国法进行审理。

该案的争议焦点在于合同的效力问题,碧辟公司主张金海链公司应根据合同附件“关于贸易制裁的声明和保证”提供充分材料证明货物不是源于受制裁国家和地区。金海链公司则主张案涉“关于贸易制裁的声明和保证”违反了《反外国制裁法》和《阻断外国法律与措施不当域外适用办法》，属于违反法律、部门规章的强制性规定，应属无效。

法院认为，首先，该声明和保证是金海链公司在与碧辟公司签订案涉《货物采购合同》时单方出具给碧辟公司的承诺，该文件上加盖了金海链公司的印章，应视为金海链公司的真实意思表示。其次，该文件的主要内容是金海链公司承诺其所提供的货物不属于来自受制裁国家和地区的石油、石油产品或石化产品，并不属于《反外国制裁法》和《阻断外国法律与措施不当域外适用办法》所规范的内容，进而驳回金海链公司的主张。

对于金海链公司是否应承担违约责任，法院认为，根据《货物采购合同》和“关于贸易制裁的声明和保证”的约定，金海链公司有义务向碧辟公司提供由正规厂家生产的原产正宗合格商品，并有义务出具出库单及出厂化验报告，并确保所提供的货物不属于来自受制裁国家和地区的石油、石油产品或石化产品。但在交易过程中，金海链公司并未向碧辟公司提供出库单及出厂化验报告。在碧辟公司要求金海链公司出具原产地证明以确定案涉货物是由正规厂家生产的原产正宗合格商品，从而排除所提供的货物来自受制裁国家和地区时，金海链公司明确表示无法提供。因此，法院认定金海链公司的行为构成违约，应承担违约责任。

该案所涉“关于贸易制裁的声明和保证”中对标的物原产地证明的保证，是跨国企业为避免交易涉及受制裁的第三国，而遭到制裁国次级制裁等风险签订的。在单边制裁日益成为最主要的贸易竞争工具的背景下，此类关于制裁的约定或担保使跨国企业承担了较大的合规成本，在受制裁国或其所属国存在反制裁立法或政策的情况下，合同当事人面临双重履约困境。《反外国制裁法》的实施明确了我国针对外国单边制裁等歧视性限制措施和国内法不当域外适用的核心立场,因此,法院在审理因外国制裁而引发的民商事争议尤其是合同履行争议时应审慎处理当事人约定与反外国制裁之间的关系。应考虑约定中可能涉及的对外国制裁等歧视性限制措施的遵守和执行,容易间接构成协助实施外国制裁,从而可能造成违反国家主权、安全和发展利益的结果。

第二节　反外国制裁实施效果评估

随着反外国制裁法律体系的建立和反制实践的逐步展开,如何准确评价已作出的反制措施的实施效果,衡量其国际合法性和影响,是准确把握我国反外国制裁效力,实现反制裁目标和提升反制裁能力的前提。尽管反制裁具有被动性和防御性,但其同样属于发起国为特定目的而针对受制裁国实体或个人采取的制裁措施,以促使相对国实体或个人改变其行为,其目的能否实现取决于对该措施有效性的评价标准。对反制裁的国际法合法性进行评估是避免反制措施的实施产生国家责任或引发国际争端,从而增强反制裁工作的稳健性。此外,随着反制裁实践的日益常态化,制裁与反制裁的互动共同促进了国际法的发展,对国际交往和如何处理国家间关系均产生深刻影响。本节综合有效性、合法性和国际影响三个方面,具体评估我国反制裁实践的效果。

一、有效性评估

相较于以联合国安理会为主导的多边制裁和全面制裁,现阶段的外国制裁主要以单边制裁和聪明制裁为主，制裁的手段也涵盖了贸易、金融、旅行自由和文化等方面的多元化措施，对制裁有效性的评估标准因而也是复杂多样的。因此，在以经济制裁为单边制裁主要手段的制裁实践中，衡量制裁有效性的标准除考察其对受制裁领域经济活动的影响外，还应考察具体制裁措施的特定目的，尤其是在涉及国家主权、安全等领域，为反制某一外国制裁而实施的经济制裁往往不是为了达到某种经济目的，而是为了捍卫国家的尊严和独立自主，因而衡量制裁有效性的标准也更加多元化。随着制裁实践的发展和制裁能力的提升，我国在《反外国制裁法》实施前后应对单边制裁的立场、态度和方法也正发生改变，进而对反制裁效果的衡量标准产生影响。

（一）衡量制裁有效性的标准

在经济制裁领域，制裁的有效性往往表现为制裁措施能否给受制裁国或受制裁对象带来直接的经济损失或能否对其经济活动产生影响，制裁措施能否实现对受制裁对象的精准打击，以及制裁是否对受制裁对象和制裁领域以外的主体产生了间接影响。换言之，制裁的有效性取决于足够的制裁强度、准确的制裁损失承受主体以及制裁所导致的非故意后果等。[①] 无论其目的和动机为何，反制措施的有效性可以援引制裁有效性的衡量标准来确定，依据《反外国制裁法》实施的反制措施同样可以通过结合受影响对象和其损失程度来评估其反制效果。

就经济领域的制裁与反制裁而言，制裁的后果往往由从事相关领域国际贸易的跨国企业来承担，除被列入制裁或反制裁清单中的企业外，还包括来自受次级制裁威胁的其他企业，这些企业既有可能来自受制裁国，也有可能来自制裁发起国或第三国。制裁与反制裁容易使跨国企业

---

① 参见陈喆：《〈反外国制裁法〉豁免机制的体系构建》，载《学海》2023 年第 4 期。

面临双重合规问题,从而使制裁损失的承受主体从清单中特定的个体扩大转变为不特定的群体,甚至是社会公众,从而给制裁国本身经济发展和社会稳定带来影响。因此,制裁国在实施制裁时应保持谦抑性和自控力,在针对外国实体采取特定制裁措施的同时,要从国内外的整体上考虑制裁可能给本国带来的负面影响,而非仅仅出于政治竞争的目的忽视本国发展的需求。可见,对制裁有效性的评估,不仅要看制裁强度及其给特定受制裁对象带来的后果,还要看制裁对制裁国自身造成的损失,以及制裁所欲达到的目标能否实现以及在何种程度上可以抵消或弥补由此带来的损失。

此外,影响经济制裁有效性的另一个重要因素在于与制裁相关的经济交易的可替代性。制裁发起国在实施经济制裁时很少能够有效切断制裁对象的所有替代市场或资金来源,对受制裁对象而言,尽管因制裁其无法在制裁国投资或交易,但贸易和金融渠道通常会有缺口。[①] 反制裁同样如此,通过寻求替代市场和供应链,受制裁企业可以有效规避反制裁所产生的负面影响,其本身也可能为了执行本国原初的制裁政策和措施,进而直接放弃相对国市场,反制裁的效力可能因此受到减损。因此,受制裁国在决定是否采取反制措施时,应就反制裁所针对产业和领域的可替代性进行评估,预先确定制裁的威慑力,从而避免做无用功。可见,反制裁不是针对外国单边制裁的必要反应。

不过,在多数情况下,反制裁的核心目标并非在某些领域对制裁国或其他当事国造成有影响力的限制,从而获取某些竞争优势或以此打压竞争对手,而是针对外国制裁的一种立场宣誓和政治反应,其并不必然属于受制裁国经济政策的一部分,而是为应对外部环境的变化而采取的

---

① 参见张耀元:《中国对外经济制裁法域外适用问题研究——以〈反外国制裁法〉第14条为中心》,载《甘肃政法大学学报》2023年第4期。

一种防御手段,对其有效性进行评价不能仅套用经济制裁的效果评价体系,还应从反制裁的触发机制及其目标来确定。细言之,触发反制裁的原因通常都是外在的,即由外部政治或经济施压而引发的内部反应和自卫行为,其目的不在于获取更多的相对优势,抑或抢占市场主导权或国际关系话语权,而是促使施压的国家改变或撤销其行为,从而维护本国主权、安全和发展利益。因此,反制裁的本质更接近于以制裁为手段的政治宣誓和对抗,应与经济制裁所产生的直接影响相区别。

联合国人权理事会单边强制措施特别报告员窦涵在报告中指出,当今单边制裁的目标多种多样,与最初的"行为改变"模式相比有很大的不同。① 报告进一步认为,从学术角度来看,制裁的目的包括遵守、颠覆、威慑、国际象征意义和国内象征意义,或者区分为拒绝工具(拒绝向制裁目标提供物品或好处)、象征工具和惩罚性措施,旨在限制、胁迫、发出信号或污名化。其中,制裁的主要目的被确定为确保遵守命令,或者通过造成痛苦,令现状极其不适,从而改变制裁目标的行为。② 与之相对,反制裁的主要目的并非刻意或专门通过采取措施使反制对象遭受某些实质性的损失,而是从捍卫主权和国家尊严等角度进行的反击和威慑,因而对其效果的评估已超出反制对象是否改变其行为,或给反制对象造成何种损失及其程度等范畴。

---

① General Assembly, Human Rights Council, *Unilateral Coercive Measures: Notion, Types and Qualification Report of the Special Rapporteur on the Negative Impact of Unilateral Coercive Measures on the Enjoyment of Human Rights*, Alena Douhan, A/HRC/48/59.

② See General Assembly, Human Rights Council, *Unilateral Coercive Measures: Notion, Types and Qualification Report of the Special Rapporteur on the Negative Impact of Unilateral Coercive Measures on the Enjoyment of Human Rights*, Alena Douhan, A/HRC/48/59.

(二)《反外国制裁法》实施前后的制裁效果分析

中国一贯反对未经联合国安理会授权实施的单边制裁,在《反外国制裁法》出台前,中国已针对外国制裁等歧视性限制措施开展了反制裁实践。不过,中国以反制裁为目的的单边制裁与以美国为代表的单边制裁具有明显不同,其通常仅通过立场声明等方式强调中方立场和态度,发出制裁威胁。

近年来,为应对美国等西方国家不断抹黑中国,通过制裁等手段实施"长臂管辖",遏制、打压中国,在香港、台湾等问题上肆意干涉中国内政,给国家主权、安全和发展利益造成的严重威胁,中国逐步建立起以《反外国制裁法》为核心,以商务部《阻断外国法律与措施不当域外适用办法》和《不可靠实体清单规定》为配套,以其他相关法律法规为补充的反制裁法律体系,反制裁工作日益常态化和规范化。随着中国面临的外部环境和当前国际法律实践的深刻变化,中国在统筹推进国内法治和涉外法治建设进程中不断建设和完善我国法域外适用法治体系,在反制裁等实践中维护国家主权和发展利益,相关反制措施相较于《反外国制裁法》实施之前更加全面和准确,反制裁目的更加清晰,内容更加具象化,反制裁的效力更加显著。

《反外国制裁法》是对美国相关制裁措施合法性的有力驳斥和效力上的针锋相对,也是中国从一贯反对和拒绝使用单边制裁措施,向利用单边制裁反制外国遏制打压和非法单边制裁态度的逐步转变。中国早期的反制裁实践主要针对个别公司而非其母国。不过,随着《反外国制裁法》的实施和内外部条件的变化,中国的反制决定也逐步指向参与和协助制定美国对华政策的国会议员和政府官员,且自该法实施以来已对参与对台军售的美国军工企业及其高级管理人员连续发布多个制裁决定或不可靠实体清单。反外国制裁法律体系的建立和实施可以为中国实质性地对抗外国非法单边制裁和干涉中国内政的行为提供强有力的法律武器和坚实的法律保障，避免了中国在国际制裁竞争中受制于他国，也可以在国际竞争中确保中国国家主权立场和对外政策的完整性，不至于因外国制裁产生的负面影响而妥协。

作为一个发展中国家，中国一贯主张和平共处五项原则以及《联合国宪章》确认的国家主权平等、不干涉内政以及和平解决国际争端等基本原则，因而不会像美国等国家一样采取激进的单边制裁，也不会因外国特殊的国情、发展程度和意识形态等理由主动采取歧视性限制措施，而是坚持以自身国家发展为中心的内向型国家战略，最大限度地降低单边制裁的风险和成本，同时给中国企业提供不遵守外国非法单边制裁的正当理由，为受制裁影响的当事人提供司法救济。中国的反制裁实践在尽量降低"回旋镖"风险的同时，在中国与制裁国之间谈判的效果正日益显现。从个案来看，中国已有取消相关制裁措施的先例，这说明反制措施实施后，反制裁的条件已发生变化。例如，2024 年 1 月 7 日，外交部发言人宣布将对向中国台湾地区出售武器的 5 家美国军工企业实施制裁，其中包括美国卫讯公司。2024 年 7 月 22 日，外交部发言人在例行记者会上即表示："鉴于采取反制措施所依据的情形发生变化，决定取消对卫讯公司的反制措施。"①该反制措施短而有力，具备可逆性，为我国争取了较大的谈判空间，提升了谈判效率。只要受制裁对象改正其行为或与中国协商一致，制裁决定机关即可作出变更或取消制裁措施的决定，反制裁的威慑力和效果得以显现。

2023 年，美国情报总监办公室（Office of the Director of National Intelligence）年度公私分析交换项目（Public-Private Analytic Exchange

① 《2024 年 7 月 22 日外交部发言人毛宁主持例行记者会》，载外交部网，https://www.mfa.gov.cn/web/wjdt_674879/fyrbt_674889/202407/t20240722_11457963.shtml。

Program)发布了题为“快速演变的制裁”(Rapidly Evolving Sanctions)的研究报告,[①]该报告以稀土资源开采行业为例,就中美制裁与反制裁的效果进行可替代性分析(Alternative Analysis),即通过控制变量和情境,对制裁可能产生的影响进行分析,报告中受控制的两个变量分别是“中美局势”(US-China Tension)和“中国的经济制裁”(Chinese Economic Restrictions)。该报告指出,中国的出口管制和《反外国制裁法》的实施可能会使世界各地与美国、欧盟和中国有业务往来的公司陷入难以维系的境地:遵守西方制裁意味着违反中国法律,并使这些公司面临中国和其他国家的反制裁。在这种情况下,双边经济制裁措施急剧增加,并具有惩罚性,从而限制美国和西方企业获得中国的稀土产品和供应链。

进言之,供应链的限制将导致许多西方企业同时向非中国稀土生产商寻求替代资源。在短期内,这将导致西方企业可获得的稀土资源大幅减少,最终可能导致稀土价格极度飙升、多重市场定价、西方市场对中国以外的稀土资源产地的竞争乃至全球经济衰退。对中国以外替代稀土资源开采、回收和加工设施的投资成本也将激增。该报告认为,在这种情况下,美国企业生产高度依赖基于稀土技术的产品,尤其是汽车、技术和能源存储领域的产品,短期内将面临更多困难。这将导致美国政府在应对气候变化或替代能源方面的举措延迟,美国军事和国防武器的生产也将因供应链问题而转向依赖库存以及国内和盟国生产。由于供应链和价格波动会扰乱企业的生产能力和已建立的业务关系,美国和盟国的经济可能会在短期内受到影响。可见,随着中国在全球生产和供应链中的地位日益提升,反制裁立法和实践所产生的连带后果和长远效应逐渐

---

① See *Rapidly Evolving Sanctions: An Alternative Analysis of Sanction Impacts on the US-China Rare Earth Elements Extractive Sector*, 2023 Public-Private Analytic Exchange Program, https://www.dhs.gov/sites/default/files/2023-09/23_0906_oia_Rapidly_Evolving_Sanctions_FINAL.pdf.

显现。

随着中国反制裁实践的逐步展开和反制对象的不断扩大,《反外国制裁法》的实施效果日益凸显。值得注意的是,由于我国反制措施的主要目的在于形成政治威慑力,维护国家和公民的合法权益,相关制裁措施可能不如通过特定物项的出口管制来实施制裁更能产生立竿见影的效果,如受制裁对象在我国境内没有可供冻结的财产,尽管反制裁没有使受制裁对象改变其行为,但仍是具有法律约束力的行政决定,在其被撤销之前,受制裁对象和我国当事人有义务配合实施该行政决定,我国实体和个人无法与受制裁对象进行交易或合作。此外,如近年来日益落地和扩大的对美国军工企业的制裁措施,尽管表面上仅针对受制裁的企业,禁止中国企业与之合作和交易,却有可能旁及该企业所属的供应链,从而给各领域的贸易和进出口平衡带来连锁反应和潜在影响。由此可见,反制措施的有效性并非绝对取决于制裁的强度和对受制裁对象自身造成的损害,而是其长期效果和广泛影响,这也是我国始终谨慎使用反制手段,确保反制措施的可逆性和可恢复性的重要原因。

二、国际法合法性评估

随着以美国为代表的单边制裁的日益扩大和中国等受制裁影响国家的反制裁,关于制裁与反制裁的合法性受到持续关注和讨论,尤其是当反制裁以与制裁相同的手段对制裁国采取对抗措施时,制裁在国际法上的合法性讨论更具复杂性。关于单边制裁的国际法律地位,存在不同观点。否定观点认为,单边制裁不应在基于规则的国际法秩序中占据一席之地,除非该限制措施是为了针对目标国所犯的国际不法行为作出的必要反应,否则任何国家都无权在联合国安理会决议之外单独或联合采取制裁措施。根据联合国大会 1970 年通过《国际法原则宣言》的规定,①各国有义务在其国际关系上避免为侵害任何国家政治独立或领土完整之目的,使用军事、政治、经济或任何其他形式的胁迫。上述宣言与国家主权平等和不干涉内政的国际法基本原则相结合,确定了单边制裁在国际法上原则上是非法的。不过,肯定观点则认为,现阶段并不存在规范单边制裁的具有约束力的法律文件,联合国大会的决议不具强制力,因而难以直接得出单边制裁违反国际法的结论。②

由于《联合国宪章》并未禁止各国单方面实施经济制裁,因此,比较谨慎的观点认为,在没有具有约束力的国际条约对单方面制裁进行规范的情况下,或者在没有发现或确定存在规范单边制裁的习惯国际法规则的情况下,很难认为单边制裁是非法的。此外,根据国际常设法院在"荷花号案"判决中所确立的原则,国家有权按照其意愿开展对外经济贸易活动,自主地决定其贸易对象和方式,只要没有违反国际条约和习惯国际法的禁止性规定。进言之,在国际法上,判断以经贸措施为主的单边制裁是否合法,其基本原则是:除非存在禁止性国际条约或习惯国际法规则,否则国家有权将此类制裁作为其外交工具。③ 因此,对于单边制裁是否违反国际法,主要看是否存在禁止性的国际条约或习惯国际法规则。对于一直处于国际法模糊地带的制裁,④需通过个案分析找到其在

---

① See Declaration on Principles of International Law Concerning Friendly Relations and Cooperation among States in Accordance with the Charter of the United Nations, A/RES/2625 (XXV).

② See Natalino Ronzitti, *Sanctions as Instruments of Coercive Diplomacy: An International Law Perspective*, in Natalino Ronzitti ed., Coercive Diplomacy, Sanctions and International Law, Brill/Nijhoff, p. 1 – 32.

③ 参见霍政欣:《〈反外国制裁法〉的国际法意涵》,载《比较法研究》2021 年第 4 期。

④ See Natalino Ronzitti, *Sanctions as Instruments of Coercive Diplomacy: An International Law Perspective*, in Natalino Ronzitti ed., Coercive Diplomacy, Sanctions and International Law, Brill Nijhoff, 2016, p. 9.

国际条约和习惯国际法上的合法性依据。① 我国反制决定的作出和实施以个案中存在外国制裁为前提,反制决定具备国际条约或习惯国际法上的合法性。

(一)国际条约

在国际条约层面,以联合国为代表的多边机制系主权国家共同意志的体现,联合国安理会根据《联合国宪章》授权开展的多边制裁因而对各成员国有约束力,得到国内法院的普遍尊重,可以为制裁的合法性背书。例如,瑞士法院在相关案件中裁定,联合国制裁措施与瑞士的公共政策相符合,构成一项国际公共秩序。② 不过,单边制裁是在缺乏多边条约授权的情况下自主采取的强制性措施,一般不会得到外国国内法院的尊重。例如,法国法院指出,相较于联合国安理会和欧盟的制裁决议,美国单边制裁的域外适用是法国和欧盟所反对的,不构成一项国际共识,故应排除其适用。③ 在没有得到多边条约授权的情况下,外国制裁尤其是经贸领域的限制措施可能违反相关国际条约义务。

当前,经贸领域的国际条约通常设置了安全例外条款,如根据 GATT 第 21 条的规定,缔约国之间的友好关系和最惠国待遇,在下列情形下存在例外:(1)要求任何缔约国提供其根据国家基本安全利益认为不能公布的资料。(2)阻止任何缔约国为保护国家基本安全利益对有关下列事项采取其认为必须采取的任何行动,裂变材料或提炼裂变材料的原料;武器、弹药和军火的贸易或直接和间接供军事机构用的其他物品或原料的贸易;战时或国际关系中的其他紧急情况。(3)阻止任何缔

---

① See Adeline Swee Ling Chong, *Transnational Public Policy in Civil and Commercial Matters*, Law Quarterly Review, Vol. 128, p. 88 – 113 (2012).

② See *Beverly Overseas SA v. Privnedna Bank Zagreb*, Bundesgericht, 28 March 2001.

③ See CA Paris 3 June 2020, n° RG 19/07261.

约国根据《联合国宪章》为维持国际和平和安全而采取行动。作为WTO的一项制度安排,安全例外条款旨在确保成员方履行条约义务的同时保留维护其基本安全利益的权利,在国际货物及服务贸易中发挥着“安全阀”的作用。由此可见,根据国际法,单边制裁本身并不是非法的,其未被国际条约所排除。也有观点认为,根据国际条约的安全例外条款采取的单边限制措施,应被归类为报复措施,即旨在对目标国施加经济压力的合法但不友好的行为。①

尽管大多数经贸条约允许缔约国基于国家安全或公共利益实施单边例外安排,②但过度行使自由裁量权仍有可能违背公约的目的和宗旨,阻碍贸易自由化和便利化目标的实现,进而违反国际法和国际公共秩序。③ 不过,我国《反外国制裁法》等反制类法律制定和实施的前提均是以维护国家主权、安全和发展利益为主要的立法目的。根据《国家安全法》第2条可知,国家安全是指“国家政权、主权、统一和领土完整、人民福祉、经济社会可持续发展和国家其他重大利益相对处于没有危险和不受内外威胁的状态,以及保障持续安全状态的能力”。这一定义并未对国家安全作过于宽泛的扩张,不违反善意原则,依据该法对其他缔约方实体或个人实施制裁时,可以援引WTO等经贸条约规定的安全例外原则作为其合法性依据,不会造成对自由裁量权的过度行使。④

从我国现阶段的反制措施来看,商务部发布了不可靠实体清单对特定实体和个人主要采取经贸领域的制裁措施。2023年2月16日,商务

---

① See Joshua Andresen, *The Lawfulness of Unilateral Sanctions in the Wake of a US-China "Sanctions War"* East Asia (2024), https://doi.org/10.1007/s12140-024-09429-9.

② 如GATT第21条、GATS第14条之二、TRIPS第73条以及TRIMS第3条等。

③ See Mercédeh Azeredo da Silveira, *Economic Sanctions and Contractual Disputes between Private Operators*, in Larissa van den Herik ed., Research Handbook on UN Sanctions and International Law, Edward Elgar Publishing, 2017, p. 345, note 51.

④ 参见霍政欣:《〈反外国制裁法〉的国际法意涵》,载《比较法研究》2021年第4期。

部不可靠实体清单工作机制发布首个不可靠实体清单，依据《中华人民共和国对外贸易法》和《国家安全法》，将参与对中国台湾地区出售武器的两家公司列入不可靠实体清单，并采取制裁措施，包括禁止从事与中国有关的进出口活动、禁止在中国境内新增投资、禁止企业高级管理人员入境、不批准并取消其在中国境内工作许可、停留以及居留资格，以及处以罚款等。从不可靠实体清单工作机制公告来看，其作出决定的法律依据主要为《中华人民共和国对外贸易法》和《国家安全法》，根据商务部发言人的答复，作出该决定的法律依据还包括《反外国制裁法》，[①]其目的在于维护国家主权、安全和发展利益。如前所述，《国家安全法》对国家安全的界定并未超出 GATT 等国际条约设置的国家安全的合理边界，尤其是该案制裁所针对的对中国台湾地区出售武器问题，属于为支持“台独”分裂势力、危害国家主权而开展的武器、弹药和军火或其他直接和间接供军事机构用的物品或原料的贸易，符合国家安全例外的适用条件，不可靠实体清单工作机制的决定具备国际条约上的合法性支撑。

(二) 习惯国际法

在习惯国际法层面，各国公认的国际法基本原则是判断外国制裁法是否符合国际公共秩序的重要依据，如国家主权平等和不干涉内政原则。作为现代国际法的基石，国家主权平等原则确保一国主权权力的行使需限制在其领土范围内，即属地管辖，一国仅在例外情况下对其境外发生的行为行使管辖权，如属人管辖、保护性管辖和普遍管辖等。[②] 以

① 参见《商务部新闻发言人就不可靠实体清单实施有关问题答记者问》，载商务部网 2024 年 4 月 18 日，https://m. mofcom. gov. cn/article/xwfb/xwfyrth/202304/20230403404866. shtml。

② See Tamas Szabados, *Economic Sanctions in EU Private International Law*, Hart Publishing, 2019, p. 42.

强迫他国改变国内政策为目的而发起的单边制裁构成对不干涉内政原则的违反。该原则是在《联合国宪章》基础上,通过联合国大会决议、国际条约和国际司法判例等形成的一般法律原则,①具有习惯国际法地位,应为各国善意遵守。联合国大会在谴责美国等国实施的单边制裁时亦多次援引该原则,②认为相关措施影响到他国主权和在其管辖下的实体和个人的正当权益,妨碍贸易和航行自由。③ 尽管联合国大会的决议不具有法律约束力,但不干涉内政原则已作为一项一般国际法原则在《联合国宪章》中确立下来,是为应对他国单边制裁而实施的限制或禁止最重要的习惯国际法背书。④ 从现阶段我国颁布的反制决定来看,采取反制措施的理由基本提及了外国制裁对中国内政的干涉,以及对国际法和国际关系基本准则的违反。可见,不干涉内政原则是我国采取反制措施在习惯国际法上的正当性来源。

此外,习惯国际法上的反措施也为反制裁提供合法性依据。单边制裁本身是非法的,那么针对其他国家的非法行为采取的反制措施就应当是合法和正当的,因为反措施的实施是为了促使另一个国家纠正其非法行为,恢复合法的行为。当代习惯国际法认为,反措施原则上为非法,只有满足特定的前提条件,国家采取反措施才符合国际法。关于反措施的

---

① 参见陈一峰:《论当代国际法上的不干涉原则》,北京大学出版社 2013 年版,第 79 ~ 80 页。

② See Rebecca Barber, *An Exploration of the General Assembly's Troubled Relationship with Unilateral Sanctions*, International and Comparative Law Quarterly, Vol. 70, p. 357 (2021).

③ See e. g. , Necessity of Ending the Economic, Commercial and Financial Embargo Imposed by the United States of America against Cuba, Resolution adopted by the General Assembly on 29 October 2013, A/RES/68/8.

④ See Mercédeh Azeredo da Silveira, *Trade Sanctions and International Sales: An Inquiry into International Arbitration and Commercial Litigation*, Kluwer Law International, 2014, p. 189 – 190.

权威和集中规定,主要体现在联合国国际法委员会制定的《国家责任条款草案》上。《国家责任条款草案》虽未生效,但被公认为具有习惯国际法的地位。[①]《国家责任条款草案》规定了一系列实体和程序规则,以防止国家轻率地援引反措施规则,从而陷入相互指责对方违反国际法的困境。换言之,只有满足这些规则所设置的前提条件,国家采取反措施,才能免除国家责任。

近年来,西方国家多次以"新疆人权"和强迫劳动等问题为借口,对中国新疆棉花等产业进行遏制和打压,通过颁布涉疆立法和采取供应链审查等歧视性限制措施,对中国官员进行非法制裁,对新疆企业的生产经营和国际贸易造成严重影响。对此,中国外交部多次发布立场声明,谴责相关行为,并发布相关反制措施,维护国家主权、安全和发展利益。2021年12月10日,美国国务院和财政部宣布对所谓在新疆"侵犯人权"的4名中国官员实施制裁,中国外交部2021年12月30日在例行记者会发布实施对等反制的决定:"自即日起对美国国际宗教自由委员会主席马恩扎、副主席特克尔、委员巴尔加娃、委员卡尔实施相应反制。反制措施包括禁止上述人员入境中国,包括内地和香港、澳门,冻结其在华财产,禁止中国公民和机构同其交易。"[②]

该反制决定满足《国家责任条款草案》对反措施的规定。

首先,就实质性要求而言:

第一,一国采取反措施应只涉及非武力的对抗措施。从《反外国制裁法》和该反制决定来看,相关制裁措施包括旅行禁令、冻结财产和交易限制,均不涉及武力。

---

① 参见霍政欣:《〈反外国制裁法〉的国际法意涵》,载《比较法研究》2021年第4期。

② 《2021年12月21日外交部发言人赵立坚主持例行记者会》,载外交部网,https://www.mfa.gov.cn/web/wjdt_674879/fyrbt_674889/202112/t20211221_10473728.shtml。

第二,反措施针对的是实施不法行为的责任国,而非第三方。不过,反措施应针对不法行为责任国的要求并不意味着将责任国本国的组织和个人排除在外,其主要目的在于避免对第三国造成影响。我国《反外国制裁法》第3条规定的反制裁的触发条件是相关国家对我国采取了歧视性限制措施或干涉中国内政等行为,第4条规定的实际制裁对象是直接或者间接参与制定、决定、实施相关歧视性限制措施的组织或个人。由此可见,反制裁的内在动因仍指向外国国家,即实施国际不法行为的责任国,但外部表现则为针对特定实体或个人的聪明制裁或定向制裁,这体现了我国反制裁的谦抑性,其主要目的在于发出反对和威慑,最终目的是促使相关当事国改变其不法行为。此外,该案制裁只针对美国的实体和个人,而不涉及对第三国的制裁,禁止与受制裁对象交易的义务也主要是对我国境内组织和个人提出的要求,亦不涉及第三国。

第三,反措施须具有临时性和可逆性,一旦责任国终止国际不法行为,应尽快终止。既有的反制措施主要为旅行禁令和财产冻结等,而不包括没收或处置财产,符合可逆性的要求,且在其他案件中已有取消制裁措施的先例,可见在反制裁所依据的情况发生变化的情况下,制裁措施可以及时终止。

第四,反措施须与受到的伤害相称,即符合比例原则。从该案反制对象的数量来看,可以与美国制裁中国的官员数量相对应,制裁的对象也都是实施或协助实施该制裁政策的个人,具有对等性。

第五,反措施不涉及任何背离某些基本义务的行为。《反外国制裁法》和该案的制裁措施都不涉及对人权、人道主义、尊重外交或领事人员、馆舍、档案和文件的侵犯问题,因而符合“不背离基本义务”的要求。①

① 参见霍政欣:《〈反外国制裁法〉的国际法意涵》,载《比较法研究》2021年第4期。

其次,就程序性要求而言,《国家责任条款草案》要求受害国应提前将采取反措施的任何决定通知责任国,并给予其谈判的机会。《反外国制裁法》本身并没有规定通知程序,从与该案反制决定有关的公开信息来看,我国在较短时间内通知美国政府并与之谈判的可能性较小。此外,该案所涉反制决定也非由外交部以发布命令的方式公布。不过,《反外国制裁法》第10条第1款规定"国家设立反外国制裁工作协调机制,负责统筹协调相关工作",并授权国务院有关部门按照各自职责和任务分工确定和实施反制措施,可以为后续反制措施作出程序的健全和完善创造条件。《国家责任条款草案》对反措施程序要件的要求可以通过《反外国制裁法》后续的配套实施制度和工作机制予以解决。

综合上述分析,可以得出我国反制措施符合习惯国际法的基本结论。

三、对国际法的影响评估

《反外国制裁法》等反制裁专门法律法规的制定和实施,为我国应对外国非法制裁和外部风险挑战提供了法律依据。《中华人民共和国对外关系法》的颁布进一步明确了我国参与对外关系的基本立场和原则,并将采取反制措施维护国家主权安全的基本权利以对外关系基本法的形式确立下来。根据《中华人民共和国对外关系法》第33条第1款的规定,对于违反国际法和国际关系基本准则,危害我国主权、安全、发展利益的行为,我国有权采取相应反制和限制措施。上述行为包括他国对我国实施单边制裁等歧视性限制措施,以及其他破坏国家主权和领土完整,干涉我国内政的行为,我国对此类行为均可采取反制措施,包括使用制裁手段实施反制。随着中国综合国力的增强和国际地位的提升,以及中国近年来越来越多地使用制裁手段开展国际竞争,以维护国家利益,中国是否以及如何调整其对单边制裁的态度和政策不仅受到国际关注,也为国际法理论的发展发挥着举足轻重的作用。

随着中国的崛起,中国更有能力通过关税措施、贸易政策、外交手段和立法执法实践来抵制和应对单边制裁,从而减少单边制裁对我国发展进程的限制和降低国家利益的损失,即抵消了外国通过单边制裁来改变中国行为方面的作用。随着反外国制裁法治体系的建立和实践的展开,未来中国可能会更加频繁地运用制裁手段来应对外国的单边制裁和歧视性限制措施,这是在当前全球单边主义盛行和国家间利益冲突明显增强的背景下提出的。然而,从中国坚持奉行的独立自主的和平外交政策和国家发展战略来看,与美国等单边制裁的“资深玩家”相比,中国对单边制裁的运用更加注重自我约束。通过对实践经验的总结可知,中国的反制裁通常具有被动性和谦抑性而非主动性或进攻性,这决定了中国的反制措施不会超出国际法的合理边界,中国对非法单边制裁的反对态度没有改变。

尽管联合国曾多次通过大会决议等方式呼吁有关国家减少或停止违反国际法的单边经济制裁,但单边制裁的国际法合法性问题长期未能达成国际共识,制裁与反制裁几成常态。[①] 随着制裁的常态化,各国也越来越将制裁视为主权国家的核心权力之一。[②] 随着美国对中国的态度从将其视为“竞争者”(competitor)转变为“对抗者”(adversary),美国对华制裁活动日益常态化。由于国家利益的差异和对单边制裁态度的根本对立,制裁发起国和反制裁国很难通过达成双边协议来协调分歧,在短期内世界三大经济体(美国、中国和欧盟)也很难一致通过一项国际协议来限制单边制裁。

---

① 参见霍政欣、陈静:《单边经济制裁对国际商事仲裁的影响及其国际解决方案》,载《国际法研究》2024 年第 1 期。

② See Joshua Andresen, *The Lawfulness of Unilateral Sanctions in the Wake of a US-China "Sanctions War"*, East Asia (2024), https://doi.org/10.1007/s12140-024-09429-9.

不过，需要指出的是，制裁与反制裁本质上是维持国家关系和国际力量微妙平衡的工具，而非两国之间真正意义上的“脱钩”，也不是对与制裁有关的国际法的实质性改变，制裁与反制裁的实践仍需在尊重国家主权和国际法上的管辖权基础这一合理限度内准确行使。因此，不能从个别反制裁实践来预测单边制裁国际法的未来。但作为以联合国为中心的国际法秩序的坚定捍卫者，中国《反外国制裁法》和依之采取的反制措施均坚持在符合国际法要求的基础上作出，典型特征在于反制决定的被动性、对等性和可逆性。中国不会在联合国安理会授权之外主动制裁任何外国实体和个人，但在面对他国非法单边制裁或歧视性限制措施，或其他对国家主权、安全和发展利益构成威胁的情况下，中国也会采取同等的制裁措施予以反击，以维护国家主权、安全和发展利益。

总之，随着国际关系日益复杂，不断发展的制裁与反制裁的国家实践正不断挑战制裁在国际法上的合法性边界，但中国在未来的制裁战中仍将继续保持谦抑性，在国际法的合法边界内实施反制裁。

第三节　反外国制裁法律实施与完善建议

现阶段，单边制裁已成为国家实现其外交政策和利益的重要工具，随着美国等国单边制裁工具的广泛运用，受制裁国或受制裁影响的国家通过阻断或反制立法，维护国家主权利益和本国当事人的合法权益，成为大国竞争的重要战场。如何准确运用制裁工具，在遵守国际法的基础上反击他国非法单边制裁，在制裁战中有效维护国家主权、安全和发展利益,成为涉外法治建设的重要组成部分。近年来,随着我国反制裁法律体系的建设和反制裁实践的逐步展开,我国通过法治手段应对外国干涉和遏制的效果日益显现。

不过,当前我国反制裁工作仍存在一定的局限,亟待持续发展完善。党的二十届三中全会指出,要“加强涉外法治建设”,尤其是“完善涉外法律法规体系和法治实施体系,深化执法司法国际合作”,是坚持完善中国特色社会主义法治体系的重要组成部分。法律的生命在于实施,只有不断健全反制裁法律体系,优化行政执法效能,提升司法参与度,才能全面构建完备的反制裁法律法规体系和法律实施体系。

一、法律制度发展完善

随着《中华人民共和国对外关系法》的颁布,反制制度已成为我国对外关系的基本制度之一,反制工作成为外交工作的重要组成部分,为我国在国际交往中维护国家主权、安全和发展利益提供了制度保障。《中华人民共和国对外关系法》第33条第2款规定:“国务院及其部门制定必要的行政法规、部门规章,建立相应工作制度和机制,加强部门协同配合,确定和实施有关反制和限制措施。”该条款将反制裁作为对外交往的基本手段之一确定下来,对反制裁法律和工作制度的建设作出了原则性规定。

现阶段,我国反制裁法治体系的顶层设计已基本成形,但在落地实施过程中亟待通过制定行政法规、部门规章,以及通过最高司法机关和最高检察机关颁布司法解释的方式,规范反外国制裁措施制定和实施的各个环节。现行《反外国制裁法》是我国反制裁法律体系的核心,但需要进行配套的制度建设和规则完善。因此,后续颁布的行政法规、部门规章或司法解释可将反外国制裁的具体程序和实施细则确定下来,对反制裁程序的启动、调查取证、作出决定、效果评估、侵权救济以及法律适用等作出具体规定,从而形成体系完整、权责清楚、层次分明的反制裁法律体系。

(一)明确反制裁的基本原则

从现阶段我国《反外国制裁法》的规定及实施实践来看,国务院行政部门尤其是外交部,是反外国制裁的主要执法主体,由国务院行政部门作出的制裁决定在性质上属于行政行为。由于其针对外国实体或个人在我国领域外实施的行为,因此反制决定属于具有域外效力的行政行为。我国反制裁实践所维护的法益不仅包括我国主权、安全和发展利益,还包括受制裁国的管辖权和国际公共秩序,加之具有明显的外交属性,为确保国务院各部门反制决定的合法性和合理性,须明确我国反制裁制度的基本原则。概言之,作为一项具有域外效力的行政行为,我国反制裁不仅需要坚持行政执法的基本原则,还应遵循国际法的基本原则和我国对外关系的基本准则,并确保制裁手段的反制和对等属性。

第一,反外国制裁应坚持行政法的基本原则,并根据反制工作的特殊性加以具体阐释,具体包括依法行政原则、比例原则和正当程序原则。

首先,坚持依法行政,是我国反制措施确定和实施的起点,应确保根据现行法律法规确定的条件决定是否采取反制措施,并在法律规定的范围内确定反制措施的具体内容。在统筹推进国内法治和涉外法治语境下,反制裁是通过国内法调整和规制域外实施的行为,执法的依据不仅包括国内法,还包括国际法,尤其是中国缔结或参加的国际条约和习惯国际法。在单边制裁的国际法合法性仍存在诸多争议的情况下,以单边制裁为主要手段的反制裁,应确保其满足国际法上的合法性前提,如我国缔结或参加的国际条约中有关国家安全例外的规定,或习惯国际法上关于反措施的规定等,确保我国反制裁在国际法的合法边界内运行,避免在实践中以外交思维取代法律原则。

其次,比例原则不仅是行政法的要求,也是《国家责任条款草案》采取反措施的条件之一。比例原则要求国家管辖权的行使应保持在适度、必要的限度之内,确保行政行为与法益的相称性。由前述分析可知,现阶段我国采取的系列反制措施和决定均与外国制裁或歧视性限制措施保持形式或实质相称,如制裁对象的数量、人员构成和制裁措施等的相互对应,或根据相关外国干涉行为的效果采取适当的反制强度。将比例原则确定下来,作为反外国制裁的基本原则,可以确保我国反制措施在国内法和国际法上的合法性和合理性。

最后,公正的法治秩序是正义的基本要求,而法治取决于一定形式的正当过程,正当过程又主要通过程序来实现。因此,正当程序原则是行政执法的一般性原则,也是评判案件处理结果是否公正的最低标准。正当程序原则要求反制决定的作出应符合法定程序,保障当事人的知情权和申辩权。当前我国反制措施主要由外交部以外交部令或发言人表态的形式作出。此外,当前我国《反外国制裁法》尚未规定反制裁的事前通知程序。因此,在反外国制裁法律法规完善的过程中,应将正当程序原则确定为反制裁的基本原则,并完善事前通知和当事人申辩等必要程序,确保反制决定符合公平正义的要求。

第二,反制裁是国家对外交往的基本制度之一,应符合国际法的基本原则和对外关系基本准则。现行《反外国制裁法》第 1 条明确了我国反制外国制裁的目的和开展对外关系的基本原则,包括坚持独立自主的和平外交政策,坚持互相尊重主权和领土完整、互不侵犯、互不干涉内政、平等互利、和平共处的五项原则,维护以联合国为核心的国际体系和以国际法为基础的国际秩序,发展同世界各国的友好合作,推动构建人类命运共同体。这些原则也是国际法的基本原则,我国反制裁法律法规在制定和实施过程中均应坚持这些原则。此外,《反外国制裁法》第 3 条是我国采取反制措施的前提,即相关外国制裁或歧视性限制措施“违反国际法和国际关系基本准则”，因此，我国对等采取的反制措施虽在表面上仍属于制裁或单边限制措施，但应坚持以符合国际法和国际关系基本准则的要求为基本前提，依之指导反制裁的执法和司法实践。

第三，我国不会主动对他国采取违反国际法和国际关系基本准则的单边制裁，反外国制裁注重对外国制裁和歧视性限制措施的反制，具有防御性和被动性，相关措施的选择应符合对等原则。对等原则是我国在对外交往和处理涉外法律关系时普遍遵循的基本原则，反外国制裁的相关措施亦是在对等的基础上作出的。由于现行反制裁立法的相关规定仍较为笼统，对等原则坚持以防御和震慑的反制裁结果为导向，可以为反制措施的选择和确定提供裁量基准。

(二)反制措施的变更与救济

根据《反外国制裁法》第 7 条的规定，反制决定为最终决定，即排除了行政复议或司法审查。如果反制措施所依据的情形发生变化，作出反制决定的部门可以暂停、变更或取消有关反制措施。不过，如何认定反制措施所依据的情形已发生变化，现行立法和实践尚未明确，从而使反制措施缺乏可预见性。由于反制措施是临时的、可逆的，只要受制裁对象改变其行为或与反制决定机关协商一致，就应当赋予受制裁对象申请变更制裁措施或对错误的制裁决定进行申辩并寻求救济的权利。从已有实践来看，当前我国外交部已宣布解除针对个别外国公司的制裁决定，验证了相关法律条款的可行性。被解除制裁措施的外国公司或已改变其行为，或与我国政府达成一致的解决方案，从而促成了反制措施的取消。

反制裁法律的健全和完善，应进一步明确反制决定的变更或当事人救济程序，可以建立反制决定变更的双通道制度，即对于如何认定“采取反制措施所依据的情形发生变化”，既可以由我国有关部门直接作出裁定，也允许作为反制措施实施对象的组织或个人提出申请，再由我国有关部门进行审查认定。[①] 对于“所依据的情形发生变化”的依据，可通过反外国制裁法实施条例以及在本部门职权范围内制定部门规章的方式予以明确，包括但不限于被制裁对象停止实施或协助实施歧视性限制措施、与有关部门达成和解或与受影响的企业达成和解等。对于有关部门对反制情形是否变化的审查方式，可以由作出决定的机关定期主动审查，或根据被制裁对象的报告或申请决定启动审查程序，后者可由提出申请的主体承担举证责任。通过设置定期审查机制和评估机制，有助于确保《反外国制裁法》的弹性和可伸缩性，确保反制裁程序公正，实现精准打击。

（三）反制裁豁免机制建设

反制措施的实施通常禁止或限制本国实体或个人与反制清单中的对象交易或合作，这对跨国企业开展跨境交易和投资带来限制，现行《反外国制裁法》尚未规定反制裁豁免制度。具体而言，一方面，如果相关交易合同是在制裁前签订的，禁止或限制交易将可能导致中国企业面临违约风险。即使相关制裁措施后续被撤销，因迟延履行所导致的经济损失也只能由中国企业来承担，增加企业生产经营的成本。尽管现阶段我国反制裁采取聪明制裁的方式，具有针对性和谦抑性，对反制对象和措施的选择坚持审慎态度，但随着国家竞争的升级和制裁工具的适用更加频繁，反制裁产生的次生影响可能不仅限于受制裁对象和与之交易的实体，还可能对行业和供应链的其他环节造成潜在影响，豁免制度因而可以为缓解制裁的“回旋镖”效应提供“安全阀”。如果对相关禁令规定了逃逸条款或豁免条款，或通过颁发许可证的方式允许受制裁对象在许可

① 参见霍政欣：《〈反外国制裁法〉的国际法意涵》，载《比较法研究》2021 年第 4 期。

范围内开展与制裁有关的活动而免受处罚,可以实现贸易自由与国家安全利益之间的平衡。

另一方面,现行商务部《阻断外国法律与措施不当域外适用办法》和《不可靠实体清单规定》均规定了豁免制度,但其在效力位阶上仅为部门规章,缺乏上位法的授权,容易在实践中导致行政权的扩大和法律适用结果的不统一。例如,针对同一反制对象,外交部和商务部不可靠实体清单工作机制分别颁布了反制决定和不可靠实体清单公告,前者禁止我国境内组织或个人与其进行交易或合作,后者则禁止其从事与中国有关的进出口或在中国境内投资。但两者的执行方式却有所不同,即前者不得申请豁免,而后者却可以申请豁免。换言之,除在中国从事进出口或在中国境内投资外,其他与中国有关的交易或合作均不得申请豁免。然而,商务部《不可靠实体清单规定》作为《反外国制裁法》的下位法,在上位法没有规定的情况下,下位法却存在授权性的法律规范,容易导致实际操作的混乱。

因此,有必要在反外国制裁法律制度的完善中增加豁免制度,坚持比例原则,明确豁免制度适用的条件、启动程序和决定程序,以及执行监督和恢复制度等,在确保反制裁效果的同时保障我国企业和市场的自主性。

二、行政执法效能提升

反制裁效果的实现除制裁决定本身的确定性和威慑力外,还有赖于其实际执行和动态调整的全过程,主要通过各部门的执法和协同配合来实现。因此,提升国家反制裁能力,促进反制裁目的的实现,需不断提高行政执法效能,完善执法工作流程,加强反外国制裁工作协调机制建设。

(一)反外国制裁工作协调机制建设

跨部门协调机制是现行立法和实践中常见的行政执法模式和协同方式,有助于充分发挥各部门职能和力量,确保决策和行政行为的准确性和完整性。我国反制裁法律体系同样规定了反制裁的工作协调机制,相关工作机制以中央国家机关有关部门为主要成员,以商务部或外交部等为核心部门统筹协调,整合资源,推进反制裁工作的系统展开。不过,现阶段除商务部不可靠实体清单公告是以不可靠实体清单工作机制的名义对外发布外,其他反制立法中的工作机制的权责及运行机制尚未明确。《反外国制裁法》第 10 条规定的反外国制裁工作协调机制负责统筹协调相关工作,以实现国务院部门之间的协同配合和信息共享,为有序开展反制裁工作提供了制度基础,不过现阶段该机制的组成部门和运行方式仍存在不确定性。

从当前反制裁的目的与涉及的反制措施来看,外交部、商务部、公安部、海关总署、国家移民管理局、最高人民法院、最高人民检察院、国家发展和改革委员会和中国人民银行等均应参与反外国制裁的协调工作,反外国制裁工作协调机制办公室可设在外交部。协调机制可定期召开协调会议,部署反制裁工作的基本立场和政策,以协商一致的方式决定在个案中是否采取以及应采取的反制措施,并对反制措施的变更或取消进行审查并作出决定。反外国制裁工作协调机制的各部门还应整合本部门资源,制定本部门反外国制裁的部门规章和执法规范性文件,为本部门内各级执法机关的实务工作提供指引。

(二)执法程序规范的细化与衔接

协调机制内的各部门加强沟通配合和密切合作,按照各自的职能分工,依法行使职权,同时应注重与现行法律法规相衔接。例如,公安部、外交部和国家移民管理局按照各自的职责负责有关出境入境事务的管理，中国驻外使领馆和其他代表机构负责在境外签发外国人签证。从现行外国人出入境管理的法律基础来看，不予签发签证或不准入境均属于一国的主权权力，无须说明理由，现行立法均规定了兜底条款，可以涵盖反制裁等事由，但应确保相关制裁信息传递的迅速和通畅，确保一线执法部门即时获取制裁对象信息。对于在签证颁发后被依法制裁的外国人，签发机关可以宣布相关证件作废并由公安机关依法注销或收缴。对于驱逐出境，尽管从当前的反制裁实践来看，这一措施尚未被使用，但由于驱逐出境须具备法定事由，《反外国制裁法》为该措施提供了依据，现行出入境法律法规和部门规章应注重与之有序衔接。

对于禁止交易、合作等商业活动，其覆盖范围较广，且涉及我国企业的生产经营活动和我国经济发展，需谨慎对待。根据外交部的制裁清单，可在反外国制裁工作协调机制内设立专门的执行部门，确定禁止交易人员的主要业务及其最终用户，并由相关活动的主管部门进行监管，如商务部主要负责禁止或限制进出口、对华投资业务；科学技术部国家外国专家局主要负责外国人来华工作等业务；国家发展和改革委员会和证券监管部门还应加强对行业合规审查和监督，并将外国制裁和反制措施作为重要参考因素。

此外，在建立有效的反制裁救济机制后，反制裁工作协调机制各部门还应承担对受制裁对象进行审核的责任，以确定是否变更或取消相关制裁措施，或对本国企业和个人的豁免申请进行审查，决定是否颁发豁免许可。此外，《反外国制裁法》第 6 条除明确列举的反制措施外，还授权国务院有关部门根据实际情况采取其他必要措施。这些措施可由反制决定机关作出选择，但应注重与其他法律法规和国际条约相衔接，特别是依据《中华人民共和国对外贸易法》、《中华人民共和国出口管制法》和 WTO 相关规则针对他国在经贸领域对我国实施的歧视性禁止或限制措施而采取的反措施，均构成《反外国制裁法》第6条所授权的其他必要措施。该兜底条款确保了《反外国制裁法》与现行具有反制裁规定的立法和国际条约的协调一致，互为补充。

（三）执法程序正当化

从执法程序来看，国务院各部门在决定和实施反制措施时，应建立反制裁的事前通知程序。事前通知是《国家责任条款草案》对一国实施反措施的程序要求，以保障相对国和当事主体申辩和磋商的机会。各部门在制定反制裁执法程序规定时，应建立制裁决定作出前的通报制度，提供在合理期限内进行谈判和磋商的机会，必要时可适用听证程序。现行行政处罚的有关法律法规和部门规章均规定了听证程序，如国家安全部颁布的《国家安全机关行政执法程序规定》规定国家安全机关拟作出行政处罚决定时，应当告知当事人有要求听证的权利，并明确其适用范围、告知程序、听证程序和终止程序等。反制决定是我国行政机关针对域外实体或个人运用行政权力实施的具有域外效力的行政执法行为，与国内行政行为相比，因反制措施牵涉国际关系和外交领域事项，与普通民事主体的行政违法行为存在明显区别，其产生的社会影响和国际影响更加广泛和不确定性更强，因而更应确保决定程序的正当性。

在反制裁执法程序的选择上，由于《反外国制裁法》的实施需要以对外交政策的精准掌握和对国际法规则的熟练运用为前提条件，单个行政部门，尤其是核心职能远离外交和国际法事务的行政部门，往往欠缺这样的能力。① 因此，应根据《反外国制裁法》建立中央人民政府层面的工作协调机制，通过对我国外交政策进行整体考量后作出反制裁决定，因而不适用简易程序，只能适用一般程序。进言之，反制决定的作出只

① 参见霍政欣：《〈反外国制裁法〉的国际法意涵》，载《比较法研究》2021年第4期。

能属于中央事权，而地方行政机关有义务根据反制决定在其管辖范围内采取相应的执法措施。

三、司法参与体系建设

近年来，我国坚持统筹推进国内法治和涉外法治，按照急用先行原则，加强涉外领域立法，以《反外国制裁法》为核心的反制裁法律体系已初步建立，以外交部为主导的反制裁行政执法实践也在不断积累。在此背景下，如何促进人民法院充分发挥司法职权，补齐涉外司法短板，切实维护国家主权、安全和发展利益，实现立法、执法和司法三个维度的协同推进，[①]已成为当下我国完善反制裁法治体系的重中之重。

（一）人民法院在反外国制裁法治体系中的作用

一国的反制裁类法律能否实现其立法意旨，在很大程度上取决于司法功能的有效发挥和有力支撑。人民法院对涉制裁民事纠纷积极、稳妥地发挥司法职能，构成我国反制裁法治体系有效运转的关捩。细言之，人民法院在我国反制裁法治体系中的功用体现在以下几个方面。

第一，当外国制裁法的域外适用对我国主权构成侵害时，人民法院通过行使司法职权维护国家权益，既是行使司法主权的具体体现，也是现代国家全方位、立体化地构建对外关系体系的必然要求。[②]

不可否认，审理涉制裁民事案件往往需要对国家间的关系及本国重大利益和外交政策予以系统考量，法院有自我限制司法权的天然

① 参见霍政欣：《我国法域外适用体系之构建——以统筹推进国内法治和涉外法治为视域》，载《中国法律评论》2022 年第 1 期。

② See Hannah L. Buxbaum, *Public Regulation and Private Enforcement in A Global Economy: Strategies for Managing Conflict*, Collected Courses for the Hague Academy of International Law, Vol. 399, p. 386 – 387 (2019).

倾向。[①] 但须强调的是,法院经由涉外司法过程参与处理国家对外关系,不仅与依法独立行使审判权的基本原则没有冲突,也是构建现代国家治理体系的应有之义。首先,当代国际关系不仅限于国家与国家之间的关系,私主体之间的民事关系也不可避免地卷入国家间的博弈和互动之中,成为国际关系的重要组成部分。[②] 因此,人民法院依法独立行使审判权并不意味法院无权对涉及对外事务的纠纷行使管辖权;相反,人民法院通过行使司法权可以使私方当事人事实上参与到我国对外关系的塑造进程中,有利于推动我国全方位、立体化地构建对外关系体系。[③] 其次,在涉及国家利益和外交政策的案件中,域外法院往往通过接受行政当局提交的利益声明、法庭之友意见或阐释国家外交政策或重大利益的其他相关文件作为裁判时的考量依据,以此弥补司法裁量在外交事项上的先天性能力缺损。[④] 因此,在审理涉制裁民事案件中,人民法院可以通过听取专家或学术团体的专业意见,在国家设立的反外国制裁工作协调机制中健全与行政机关,特别是外交部门的沟通渠道等方式,[⑤]更加全面、准确、完整地理解国家的外交政策和重大战略考量,并通过形成和积累良好稳健的涉外司法实践,推动我国对外关系不断完善。

第二,司法机关依法独立行使审判权是当代各国普遍遵循的法治原则,与行政机关相比,人民法院参与反外国制裁法治体系建设可以发挥司法天然的相对独立性与温和性,其意识形态色彩更为淡化,也更容易

---

① 参见蔡从燕:《中国崛起、对外关系法与法院的功能再造》,载《武汉大学学报(哲学社会科学版)》2018 年第 5 期。

② See Ralf Michaels, *The Mirage of Non-State Governance*, Utah Law Review, Vol. 1, p. 31 – 45 (2010).

③ 参见蔡从燕:《中国对外关系法:一项新议程》,载《中国法律评论》2022 年第 1 期。

④ See Catherine Henson Curlet, *Should A Statement of Interest Matter? Judging Executive Branch Foreign Policy Concerns*, Georgia Law Review, Vol. 44: 4, p. 1064 (2010).

⑤ 参见《反外国制裁法》第 10 条规定。

被国际社会接受。①

一方面,作为定分止争的司法机关,人民法院具有天然的专业性和权威性。在审理涉制裁民事案件中,人民法院通过对外国制裁予以定性、行使管辖权、处理法律冲突以及法律适用等环节,可以将我国反制裁法通过司法方式转化为民事主体的权利义务,并通过当事人的执行以及判决的跨境流通实现反制裁的目的。② 从人民法院在涉外司法中影响的对象及其效果来看,其在个案中决定的是当事方的权利义务,但经由个案的积累,特别是通过标志性案件的梳理,会产生示范效应,从而以传导式的柔性方式支撑我国反制裁法的效力。

另一方面,通过对涉制裁民事纠纷行使管辖权、适用法律和作出裁决或判决,人民法院可以厘清我国反制裁法中的模糊空间,增强其可执行性和可预见性,弥补立法的相对滞后性或调和行政执法的相对刚性,还可以为我国当事人在外国法院被诉时援引主权强制理论进行抗辩增加筹码,③从而增强我国反制裁法的域外效力。此外,人民法院审理涉制裁民事案件,可以对外国制裁和我国反制措施各自涉及的合法性问题作出详细的司法阐释。与立法权和行政权相比,司法权在中立性和公正性上更具优势,人民法院在司法文书中的说理可以进一步增强我国反制措施的合法性,从而全面系统地反映和塑造我国外交立场、政策和主张。

第三,通过国际私法途径反外国制裁,可以克服国家间通过国际公法途径解决制裁引发争端的局限,因而人民法院审理涉制裁民事案件是我国反外国制裁的重要途径。

---

① 参见霍政欣:《论全球治理体系中的国内法院》,载《中国法学》2018 年第 3 期。

② See Alexandra Hofer, *The "Curiouser and Curiouser" Legal Nature of Non-UN Sanctions: The Case of the US Sanctions against Russia*, Journal of Conflict and Security Law, Vol. 23:1, p. 75 (2018).

③ See Marcus Teo, *Public Law Adjudication, International Uniformity and the Foreign Act of State Doctrine*, Journal of Private International Law, Vol. 16:3, p. 361 (2020).

在当前反制裁的国际法律实践中，存在国际公法和国际私法两种路径。从国际公法层面看，在政治或外交抗议无果的情况下，受制裁国可以采取报复措施或将有关争议提交国际争端解决机构。然而，采取报复措施，会导致制裁发起国和受制裁国的紧张关系升级，不利于国际安全稳定。同时，由于当代国际社会本质上仍为横向的威斯特伐利亚体系，将争端诉诸国际争端解决机构的实际效果并不理想。① 从国际私法层面看，法院审理涉制裁民事案件已成为愈加重要和有效的反制裁路径。针对特定对象的"聪明制裁"已成为当代制裁的主要形式，②外国制裁与反制裁往往会使私主体被迫卷入国家间的博弈，陷入在外国制裁法与本国反制裁法之间"选边站"导致的双重合规问题，只能通过诉诸民事诉讼来解决。③ 此外，域外实践表明，通过国际私法路径实施反制裁，已经成为国家实现外交政策的有效途径。④ 例如，对于在外国进行的涉制裁诉讼，法院可以通过颁布禁诉令、拒绝提供司法协助或承认和执行外国法院判决等方式予以应对和反制；对于在本国进行的涉制裁诉讼，法院可以通过拒绝适用外国制裁法和强制适用本国反制裁法等方式维护本国权益。

第四，人民法院积极参与反外国制裁法治体系建设，主动融入统筹推进国内法治和涉外法治的系统工程，可以提升中国维护国家利益和促

① 参见霍政欣、陈彦茹：《反外国制裁的路径演化与中国选择》，载《社会科学》2023年第2期。

② 参见霍政欣：《〈反外国制裁法〉的国际法意涵》，载《比较法研究》2021年第4期。

③ See Marcel Gernert, *Blocking Statutes: Private Individuals Entangled in Interstate Conflicts*, in Poomintr Sooksripaisarnkit and Dharmita Prasad eds., Blurry Boundaries of Public and Private International Law: Towards Convergence or Divergent Still?, Springer, 2022, p. 197.

④ See Jürgen Basedow, *The Law of Open Societies-Private Ordering and Public Regulation of International Relations General Course on Private International Law*, Collected Courses for the Hague Academy of International Law, Vol. 360, p. 335 (2013).

进国际法治的能力。

近年来,我国面对的外部挑战不断增大,涉外法律斗争愈加复杂和严峻,涉外民事诉讼已经成为维护国家权益和促进国际法治的重要手段。例如,德国学者郑国恩在其研究报告中恶意攻击和抹黑我国新疆政策,并对当地企业开展跨境生产和贸易造成巨大损失。2021 年,受影响的部分新疆企业向新疆维吾尔自治区喀什地区中级人民法院提起诉讼,要求郑国恩停止名誉侵权行为,并承担赔偿责任,由此开启通过民事诉讼途径反抹黑和维护权益的新路径。①

可见,人民法院在我国反制裁法治体系中具有不可替代的重要作用和独特优势。在涉制裁民事纠纷中,人民法院妥当认定外国制裁,准确理解与适用本国反制裁法,妥善处理相关法律冲突,不仅可以为受外国制裁影响的当事人提供司法救济,②而且经由上述涉外司法过程,人民法院得以参与我国外交立场、政策和主张的阐释和塑造,这既有利于提升中国司法的国际影响力,也有利于更好地维护国家权益和更有力地推动国际法朝着体现我国立场以及更加公平正义的方向演进,进而促进国际法治和全球治理体系变革。③

(二)完善反外国制裁体系的司法路径

随着国际关系日益复杂化,民事争议解决与国家间的政治和法律竞争纵横交错,我国涉外司法正面临一系列新问题、新任务和新挑战。④

---

① 参见张蔚然:《喀什法院受理新疆企业诉郑国恩案 外交部:这件事大快人心》,中国新闻网,https://www.chinanews.com.cn/gn/2021/04-14/9454729.shtml。

② 参见丁汉韬:《论阻断法的实施机制及其中国实践》,载《环球法律评论》2022 年第 2 期。

③ 参见霍政欣:《论全球治理体系中的国内法院》,载《中国法学》2018 年第 3 期。

④ 参见黄进:《强化涉外司法审判工作 促进涉外法治体系建设》,载《人民法院报》2021 年 7 月 28 日,第 2 版。

作为发展中大国,不断提升自身进行制度完善的能力是应对全球化挑战,争取全球治理话语权的中国经验。在此历史背景下,人民法院应更新涉外司法理念,对涉制裁民事纠纷积极稳妥地行使管辖权,妥善解决外国制裁的定性、外国制裁法的域外效力及相关法律冲突等事项,确保我国反外国制裁法律立法意旨及目的得到实现。

第一,在审理涉制裁民事案件时,人民法院应在符合现行立法的前提下确立将外国制裁法定性为法律的原则,再依冲突法路径认定其域外效力。由于《反外国制裁法》指向的外国制裁具有明显的法律属性,且我国有将外国法定性为法律的司法传统,在审理涉制裁民事案件时,人民法院除要求当事人对争议是否由外国制裁引发进行事实举证外,还应主动查明和解释案件牵涉的外国制裁法,并根据国际私法制度和规则认定其法律效力和妥善处理法律适用问题,通过涉外司法过程维护当事人权益,并实现相应的反制裁目的。

第二,在涉制裁民事纠纷中,人民法院应注重合同和侵权等基础纠纷类型在反制裁语境下的特殊性,依托现行反制裁法律妥当认定当事人的权利义务,通过合理解释和适用法律,克服我国现行法律在涉制裁民事纠纷管辖权、诉因、举证责任等事项上的制度和规则需进一步加强的问题,并通过积累良好的涉外司法实践推动立法和司法解释不断完善。

对于涉制裁违约之诉,人民法院应以维持合同稳定性和防止当事人滥用意思自治排除我国反制裁法的适用为着眼点,不宜轻易以外国制裁属于不可抗力或当事人约定为由,支持一方当事人拒绝履行合同义务的抗辩。在尽量确保合同有效的前提下,人民法院应充分考虑涉制裁民事纠纷的特殊性,合理分配当事人的举证责任。对于在此类纠纷中主张合同无效或履行不能的当事人,人民法院可要求其承担举证责任,证明提出这一主张并非为了遵守外国制裁法。

对于涉制裁侵权之诉,由于此类诉讼旨在维护我国国家权益并为受外国制裁影响的我国当事人提供司法救济,当事人通过域外法院或仲裁机构解决争议的可能性较小,人民法院应通过对现行法律进行扩张性解释和建立法院内部报审制度等手段,积极行使司法管辖权。例如,人民法院可依据现行《民事诉讼法》对涉外民事诉讼管辖权的规定,对诉讼指向的侵权行为及行为发生地作出特别解释,或根据外国制裁对我国国家主权、安全和发展利益以及当事人合法权益可能构成的实质影响建立适当联系,从而确立对此类案件的管辖权。[①] 在审级的确定上,对于具有重大影响的案件,可由中级人民法院集中管辖。再如,在缺乏我国行政机关颁布阻断禁令的情形下,人民法院可通过建立内部上报和审查制度,由最高人民法院决定是否受理案件,充分发挥反制裁体系中的司法自主性和能动性。

第三,在审理涉制裁民事案件的过程中,人民法院应善于运用国际私法制度和规则确定外国制裁法的域外效力,通过制度创新,全面完整地理解国家的外交政策和重大战略考量,并在此基础上妥当处理法律适用、承认和执行外国判决和仲裁裁决等关键事项。

对于外国制裁法与我国反制裁法在民事纠纷中呈现的法律冲突,人民法院应准确区分其属于真实冲突,还是虚假冲突。在两者存在真实冲突的情况下,人民法院应主动援引公共秩序保留等制度否定该外国制裁法的域外效力,排除其适用;在两者存在虚假冲突的情况下,人民法院依然要充分考察我国国家利益和外交政策,并在与相关外国外交政策和利益进行比较和权衡后作出妥当裁决。鉴于这一司法裁量过程对地方各级人民法院提出了较高的司法要求,且外交属于中央事权,有必要尽快建立法院内部报审制度和健全与行政机关的沟通机制。

---

① 参见沈红雨:《我国法的域外适用法律体系构建与涉外民商事诉讼管辖权制度的改革——兼论不方便法院原则和禁诉令机制的构建》,载《中国应用法学》2020 年第 5 期。

一方面,人民法院内部应建立逐级上报和审查制度,将涉及反制裁法律适用和解释的事项逐级上报最高人民法院审查,确保人民法院对此类案件的裁判尺度全国一致,从而维护国家反外国制裁法律的统一性和权威性。另一方面,应在落实《反外国制裁法》建立国家反外国制裁工作协调机制的过程中创设司法机关与行政机关,特别是与外交部门的沟通和互动制度,确保人民法院准确、全面地理解国家外交政策,保障立法、执法与司法的一致性和连贯性,从而形成多维度、体系化推进和完善我国反制裁法治体系的良性态势。

附录一

中华人民共和国反外国制裁法

中华人民共和国反外国制裁法

（2021年6月10日第十三届全国人民代表大会
常务委员会第二十九次会议通过）

第一条 为了维护国家主权、安全、发展利益，保护我国公民、组织的合法权益，根据宪法，制定本法。

第二条 中华人民共和国坚持独立自主的和平外交政策，坚持互相尊重主权和领土完整、互不侵犯、互不干涉内政、平等互利、和平共处的五项原则，维护以联合国为核心的国际体系和以国际法为基础的国际秩序，发展同世界各国的友好合作，推动构建人类命运共同体。

第三条 中华人民共和国反对霸权主义和强权政治，反对任何国家以任何借口、任何方式干涉中国内政。

外国国家违反国际法和国际关系基本准则，以各种借口或者依据其本国法律对我国进行遏制、打压，对我国公民、组织采取歧视性限制措施，干涉我国内政的，我国有权采取相应反制措施。

第四条 国务院有关部门可以决定将直接或者间接参与制定、决定、实施本法第三条规定的歧视性限制措施的个人、组织列入反制清单。

第五条 除根据本法第四条规定列入反制清单的个人、组织以外，国务院有关部门还可以决定对下列个人、组织采取反制措施：

（一）列入反制清单个人的配偶和直系亲属；

（二）列入反制清单组织的高级管理人员或者实际控制人；

（三）由列入反制清单个人担任高级管理人员的组织；

（四）由列入反制清单个人和组织实际控制或者参与设立、运营的组织。

第六条 国务院有关部门可以按照各自职责和任务分工，对本法第四条、第五条规定的个人、组织，根据实际情况决定采取下列一种或者几种措施：

（一）不予签发签证、不准入境、注销签证或者驱逐出境；

（二）查封、扣押、冻结在我国境内的动产、不动产和其他各类财产；

（三）禁止或者限制我国境内的组织、个人与其进行有关交易、合作等活动；

（四）其他必要措施。

第七条 国务院有关部门依据本法第四条至第六条规定作出的决定为最终决定。

第八条 采取反制措施所依据的情形发生变化的，国务院有关部门可以暂停、变更或者取消有关反制措施。

第九条 反制清单和反制措施的确定、暂停、变更或者取消，由外交部或者国务院其他有关部门发布命令予以公布。

第十条 国家设立反外国制裁工作协调机制，负责统筹协调相关工作。

国务院有关部门应当加强协同配合和信息共享，按照各自职责和任务分工确定和实施有关反制措施。

第十一条 我国境内的组织和个人应当执行国务院有关部门采取的反制措施。

对违反前款规定的组织和个人，国务院有关部门依法予以处理，限制或者禁止其从事相关活动。

第十二条 任何组织和个人均不得执行或者协助执行外国国家对

我国公民、组织采取的歧视性限制措施。

组织和个人违反前款规定，侵害我国公民、组织合法权益的，我国公民、组织可以依法向人民法院提起诉讼，要求其停止侵害、赔偿损失。

第十三条 对于危害我国主权、安全、发展利益的行为，除本法规定外，有关法律、行政法规、部门规章可以规定采取其他必要的反制措施。

第十四条 任何组织和个人不执行、不配合实施反制措施的，依法追究法律责任。

第十五条 对于外国国家、组织或者个人实施、协助、支持危害我国主权、安全、发展利益的行为，需要采取必要反制措施的，参照本法有关规定执行。

第十六条 本法自公布之日起施行。

附录二

《反外国制裁法》实施实践案例统计表（2021年1月至2024年9月）

序号	制裁时间	决定机关及决定形式	制裁对象	国家和地区	制裁原因	制裁措施
1	2021年1月18日	外交部发言人表态	在涉港问题上表现恶劣、负有主要责任的美国行政部门官员、国会人员、非政府组织人员及其直系亲属	美国	美国国务院根据有关总统行政令，对6名中国中央人民政府和香港特区政府官员实施制裁	无
2	2021年1月18日	外交部发言人表态	在台湾问题上表现恶劣的美负责官员	美国	在涉台问题上采取了放松美台交往限制等行动	无
3	2021年1月21日	外交部发言人表态	特朗普政府中的蓬佩奥、纳瓦罗、奥布莱恩、史达伟、波廷杰、阿扎、克拉奇、克拉夫特以及博尔顿、班农等在涉华问题上严重侵犯中国主权、负有主要责任的28名人员	美国	策划、推动实施了一系列疯狂的行径，严重干涉中国内政、损害了中国的利益、伤害了中国人民的感情，也严重破坏了中美关系	(1)本人及其家属禁止入境中国内地和香港特区、澳门特区;(2)本人及其关联企业、机构限制与中国打交道、做生意

续表

序号	制裁时间	决定机关及决定形式	制裁对象	国家和地区	制裁原因	制裁措施
4	2021 年 3 月 22 日	外交部发言人表态	欧洲议会议员彼蒂科菲尔、盖勒、格鲁克斯曼、库楚克、莱克斯曼,荷兰议会议员舍尔茨玛,比利时议会议员科格拉蒂,立陶宛议会议员萨卡利埃内,德国学者郑国恩,瑞典学者叶必扬,欧盟理事会政治与安全委员会,欧洲议会人权分委会,德国墨卡托中国研究中心,丹麦民主联盟基金会	欧盟	以所谓“新疆人权”问题为借口对中国有关个人和实体实施单边制裁	(1)本人及其家属禁止入境中国内地及香港特区、澳门特区;(2)本人及其关联企业、机构限制同中国往来
5	2021 年 3 月 26 日	外交部发言人表态	图根哈特、邓肯—史密斯、奥布莱恩、奥尔顿、劳顿、加尼、肯尼迪、尼斯、芬利以及“中国研究小组”、保守党人权委员会、“维吾尔独立法庭”、埃塞克斯园大律师事务所	英国	以所谓“新疆人权”问题为借口对中国有关个人和实体实施单边制裁	(1)禁止有关人员及其直系家属入境(包括香港特区、澳门特区);(2)冻结其在华财产;(3)禁止中国公民及机构同其交易

续表

序号	制裁时间	决定机关及决定形式	制裁对象	国家和地区	制裁原因	制裁措施
6	2021年3月27日	外交部发言人表态	美国国际宗教自由委员会主席曼钦、副主席伯金斯，加拿大联邦众议员庄文浩、众议院外委会国际人权小组委员会	美国、加拿大	对中国新疆有关人员和实体实施单边制裁	(1)禁止入境中国内地及香港特区、澳门特区；(2)禁止中国公民及机构同其交易或往来
7	2021年5月26日	外交部发言人表态	美国国际宗教自由委员会委员约翰尼·摩尔	美国	美国国务院发布“2020年度国际宗教自由报告”，宣布对中方一名官员进行制裁	禁止本人及其家属入境中国内地及香港特区、澳门特区
8	2021年7月23日	外交部发言人表态	美国前商务部长罗斯、美国会“美中经济与安全评估委员会”主席卡罗琳·巴塞洛缪、“国会—行政部门中国委员会”前办公室主任乔纳森·斯迪沃斯、“美国国际事务民主协会”金度允、“美国国际共和研究所”在港授权代表亚当·金、“人权观察”中国部主任索菲·理查森及“香港民主委员会”	美国	美国OFAC将7名中央人民政府驻香港特别行政区联络办公室副主任列入SDN名单，实施金融制裁	对等反制

续表

序号	制裁时间	决定机关及决定形式	制裁对象	国家和地区	制裁原因	制裁措施
9	2021年12月21日	外交部发言人表态	美国国际宗教自由委员会主席马恩扎、副主席特克尔、委员巴尔加娃、委员卡尔	美国	美国国务院和财政部根据美国内法对所谓在新疆“侵犯人权”的4名中方官员实施制裁	(1)禁止入境中国,包括内地和香港特区、澳门特区;(2)冻结其在华财产;(3)禁止中国公民和机构同其交易
10	2021年12月30日	外交部发言人表态	美国前商务部长罗斯、美国国会“美中经济与安全评估委员会”主席卡罗琳·巴塞洛缪、“国会—行政部门中国委员会”前办公室主任乔纳森·斯迪沃斯、“美国国际事务民主协会”金度允、“美国国际共和研究所”在港授权代表亚当·金	美国	美国国务院、财政部根据“香港自治法”对5名中央人民政府驻香港特别行政区联络办公室副主任实施制裁	(1)禁止入境(包括香港特区、澳门特区);(2)冻结其在华财产;(3)禁止中国公民及机构与其交易

续表

序号	制裁时间	决定机关及决定形式	制裁对象	国家和地区	制裁原因	制裁措施
11	2022 年 2 月 21 日	外交部发言人表态	美国军工企业雷神技术公司和洛克希德·马丁公司	美国	美方宣布总额为 1 亿美元的售台武器计划后，被制裁对象长期参与美国向中国台湾地区出售武器	无
12	2022 年 3 月 31 日	外交部发言人表态	在涉华人权问题上炮制谎言、推动出台对华制裁、损害中方利益的美方官员	美国	美方将对所谓侵犯人权的中国官员实施签证限制	对等采取签证限制
13	2022 年 8 月 5 日	外交部发言人表态	美国国会众议长佩洛西	美国	不顾中方坚决反对执意窜台	对本人及其直系亲属采取制裁措施

续表

序号	制裁时间	决定机关及决定形式	制裁对象	国家和地区	制裁原因	制裁措施
14	2022年8月12日	外交部发言人表态	立陶宛交通与通讯部副部长瓦伊丘凯维丘特	立陶宛	窜访中国台湾地区	(1)对瓦伊丘凯维丘特采取制裁措施;(2)暂停同立陶宛交通与通讯部任何形式的交往,暂停同立陶宛国际道路运输领域交流合作
15	2022年9月16日	外交部发言人表态	雷神技术公司董事长兼首席执行官海耶斯、波音防务公司总裁兼首席执行官卡尔伯特	美国	美方宣布总额11.06亿美元的售台武器计划后,被制裁对象参与此次售武	无
16	2022年12月23日	外交部令第4号	余茂春、托德·斯坦恩	美国	美方借口所谓“西藏人权”问题,对两名中方官员进行非法制裁	(1)冻结在我国境内的动产、不动产和其他各类财产;(2)禁止我国境内的组织、个人与其进行有关交易活动;(3)对其本人及直系亲属不予签发签证、不准入境

续表

序号	制裁时间	决定机关及决定形式	制裁对象	国家和地区	制裁原因	制裁措施
17	2023年2月16日	商务部不可靠实体清单工作机制公告〔2023〕1号	洛克希德·马丁公司、雷神导弹与防务公司	美国	参与对中国台湾地区出售武器	(1)禁止从事与中国有关的进出口活动。(2)禁止在中国境内新增投资。(3)禁止高级管理人员入境。(4)不批准并取消高级管理人员在中国境内工作许可、停留以及居留资格。(5)处以罚款,金额为《不可靠实体清单规定》实施以来各企业对台军售合同金额的2倍。上述企业应当自本公告公布之日起15日内,按照相关法律法规办理缴款。若逾期不履行本决定,不可靠实体清单工作机制将依法采取加处罚款等措施

续表

序号	制裁时间	决定机关及决定形式	制裁对象	国家和地区	制裁原因	制裁措施
18	2023 年 4 月 7 日	外交部令第 1 号	美国哈德逊研究所、里根图书馆;哈德逊研究所董事会主席萨拉·斯特恩、哈德逊研究所所长约翰·瓦特斯、里根基金会前执行主任约翰·希布斯奇、里根基金会首席行政官乔安妮·德雷克	美国	允许台湾地区领导人蔡英文“过境”窜美从事政治活动,受制裁对象为蔡英文在美从事“台独”分裂活动提供平台和便利	对 2 家机构:严格限制我国境内的高校、机构等组织和个人与其进行有关交易、交流、合作等活动。对 4 名个人:(1)冻结在我国境内的动产、不动产和其他各类财产;(2)禁止我国境内的组织、个人与其进行有关交易、合作等活动;(3)对其本人不予签发签证、不准入境
19	2023 年 4 月 13 日	外交部决定	美国得克萨斯州共和党联邦众议员迈克·麦考尔	美国	采取干涉中国内政、损害中方利益的言行,并于近期率团窜访中国台湾地区	(1)冻结在我国境内的动产、不动产和其他各类财产;(2)禁止我国境内的组织、个人与其进行有关交易、合作等活动;(3)对其本人不予签发签证、不准入境

续表

序号	制裁时间	决定机关及决定形式	制裁对象	国家和地区	制裁原因	制裁措施
20	2023 年 8 月 31 日	外交部发言人表态	造谣抹黑以及长期插手涉藏问题的美方人员	美国	以西藏“强制同化”为由对中方官员实施签证限制	对等采取签证限制
21	2023 年 9 月 15 日	外交部发言人表态	美国洛克希德·马丁公司密苏里州圣路易斯市分公司、诺斯罗普·格鲁曼公司	美国	先后以军售、军援和贷款等形式向中国台湾地区提供先进武器	无
22	2023 年 12 月 26 日	外交部发言人表态	美国情报数据公司卡隆、卡隆公司调查主任许勐、前美高等国防研究中心研究员尼科尔·莫格雷特	美国	发布涉疆年度人权报告，对 2 名中国官员和 3 家中国企业实施制裁，被制裁对象长期搜集涉疆敏感信息、为美方涉疆非法制裁提供“依据”	(1)禁止 2 名人员入境中国(包括内地和香港特区、澳门特区)；(2)冻结公司和个人在中国境内的动产、不动产和其他各类财产；(3)禁止中国境内的组织、个人与其进行有关交易、合作等活动

续表

序号	制裁时间	决定机关及决定形式	制裁对象	国家和地区	制裁原因	制裁措施
23	2024 年 1 月 7 日	外交部发言人表态	贝宜陆上和武器系统公司、联合技术系统运营公司、宇航环境公司、美国卫讯公司和 Data Link Solutions 公司等 5 家美国军工企业	美国	向中国台湾地区出售武器，罗织各种借口对中国企业和个人实施非法单边制裁	(1)冻结在我国境内的动产、不动产和其他各类财产；(2)禁止我国境内组织、个人与其进行交易、合作等活动
24	2024 年 4 月 11 日	外交部令第 5 号	美国通用原子航空系统公司、美国通用动力陆地系统公司	美国	参与向中国台湾地区出售武器	(1)冻结在我国境内的动产、不动产和其他各类财产；(2)对高级管理人员不予签发签证、不准入境
25	2024 年 5 月 20 日	商务部不可靠实体清单工作机制公告〔2024〕1 号	美国通用原子航空系统公司、美国通用动力陆地系统公司、美国凯普拉格斯公司	美国	参与对中国台湾地区出售武器；将自中国采购的货物转移至不可靠实体清单中企业	对美国通用原子航空系统公司、美国通用动力陆地系统公司：(1)禁止从事与中国有关的进出口活动；(2)禁止在中国境内新增投资；(3)禁止高级管理人员入境；(4)不批准并取消高级管理人员在中国境内工作许可、停留或者居留资格。对美国凯普拉格斯公司：提示交易风险[1]

续表

序号	制裁时间	决定机关及决定形式	制裁对象	国家和地区	制裁原因	制裁措施
26	2024年5月20日	商务部不可靠实体清单工作机制公告〔2024〕2号	美国波音防务、空间与安全集团	美国	参与对中国台湾地区出售武器	(1)禁止从事与中国有关的进出口活动。(2)禁止在中国境内新增投资。(3)禁止高级管理人员入境。(4)不批准并取消高级管理人员在中国境内工作许可、停留或者居留资格。(5)处以罚款,金额为《不可靠实体清单规定》实施以来对中国台湾地区出售武器合同金额的2倍。上述企业应当自本公告公布之日起15日内,按照相关法律法规办理缴款。若逾期不履行本决定,不可靠实体清单工作机制将依法采取加处罚款等措施
27	2024年5月21日	外交部令第6号	美国威斯康星州前联邦众议员麦克·加拉格尔	美国	频繁采取干涉中国内政、损害中国主权和领土完整、侵犯中方利益的言行	(1)冻结在我国境内的动产、不动产和其他各类财产;(2)禁止我国境内的组织、个人与其本人进行有关交易、合作等活动;(3)对其本人不予签发签证、不准入境

续表

序号	制裁时间	决定机关及决定形式	制裁对象	国家和地区	制裁原因	制裁措施
28	2024年5月22日	外交部令第7号	企业:洛克希德·马丁导弹与火控公司、洛克希德·马丁航空公司、标枪合资公司、雷神导弹系统公司、通用动力军械与战术系统公司、通用动力信息技术公司、通用动力任务系统公司、海岸间电子公司、系统研究与模拟公司、铁山解决方案公司、应用技术集团、阿克西恩特公司。 高级管理人员:凯西·沃登、马修·布朗伯格、本杰明·戴维斯、托马斯·琼斯、斯蒂芬·奥布莱恩、罗珊·罗德、菲拉特·盖曾、贾森·艾肯、艾米·吉格兰、克里斯托弗·布雷迪	美国	以所谓涉俄罗斯因素为由对多家中国实体滥施非法单边制裁;持续向中国台湾地区出售武器	对12家企业:冻结在我国境内的动产、不动产和其他各类财产。 对10名企业高级管理人员:不予签发签证、不准入境(包括香港特区、澳门特区)

续表

序号	制裁时间	决定机关及决定形式	制裁对象	国家和地区	制裁原因	制裁措施
29	2024 年 6 月 21 日	外交部令第 8 号	实体:洛克希德·马丁导弹系统集成实验室、洛克希德·马丁先进技术实验室、洛克希德·马丁风险投资公司。 高级管理人员:詹姆斯·泰克里特、弗兰克·圣约翰、杰西·马莱夫	美国	向中国台湾地区出售武器	对实体:冻结在我国境内的动产、不动产和其他各类财产。 对企业高级管理人员:(1)冻结在我国境内的动产、不动产和其他各类财产;(2)禁止我国境内的组织、个人与其本人进行有关交易、合作等活动;(3)不予签发签证、不准入境(包括香港特区、澳门特区)
30	2024 年 7 月 12 日	外交部令第 10 号	企业:安杜里尔公司、海上战术系统公司、环太平洋防务公司、AEVEX 航天公司、LKD 航天公司、顶峰科技公司。 高级管理人员:瓦希德·纳瓦比、凯文·麦克唐奈、布赖恩·申普夫、马修·格里姆、格雷戈里·考斯纳	美国	向中国台湾地区出售武器	对 6 家企业:冻结在我国境内的动产、不动产和其他各类财产。 对 5 名企业高级管理人员:(1)冻结在我国境内的动产、不动产和其他各类财产;(2)禁止我国境内的组织、个人与其本人进行有关交易、合作等活动;(3)对其本人不予签发签证、不准入境(包括香港特区、澳门特区)

续表

序号	制裁时间	决定机关及决定形式	制裁对象	国家和地区	制裁原因	制裁措施
31	2024 年 7 月 22 日	外交部发言人表态	美国卫讯公司	美国	采取反制措施所依据的情形发生变化	取消反制措施
32	2024 年 7 月 31 日	外交部令第 11 号	美国马萨诸塞州民主党联邦众议员吉姆·麦戈文	美国	频繁采取干涉中国内政、损害中国主权、安全、发展利益的言行	(1)冻结在我国境内的动产、不动产和其他各类财产;(2)禁止我国境内的组织、个人与其本人进行有关交易、合作等活动;(3)对其本人及其配偶、子女不予签发签证、不准入境
33	2024 年 9 月 18 日	外交部令第 12 号	美国内华达山脉公司、摇杆舵公司、立方公司、S3 航空防务公司、特科姆公司、文本矿公司、扁平地球管理公司、ACT1 联邦公司、埃克索维拉公司	美国	向中国台湾地区出售武器	(1)冻结在我国境内的动产、不动产和其他各类财产;(2)禁止我国境内的组织、个人与其进行有关交易、合作等活动

〔1〕“为提示可能存在通过美国凯普拉格斯公司与不可靠实体清单中企业交易的风险,现就有关事项公告如下:(一)境内企业与美国凯普拉格斯公司开展出口业务时,应当注意识别违规转移的风险,履行尽职调查,提升注意义务,加强贸易流向管理,采取适当方式确保相关货物、技术、服务等不被转移至不可靠实体清单中的外国实体。(二)美国凯普拉格斯公司须尽快采取措施,确保自中国采购的相关货物、技术、服务等不向不可靠实体清单中的外国实体转移,并向不可靠实体清单工作机制办公室提交相关证明材料。否则,不可靠实体清单工作机制将依法依规对其采取相关措施。”参见商务部不可靠实体清单工作机制公告〔2024〕1 号。

附录三

关于对美国哈德逊研究所、里根图书馆及其负责人采取反制措施的决定（中华人民共和国外交部令第1号）

美方不顾中方反复交涉和坚决反对，执意允许台湾地区领导人蔡英文于 2023 年 3 月 29 日至 31 日和 4 月 4 日至 6 日“过境”窜美从事政治活动。美国哈德逊研究所、里根图书馆为蔡英文在美从事“台独”分裂活动提供平台和便利，严重违反一个中国原则和中美三个联合公报规定，严重损害中方主权和领土完整。

依据《中华人民共和国反外国制裁法》第四条、第五条、第六条、第十五条规定，中方决定对美国哈德逊研究所、里根图书馆及其负责人等后附《反制清单》列明的机构和个人采取以下反制措施：

一、对哈德逊研究所、里根图书馆等 2 家机构：

严格限制我国境内的高校、机构等组织和个人与其进行有关交易、交流、合作等活动。

二、对哈德逊研究所董事会主席萨拉·斯特恩、所长约翰·瓦特斯，负责里根图书馆日常维护的里根基金会前执行主任约翰·希布斯奇、首席行政官乔安妮·德雷克等 4 名个人：

(一)冻结在我国境内的动产、不动产和其他各类财产；

(二)禁止我国境内的组织、个人与其进行有关交易、合作等活动；

(三)对其本人不予签发签证、不准入境。

本决定自 2023 年 4 月 7 日起施行。

附件：反制清单

外交部

2023 年 4 月 7 日

附件

反制清单

一、哈德逊研究所

二、里根图书馆

三、哈德逊研究所董事会主席萨拉·斯特恩(Sarah May Stern),女

四、哈德逊研究所所长约翰·瓦特斯(John P. Walters),男

五、里根基金会前执行主任约翰·希布斯奇(John Heubusch),男

六、里根基金会首席行政官乔安妮·德雷克(Joanne M. Drake),女

涉外法治文库

中国涉外民事诉讼通则　　何其生　主编

外商投资法及实施条例释用　　孔庆江　著

• 反外国制裁法释用　　霍政欣　主编

对外关系法释用　　何其生　范子豪　著

司法实践中的涉外法治　　肖凯 等　著

外国国家豁免法释用　　李庆明　著